New Studies and The Bahai Civilization in Late Qing & Early Republic of China

晚清民初的新学和巴哈伊文明

by Cai Degui

蔡德贵　著

壹嘉出版　1 Plus Books
旧金山 San Francisco　2018

晚清民初的新学和巴哈伊文明 蔡德贵 著

Copyright © 2018 by 蔡德贵

本书由蔡德贵授权壹嘉出版/1 Plus Book出版

所有权利保留

ISBN 13: 978-0-9997514-3-5
ISBN 10: 0-9997514-3-3

Printed in the United States of America

书名：晚清民初的新学和巴哈伊文明
作者：蔡德贵
出版人：刘雁
装帧设计：壹嘉出版
开本：150×230mm
定价：US$ 22.99
出版：壹嘉出版
网址：http://www.1plusbooks.com
电邮：1plus@1plusbooks.com
美国·旧金山·2018

目 录

前 言 / 1

巴哈伊信仰"与中国之所需密切相关" / 5

中国传统文化里的世界大同思想 / 8

李佳白和杜亚泉的巴哈伊文明情结及其影响 / 14

巴哈伊文明对胡适等学界耆宿的影响 / 43

胡适在美国接受的新事物 / 71

胡适如何成为新文化运动的领军 / 83

巴哈伊教是什么？ / 113

早期介绍巴哈伊文明的两篇文章 / 129

巴哈伊文明和清华大学 / 135

孙中山和巴哈伊文明 /154

中国近代早期名士和巴哈伊文明 /158

玛莎•鲁特和中国世界语 / 166

世界公民颜雅清 /189

当今的学者和政要怎么看巴哈伊文明 / 201

结 语 / 207

附录：中国使命：巴哈伊入华百年记 / 214

前　言

　　我们都熟知一句话："十月革命一声炮响，为我们送来了马克思列宁主义。"，但是往往对文化交流的涓涓细流，通过古老的丝绸之路，给我们送来了和马克思主义同时产生的巴哈伊信仰，却缺乏了解和认知。隆隆炮声，振聋发聩。涓涓细流，沁人肺腑。十月革命的炮声和文化交流的细流都是对人类的特殊贡献，来自于1817～1820年代出现的两对人类双圣马克思、恩格斯和巴孛、巴哈欧拉，他们连续四年分别出生于1817（巴哈欧拉）、1818（马克思）、1819（巴孛）、1820年（恩格斯）。马克思主义缔造者是双数年代出生，巴哈伊信仰创始者是单数年代出生。我们不知道这是历史的巧合，还是历史的必然性所致。也许是人类到了最危险的时候，信息量太大，一个圣人单独解决不了人类的难题，所以需要两个圣人的密切合作，才得以解决人类的难题。而且这两对双圣还需要在思想上互相补充才能够真正完成伟大的使命。马克思主义催生了中国革命的胜利，而巴哈伊信仰则一方面是参与催生了中国的新文化运动，新文化运动又催生了五四和中国共产党的诞生，而另一个方面又催生了清华大学国学研究院的成立，成为保守中国传统文化的重要"道场"。

　　由此，我们看到了一个尘封百年，至今尚未彰显出来的基本事实，就是巴哈伊文明竟然和近代中国的命运如此密切地联系在一起。　巴哈伊文明是2015年才出现的新名词，被与山东有关的两篇报道首先使用。巴哈伊先被《光明日报》2015年12月22日发表的赵秋丽、李志臣撰写的《用文化品牌推动传统文化建设——山东落实"强中华魂、筑中国梦"倡议纪实》使用：近年来，山东积极利用多种形式对外传播文明成果，着力推动以儒家思想为代表的中华文化成为与世界文明对话的重要力量。以孔子诞生地尼山命名的"尼山世界文明论坛"也日益成为世界文明对话的中国平台。自2010年起，山东已成功举办三届尼山论坛，先后开展了儒家文明与基督教文明、犹太教文明、印度文明、巴哈伊文明等的对话，充分阐释了儒家伦理对于建构人类共同伦理、建构世界文化新秩序，进而解决当今世界种种问题的重大意义。稍后，2016年5月15日《人民日报》发表的《山东让优秀传统文化活起来》（记者徐锦庚 卞民德）认定巴哈伊文明是和儒家、基督教、犹太教、印度教一样的文明，指出"'尼山世界文化论坛'走出国门，先后开展儒家文明与基督教文明、犹太教文明、印度文明、巴哈伊文明等世界文明对话，累计组织学术演讲和文化对话交流活动100余场，在国际上产生广泛影响。"这篇在第一版头条发表的重头文章，发表伊始，便在学界受到注意，引起巨大反响，也得到其信仰者的普遍认同。

对巴哈伊文明，谁也不可能想到，在中国最早的译名，居然是东方文化派的杜亚泉先生确定的，叫"波海会"，出现在1915年由他主编的《东方杂志》上。那时候的《东方杂志》是和稍后的《新青年》平起平坐的著名杂志，因为主办单位是商务印书馆，所以甚至名气超过《新青年》也未可知，特别是在文化领域。该杂志同时也是当时的主流知识分子必读的杂志，文化人没有不读这本杂志的，其影响持续几十年，到现在仍然有影响。此后在中国相继出现了30多个不同的译名，造成对巴哈伊文明的很多误解甚至误判。可能有些朋友对巴哈伊不是很了解，如果用简单几句话解释巴哈伊的核心精神，无非就是一、二、三。什么是"一"？就是"和"，"和"字左"禾"右"口"，季羡林先生说过，"和"就是人人口中有粮食吃，有生存权。那么"谐"，就是人人都要有话语权。巴哈伊教义"消除极端贫富"，就是解决这个"和"字，"谐"字在巴哈伊中也有具体的教义，即"磋商原则"，每个人都不能主宰和独裁，每个人都有言论自由，要每个人都独立思考去解决问题，独立去探求真理。这样就从教义上对和谐理念进行了阐释。"二"就是"团结"这两个字，就是世界性大团结。巴哈伊文明的创始人，巴哈欧拉在1875年前后说出了一句非常响亮的、今天我认为还是属于地球村思想的话：地球乃一国，万众皆其民。"三"就是"上帝独一，宗教同一，人类一家"，这是"三个一"，不是用一个"一"来概括。所谓的上帝独一，因为巴哈伊特别欣赏上帝只有一个，他不同意基督教的那种将上帝一分为三，三位一体的做法。上帝只有一个，"宗教同一"，就是宗教同源性。

巴哈伊文明认为，在上帝面前，人是不分种族的，什么白种人、黄种人、黑种人，白种人不应该有什么优越性，黑种人也不应该有自卑感，在上帝面前，本质都是一样的，而且作为一个世界大家庭，一个世界花园，就像真正的植物花园里一样，如果只有一种白色的花，那么这个花园非常单调，谁也不会去欣赏，假如这个花园，有红花，又有白花，各种颜色都有，丰富多彩才好。人类也是一样，正是因为各色人种，才丰富了整个世界。在上帝面前，人的本质都是一样的，没有区别。

自1844年巴哈伊教诞生以后的一百七十多年以来，从一个无声无息的小宗教，正逐渐在世界范围里演变为一个大宗教，成为一个新的世界文明，其思想正在变为世界显学，影响到世界领袖和顶尖级的学者。自20世纪初，开始得到很多世界名人的肯定，如俄罗斯的大文豪托尔斯泰、高尔基，印度的圣雄甘地、诗哲泰戈尔，旅美黎巴嫩作家和画家纪伯伦，罗马尼亚女皇，西萨摩亚皇帝，英国的学者、古典学家和神学家、教育局本杰明•乔伊特、历史学家汤因比，德国的历史学家施宾格勒，法国的著名作家、音乐家、画家罗曼•罗兰，美国总统里根，布什，副总统戈尔，布达佩斯俱乐部创始人美国的欧文•拉兹洛，日本近代工业之父涩泽荣一、思想家中村元，新加坡净空法师，美国奥地利裔社会学家彼得•伯格，美国盲人女作家、教育家海伦•凯勒，都对巴哈伊教予以肯定。巴哈伊教作为宗教组织，是联合国创立的贡献者之一，也是其非政府组织顾问成员。

今天奉献给读者的这本小册子，不讲巴哈伊文明的世界意义，只就其在中国近代的早期影响略作陈述。巴哈伊文明在20世纪初，就为中国思想家注意到了，而且很多知识分子受到该信仰的巨大影响。甚至再大胆一点说，中国的新文化运动和巴哈伊文明有着撕扯不开的联系。本书企图揭开这种关系。

巴哈伊信仰"与中国之所需密切相关"[1]

2011年12月17日,在胡适先生诞辰120周年纪念日那一天,大洋彼岸的著名学者、历史学家、普林斯顿大学余英时教授接受大陆人士采访时指出,胡适是中国20世纪最伟大的思想家,居世界最前列的思想家二三位。我非常认同这个观点。

胡适先生提出过"历史是任人打扮的小姑娘",这时最初"被"冯友兰先生这样认为的,但是后来学术界不知不觉都加以接受。我不是历史学家,但是愿意来做一次尝试,来打扮一下这个"小姑娘"。胡适先生的"打扮"不是毫无原则的,他强调的是"大胆的假设,小心的求证",这被季羡林先生推崇为"不移之论"。胡适先生的另外一句话"多谈些问题,少谈些主义",曾经遭到痛批,但是我觉得,取其学术研究要尽量摆脱政治干扰的层面,其意义也不可低估。所以我今天就尽量根据学术研究的自由原则,来谈一下一段被忽视了的历史。

可能有人会觉得这个题目有点拉郎配,牵强附会,怎么居然把新文化运动和巴哈伊文明扯在一起了?这话就得说得远一点。

各位都很清楚,现今的中国正在崛起,我们中国人已经站起来

---

[1] 根据早期巴哈伊教信徒廖崇真转述,语出孙中山在会见玛莎•鲁特时的一句评论。请参见后面的文字。

了，中国已经强盛起来并走向富裕，成为全球第二大经济实体。那么，我们回想一下，一百年以前我们这个国家是什么样子？我想有几种典型的观点：一个观点是东亚病夫，19世纪末，在清朝末年中国积贫积弱到达极点的时候，西方列强一边倒地把中国说成"东亚病夫"。[2]

当时，世界范围里有两个"病夫"，一个是"东亚病夫"，那时是对我们中国普遍性的世界称呼；另外一个是"西亚病夫"，指的是奥斯曼土耳其帝国。还有另外一个观点就是拿破仑三世跟他的一个门卫说的，讲了他在睡梦中梦到的几句话：中国是一头睡狮，现在还在睡着，这头睡狮，将来会醒，但是，请求上帝，千万不要让它醒。这是拿破仑三世当时对中国的一个认识，后来的"睡狮论"，就是从这里来的。

这种对中国的蔑视，在中国激起很大的民愤。但是中国人自己，包括当时的年轻人，比如清华的学生，也对中国的现状非常不满意。施滉，这位清华校长曹云祥当年的得意门生，当时说过一段话，是很有代表性的："觉得中国是一块腐肉，上面有狗，又有虫，狗打狗，虫吃虫，好不令人伤心"。"中国国家实在不行，比起美国日本，实在相差太远。"[3]

那么在那样一种情况下，有数千年文明的、曾经在世界居前列的中国，还有没有希望重新崛起？

当时普遍的观点是悲观。但是我注意到两个人，他们对中国有信心并且发表过公开言论。一个是中国的思想家梁启超，另外一位就是巴哈伊教的第三号人物阿博都—巴哈。而且这两个人还说了同一句话，这就是"中国是未来的国家"。

1900年2月10日，梁启超在《清议报》第35册上发表《少年中国说》，梁启超先生在《少年中国说》里提到了这句话，说"吾中国为未来之国，其进步未可量也"。

阿博都—巴哈在《中国书简》（1917年4月28日发表）里也说了这样一句掷地有声的、让我们今天听来都为之一震的话。他说：

---

[2]《清华周刊》1925年5月8日，总第346期，第45~46页。http://qhzk.lib.tsinghua.edu.cn/database/1925.htm。检索于2013年12月12日。

"中国!中国!到中国去!巴哈欧拉的圣道一定要传到中国。去中国传导的圣洁巴哈伊在哪里?中国具有最大的潜能。中国人的心灵最纯朴,最爱追求真理。向中国人传导,自己先要具备他们的精神,学习他们的经书,了解他们的习俗,从他们的角度、用他们的语言跟他们交谈。传导者必须时刻惦记中国人的精神福祉,不得有任何私念。在中国,一个人可以传导很多人,可以培养出具有神圣品格的杰出人士,而他们可以成为照亮人类世界的明灯。我真切地说,中国人不爱任何形式的欺诈和伪善,易为崇高理想所激励。

如果身体许可的话,我将亲自到中国去。中国是未来的国家,我希望适当的教师能够受鼓舞而到那广大的国家,建立上帝王国的基础,促进神圣文明的本质,并高举巴哈欧拉圣道的旗帜去邀请人们参加上帝的圣宴。"(阿博都巴哈《中国是未来的国家》,转引自M.R.加里斯著;成群译《玛莎•鲁特:神圣殿堂前的雄狮》,新纪元国际出版社2013年,第157页)

"中国是未来的国家,中国人最有潜力。"这样的一句话,第一次竟是从诞生于伊朗的一个新信仰的领导人口里说出来的,而且现在居然应验了。

一百年后中国的崛起,证明了中国是未来的国家。那么现在回过头去看一下,为什么阿博都—巴哈作为巴哈伊信仰的核心人物之一,居然能说出这样一句话?为什么?他应该有其深刻的思考。那么我个人认为,他思考的起点就是:巴哈伊的和谐理念和中国的和谐思想完全一致。这也证明,孙中山所说巴哈伊教"与中国之所需密切相关"。

这里不讲巴哈伊教的世界意义,只就其在中国的影响略作陈述,以使人们知悉巴哈伊教在20世纪初,就为中国思想家所注意到了。

中国传统文化里的世界大同思想

中国传统文化和巴哈伊文明有诸多相似之处,所以中国人很容易理解巴哈伊信仰的基本思想,尤其是天下一家的思想,这是两种思想文化系统都主张的。

在中国流传了2500多年的儒学,把"为万世开太平"作为使命,提出了非常有世界眼光的大同思想。《论语•颜渊》里的"四海之内皆兄弟"和《礼运•大同篇》是最突出的代表。

这种世界大同的思想,在儒家传统里一直延续不断。从孔子、孟子、张载、朱熹,都保持了这种传统。一直到南宋时,陆九渊更从宇宙论方面加以诠释。他13岁时,有一天对自己儿时思考的问题忽有所悟。这天,他读古书,读到"宇宙"二字,便解释说:"四方上下曰宇,往古来今曰宙。"于是忽然省悟道:原来"无穷"便是如此啊。人与天地万物都在无穷之中。他提笔写下:"宇宙内事,乃己分内事;己分内事,乃宇宙内事。"[1]《陆九渊年谱》中说他"因宇宙字义,笃志圣学",他从"宇宙"二字,悟得人生之道。陆九渊立志要做儒家的圣人,而他以为,做圣人的道理不用别寻他索,其实就在自己心中,而心是不分中西的。他说:"宇宙便是吾心,吾心即是宇宙。东海有圣人出焉,

---

[1]《陆九渊集》第三十六卷(年谱),钟哲点校,中华书局1980年版,第483页。

此心同也，此理同也。西海有圣人出焉，此心同也，此理同也。千百世之上至千百世之下，有圣人出焉，此心此理，亦莫不同也。"[2]

到19世纪中叶之后，世界范围里出现了全球化的趋势。中国的思想家也很敏锐地发现其势不可挡。康有为在同治十三年的时候（1874年，17岁），"涉猎群书为多，始见《瀛寰志略》、《地球图》"，"知万国之故，地球之理"。[3]22岁的时候，他读的书里面有《西学近年事汇》、《环游地球新录》、《海国图志》、《瀛寰志略》、《地球图》，自言"渐收西学之书"。

1884年康有为27岁的时候，其大同书的思想基本形成。《康有为年谱》记载：

> 至12月，所悟日深。因显微镜之万数千倍者，视虱如轮，见蚁如象，而悟大小齐同之理；因电机光线一秒数十万里，而悟久速齐同之理；知至大之外，尚有大者，至小之内，尚包小者，剖一而无尽，吹万而不同，根元气之混仑，推太平之世。既知无来去，则专以现在为总持；既知无无，则专以生有为存存；既知气精神无生死，则专以示现为解脱；既知无精粗，无净秽，则专以悟觉为受用；既以畔援歆羡皆尽绝，则专以仁慈为施用。其道以元为体，以阴阳为用，理皆有阴阳，则气之有冷热，力之有拒吸，质之有凝流，形之有方圆，光之有白黑，声之有清浊，体之有雌雄，神之有魂魄，以此八统物理焉；以诸天界、诸星界、地界、身界、魂界、血轮界，统世界焉。以勇、礼、义、智、仁五运论世宙，以三统论诸圣，以三世推将来，而务以仁为主，故奉天合地，以合国合种合教一统地球。又推一统之后，人类语言文字饮食衣服宫室之变制，男女平等之法，人民通同公之法，务致诸生于极乐世界。及五百年后如何，千年后如何，世界如何，人魂人体迁变如何，月与诸星交通如何，诸星、诸天、气质、物类、人民、政教、礼乐、文章，宫室、饮食如何，诸天顺轨变度，出入生死如何？奥远窅冥，不可

---

[2]《陆九渊集》第三十六卷（年谱），第483页。
[3] 梁启超：《康有为传·附录康南海自编年谱》，团结出版社2004年版，第90页。

思议，想入非无，不得而穷也，合经子之奥言，探儒佛之微旨，参中西之新理，穷天人之赜变，搜合诸教，披析大地，剖析今故，穷察后来，自生物之源，人群之合，诸天之界，众星之世，生生色色之故，大小长短之度，有定无定之理，形魂现示之变，安身立命，六通四辟浩然自得。然后莫往莫来，因于所遇，无毁无誉，无丧无得，无始无终，汗漫无为，谓而悠然以游于世。又以万百亿千世，生死示现，来去无数，富贵贫贱，安乐患难，帝王将相，乞丐饿殍，牛马鸡豕，皆所已作，故无所希望，无所逃避。其来现也，专为救众生而已，故不居天堂而故入地狱，不投净土而故来浊世，不为帝王而故为士人，不肯自洁，不肯独乐，不愿自尊，而以与众生亲？为易于援救，故日日以救世为心，刻刻以救世为事，舍身命而为之。以诸天不能尽也，无小无大，就其所生之地，所遇之人，所亲之众，而悲哀振救之，口号于众，望众从之，以是为道术，以是为行己。[4]

1884年康有为27岁这一年，写了一部《大同书》。这部书直到辛亥革命以后才发表一小部分，至1935年才全书出版。在几十年的过程中，他陆续补充了一些材料。这部书的基本思想，是从他的"三世说"发展出来的。他认为，当时的欧美资本主义国家已经达到"升平世"的阶段，但是也仅只达到这个阶段。比这个阶段更高的还有"太平世"。他根据《礼运》大同章的理想，加上了他所知道的当时资本主义国家里面的一些社会改良的措施和理想，再加上他自己的主观希望和幻想写成这一部著作。这部书的内容充满了民主主义的平等精神，也带有社会主义的空想。

康有为在《大同书》里把人类描写成为一个受苦的人类。他把人类"诸苦"罗列出来，共有六类三十八项之多。他认为在现存的社会中，无论什么样的人，都是苦的。不仅是被统治被剥削的人是苦的，就是统治剥削的人也是苦的。他认为，甚而至于"神圣仙佛"也是苦的。而人类诸苦的原因，是由于有九种分别。他说："总诸苦之根源，皆因九界而已。九界者何？'一曰国界，分疆土、部落也；二曰级界，分贵贱、清

---

[4] 梁启超：《康有为传·附录康南海自编年谱》，第99~100页。

浊也；三曰种界，分黄、白、棕、黑也；四曰形界，分男女也；五曰家界，私父子、夫妇、兄弟之亲也；六曰业界，私农、工、商之产也；七曰乱界，有不平、不通、不同、不公之法也；八曰类界，有人与鸟兽、虫鱼之别也；九曰苦界，以苦生苦，传种无穷无尽，不可思议'。"[5] 康有为接着说："吾救苦之道，即在破除九界而已。第一曰去国界，合大地也；第二曰去级界，平民族也；第三曰去种界，同人类也；第四曰去形界，保独立也；第五曰去家界，为天民也；第六曰去产界，公生业也；第七曰去乱界，治太平也；第八曰去类界，爱众生也；第九曰去苦界，至极乐也。"[6] 康有为认为，"界"是一切"诸苦"的根源，要脱离"诸苦"的最根本的办法是去"界"，这是东汉经学家何休"三世说"的引申。何休认为春秋的"据乱世""内其国而外诸夏"。这就是说，在中国的内部各诸侯之间也有国界："升平世"中国内部的国界都没有了，但还有中国与非中国之间的界；在"太平世"这个界也没有了，"大小远近如一"。康有为认为，在大同世界中不但没有国界，人类和其他动物之间的界也没有了，这样，大同之道就实现了。康有为说："大同之道，至平也，至公也，至仁也，治之至也，虽有善道，无以加此矣。"[7] 照他所说，这是一个人人独立、自由平等的世界。在这个世界中，国家的界限都消灭了，只有一个统一的政府。各种族都混合了，只有一个种族。男女一律平等，家庭的界限也没有了。农工商都为社会的公产。"不平、不通、不同、不公"的法律，都废除了。普爱众生，"人与鸟兽虫鱼之别"，也没有了。这样的世界，"去众苦，至极乐"，生在这个世界中的人，"浩然自在，悠然至乐，太平大同，长生永觉。"[8]

（1885年）康有为28岁，"乃手定大同之制，名曰《人类公理》。以为吾既闻道，既定大同，可以死矣。既而得西医书读之，以信西学之故，创试西药，如方为之，乃渐效，日走村后大树下，至七月乃瘳"。[9]

康有为的弟子梁启超在《清代学术概论》一书中将《大同书》的内容概括为如下几个方面：一、无国家，全世界置一总政（和谐）府，分

---

[5] 康有为：《大同书》，中华书局1959年版，第51～52页。
[6] 康有为：《大同书》，第53页。
[7] 康有为：《大同书》，第8页。
[8] 康有为：《大同书》，第52页。
[9] 康有为：《大同书》，第100页。

若干区域。二、总政（和谐）府及区政（和谐）府皆由民选。三、无家族，男女同栖不得逾一年。届期须易人。可以续约。四、妇女有身者入胎教院，儿童出胎者入育婴院。五、儿童按年入蒙养院及各级学校。六、成年后，由政（和谐）府指派分任农、工等生产事业。七、病则入养病院，老则入养老院。八、胎教、育婴、蒙养、养病、养老诸院，为各区最高之设备，入者得最高之享乐。九、成年男女，例须以若干年服役于此诸院，若今世之兵役然。十、设公共宿舍、公共食堂，有等差，各以其劳作所入自由享用。十一、警惰为最严之刑罚。十二、学术上有新发明者，及在胎教院等五院有特别劳绩者，得殊奖。十三、死则火葬，火葬场比邻为肥料工厂。

在康有为写作《大同书》的同时，著名思想家、实业家郑观应也提出了大同思想。他在《盛世危言》中，提出了在上海举办世博会的设想。他是中国主张办世博会的第一人。《盛世危言》中的《赛会》一篇，集中反映了郑观应对世博会的理解，他不仅充分地认识到了世博会对一个国家社会经济发展的促进作用，而且还大胆提出了在上海举办世博会的主张。他写道："故欲富华民，必兴商务，欲兴商务，必开会场。欲筹赛会之区，必自上海始。"为什么要在上海举办呢？郑观应写道："上海为中西总汇，江海要冲，轮电往还、声闻不隔。"甚至在上海举办的办法、经费等，集款招商、辟地建屋的具体问题，及解决的途径，郑观应在书中都一一想到。文中还提出具体的筹办步骤：先组织小会，逐渐推广，每岁扩充，以与东西各国"齐驱并驾"，裕民足国、致富通商，最后希望当事者"高见远识"，促成此事。郑观应的基本思想和巴哈伊教几乎完全一致，他主张"各教必统一，直至大同年。精诚不畏苦，心等金石坚。环顾五大洲，谁是大圣贤。"[10]"我倡各教统一议，已蒙上帝准行矣。尚祈各教统一心，协力同心急奋起。大同世界泯战争，民康物阜万国宁。不分畛域无强弱，专崇道德重文明。"[11]因此，我的朋友，香港中文大学王煜教授认为，郑观应的诗"堪称上承晚唐《无能子》而下启民国初年刘仁航《东方大同学案》，逼近伊朗巴海（Bahá'í）大同教。"[12]

---

[10] 夏东元编：《郑观应集》下册，上海人民出版社1988年版，第1470页。
[11] 夏东元编：《郑观应集》下册，第1472～1473页。
[12] 王煜：《郑观应的道教思想》，载《宗教学研究》1996年第3期。

王煜教授提醒我们注意郑观应和巴哈伊信仰的关系。郑观应在上海先是做茶叶公司的通事,就是现在的翻译。后来则自己经营茶叶公司,而且其时正好与巴哈伊信徒的波斯商人同时经营茶叶,他们之间的接触是有可能的。当然,郑观应是否受到巴哈伊信徒的影响,现在还需要进一步的资料证明。据有关资料,1851年在沪从事茶叶、丝绸采购的洋行已有19家;[13]而在1864年,据香港SHRTREDE公司印制的工商名录所载,上海当时有洋行68家经营茶叶业务。大的茶栈雇佣1～3名通事,通事一职颇为重要,专门向洋行兜揽生意,起着跑街或掮客作用[14]。在这种情况之下,如果郑观应接触经营茶叶的巴哈伊教徒,也没有什么奇怪的。

另外,1926年3月刘仁航出版的《东方大同学案》一书,也详细谈到大同思想。作者认为"大同学乃人性自然本具","本不应生东西新文化之冲突"。该书主旨在"发现人类本性,及显出古哲与新文化公同之精神,化除争执起见,足为五千年已死圣哲昭雪冤魂,为今世新文化运动多得铁证"。并谓以"实现小康,试办大同"为目的,"乃在解决社会、及人生,人群,人类全体问题,尤与马克思派'唯物史观'一面相关颇近"。他说:"孔子真圣人也。"唯自汉武"罢黜百家,尽弃孔子大同富教均平之实教,而代以空名为教,于是二千年来中国与罗马中世同一教权黑暗,直至宣统亡而后伪孔毒熄,今后真孔将昌矣"。"因为伪孔者借空洞之机关名词以压愚其民而已。彼挟孔尸以号天下,乃孔子之罪人。……及令人实察其非,群撑不承认而攻诘其虚伪,牵有此一攻,而虚伪代表乃不能鱼目混珠,此后社会科学日昌,即孔、佛学大明也。"并认为"孔子大同之十字者,即《礼运》'男女老终壮用幼长疾养'十字也。孔子之大同十字经,尽收政治、伦理、宗教、经济等。马克思发挥此十字,列宁行此十字而已。此十字乃孔子真哲,故曰'大哉孔子'。"[15]

上述人物的思想充分说明,在中国,世界大同的思想是一种"一以贯之"的思想,因此巴哈伊教传入中国,比其他任何外来宗教都更为容易被中国人所接受。

---

[13] 上海社会科学院经济研究所、上海市国际贸易学会学术委员会编著:《上海对外贸易》上册,上海社会科学院出版社1989年版,第68～75页、第79页。
[14] 参见1963年5月24日文范公司老板宋启范访谈录。
[15] 韩达编:《评孔纪年(1911～1949)》,山东教育出版社1985年版,第142页。

李佳白和杜亚泉的巴哈伊教情结及其影响

这里把一个美国基督教长老会传教士和一个中国学者放在一起，是因为他们两个人在1915年的同一期《东方杂志》上，发表了有关巴哈伊教的文章，表现出类似的巴哈伊教情结。当时，他们使用的巴哈伊教名称是"波海会"。

李佳白

这里先谈李佳白，因为杜亚泉的巴哈伊概念可能得自于李佳白。

李佳白(1857～1927)，又译作吉尔伯特•里德，字启东，英文名Gilbert Reid，为近代美国在华基督教长老会传教士。《那桐日记》也写作李家白。李佳白1857年出生于纽约州劳雷尔，其父为汉学家。他毕业于美国汉密尔顿学院和纽约协和神学院，1882年到中国山东省的烟台、济南、济宁，以长老会传教士的身份传教，赞美山东为"文教之邦，礼貌之区"。

李佳白1892年回美国，在美国期间，在世界范围里影响巨大的芝加哥世界宗教议会在1893年举行。就是在那次会议上，美国人第一次听到了巴哈欧拉的名字和他的教义。1894年李佳白返回中国，立即在北京仿效芝加哥宗教议会，创立了"上层社会布道会"（Mission Among High Classes in China）。1897年2月，在美英两国驻华公使以及李鸿章、翁同龢等大吏的支持和资助下，以李佳白任院长的"中国国际学会"(China International Institute)，在北京玄武门内后水泡地方创立，该机构的宗旨是"礼服之典也，所以报功章德、尊仁、尚贤"，即"崇尚贤士以治国"，因此中文名为"尚贤堂"。"尚贤堂"之名出自《周易》，李佳白解释说："《周易》有之：佑者，助也。天之所助也，顺也。人之所助也，信也。履信思乎顺，又以尚贤也。是以自天佑之吉，无不利也。兹堂之设，既协于天理人情，又本乎履信思顺。"[1]尚贤堂组织各教联合会，设宗教研究会，请儒、佛、回、道、犹太各教名人作为代表，来堂演讲，藉以"发明本教，研究他教，发挥要理，互相切磋"。是中国最早进行跨文明对话交流的场所。

因为义和团运动等冲击的原因，在北京的尚贤堂难以为继。当义和团的影响消除后，李佳白得到各国驻沪领事的支持，在上海重起炉灶恢复尚贤堂，于是1902年尚贤堂从北京迁到上海，在教育、社会、宗教和文化各方面开展活动，有会员150余人，并开办尚贤堂分科学校。李佳白在上海的寓所，坐落在长宁区新华路211弄2号。他吸取了在北京的教训，聘请张之洞、盛怀宣等人任董事，请办理商约事务大臣吕海寰出任董事长，并以"尚贤堂有限公司"的名义在香港注册。尚贤堂成了一家向香港注册的外资公司。同年，李佳白就以3万两银子的价格购进了法租界新界宝昌路一块15亩的土地，即如今的尚贤坊，开始上海尚贤堂的规划和建设，中外商人合捐了8000两银元，建造了一幢讲学堂，定期不定期地邀请中外名士到这里讲课，吸引众多的知识分子到这里听课。1906年出版的《沪江商业市景词•尚贤堂》中讲：

> 中西演讲尚贤堂，佳白先生教法良。
> 沪上仕商皆可听，讲谈时政共参详。

---

[1] 《尚贤堂文录》，载钱钟书主编、李天纲编校：《万国公报文选》，三联书店1998年版，第592页。

尚贤堂成为上海最早提供演讲的公共场所，时人对其评价很高。稍后，一位纽约商人捐资在这里建一幢教育楼，用于外语教育，李佳白提倡"孔子加耶稣"的理论，到尚贤堂听课、学习者"不必是基督教徒，也无须做宗教礼拜"，所以到这里学习外语的人也很多，这对提高上海人的外语水平和知识世界作用不小。

尚贤堂的经费一部分来自李佳白在美国的募捐（包括美国政府的拨款），一部分来自上海绅商的捐款，为减轻经济困难，尚贤堂设法将部分空房，出租给侨民在上海的各种俱乐部，所以尚贤堂也曾是各种社会团体最集中的地方。尚贤堂一度发展很快，据李佳白自己说，高峰时入会者"达到二十国人、十宗教"之众。尚贤堂的规模也越来越大，先后增设了商务、教务、妇女、学务等部。李佳白利用尚贤堂招徕许多著名人士来讲演，以使各学派、教派能够"互相和合、互相敬爱、互相劝勉、互相辅助"。尚贤堂使李佳白始终保持着高位，每有大事，他总是要评点一番。[2]

李佳白在中国还参加了很多其他由中国官员组织的学会或活动。1895年11月，翰林院侍读学士文廷式出面，在京正式成立维新变法派的重要政治团体——强学会，康有为、梁启超、翁同龢、陈炽、丁立钧、张孝谦、沈曾植、杨瑞、袁世凯、张之洞、瑟上成、郑观应、李提摩太、李佳白等数十人参与其事。强学会决定每十天集合演讲一次，每次都预定名人前来演讲，风靡一时。此时的郑观应有机会和李佳白交流学术，包括巴哈伊教。李佳白还与郑观应、刘桢龄、黎祖健（均为《知新报》[3]撰文）等游，研讨"新学"，旋撰《新命论》[4]。按照梅光迪的观点，"新学"里是包括巴哈伊教的。因为在强学会的结交，康有为后来还得力于李佳白的救助。戊戌政变失败后，六君子正法菜市，康有为则藉

---

[2] 肖黎、马宝珠、吕廷涛主编：《影响中国历史的100个洋人》，广东人民出版社2001年版，第271页。
[3] 《知新报》，是澳门第二份中文报纸，于维新运动时期创办，为维新派在华南地区的重要刊物。1897年2月22日（清光绪二十三年正月二十一）创刊，初为5日刊。自20册起，改为旬刊。至1900年2月14日，《知新报》再改为半月刊，每期约60余页，册装。1898年（清光绪二十四年）的百日维新失败后，《知新报》仍继续出版。1899年7月20日，康有为在加拿大创立保救大清皇帝会后，更将《知新报》与《清议报》定为会报。《知新报》延续至1901年1月20日（清光绪二十六年十二月初一日）停刊，前后共133期。
[4] 《万国公报》光绪22年11月。

李佳白以英舰援救，逃亡海外，来往于南洋、日本、美洲间。[5]

李佳白1910年3～4月再度回美国，在美国各地讲演。1911年5月仍在美国，已经明显表现出受到巴哈伊教影响的思想，开始提倡"万教联合"，说"各教教理虽有不同，而共为宗教则同"，"诚宜互相和合，互相敬爱"，"以谋人道之乐利"。他多次强调"不可批评他教的教理和人"。[6] 1910年李佳白主编出版了《尚贤堂纪事》（月刊），以相当篇幅刊登在尚贤堂组织的演讲词，如：《真理之统一与万教之亲和》、《各宗教对于李博士赞成各教之意见》、《论反对基督教者对于耶稣基督所以赞成之理由》、《论耶稣教徒何以应赞成天主教之理由》、《论中国教理与印度教理相同之质点》等等。李佳白创办的《尚贤堂纪事》以"劝善为本"，"扩充旧识，启迪新知"，"美化庸众，转移人心，使中外教民趋于和恰"为宗旨，该刊所宣扬的"万教联合"的主张，不但在中国为仅见，在世界传教史上也少有。它体现了李佳白在宗教传播上的"同源并立，源流汇合"的思想。

《尚贤堂纪事》很快找到了和中国文化的契合点，就是儒学。所以宣传孔教，在《尚贤堂纪事》中占有一定的比重。李佳白常从儒学中引经据典，对中国传统文化赞美有加："环地球五大洲数十百国，运会递变，光气大开。然而文教之兴，在六千三百年以上，迄今无改，问有如中国者乎？无有也。"[7] 他对孔教会也大加赞赏，认为孔教会"之大套，亦灿烂高揭于圣公府邸，以发扬大圣人之文明光辉。华人之教会日兴，即华人之道德日进无量"[8]。他主张以孔教立国："孔教之精神，即我国之国性也。"得到李佳白大力支持的陈焕章等人的《孔教会上参众两院请定国教书》说中国之"历史与国情，皆以孔教为国教"。"苟不定孔教为国教，则吾民不得复为华民，吾国不得复为中国。""故吾民之请定国教也，非独尽忠于孔教，也其尽忠于中国尤挚。"[9] 值得注意的是，该刊提倡尊孔，但不盲目崇孔。李佳白说：孔教与各教多相符合，推行孔教，

---

[5] 刘成禺：《洪宪纪事诗本事簿注·民国笔记小说大观》第三辑，山西古籍出版社1997年版，第126页。
[6]《李佳白博士西历1911年在美讲演摘要汇译》，《尚贤堂纪事》1911年7月，第2期第6册。
[7]钱钟书主编，朱维铮执行主编，李天纲编校：《万国公报文选》，中西书局2012年版，第339页。
[8] 高太痴：《论孔教之精神》，《尚贤堂纪事》1917年4月，第8期第4册。
[9]《纪本堂教务联合会开国教讨论会事》，《尚贤堂纪事》1916年11月，第7期第11册。

也能提携各教。孔教成为事实上的中国国教,这是千年铁案,但是如果在宪法上明定孔教为国教,"则似孔教为独占优先权"。对此,他只"多表同情",而不能不"稍示反对"。他对孔教会提出的"规定孔教为修身之大本"也作出修正,提议改为"以道德为修身之大本",这样既能"吸取各教之道,而又免于国民无教之流弊"。可见,尊孔不可违背"万教联合"的宗旨。

该刊所作的宣传,皆在于用宗教思想归化人心,改良中国社会,稳定世界局势。李佳白认为:革命只能改朝换代,"风潮一过,故态复萌"。改良中国,必须从改革习俗入手,"以痛除积弊,澄叙官方为本",用宗教的道德观感化人们。所谓:"道德者,国家之命脉;教会者,又道德之本源"。实行"万教联合",就是"欲采各教之长,以增人人之道德,而造中华之幸福。"李佳白把列强争夺殖民地和市场的战争看成"天理人欲"之争,他树起"万教联合"的旗帜,企图形成一种社会力量,劝说列强"顺乎天理良心",停止世界性战争。

李佳白的可贵之处,还在于他确实在研究儒学的真义,而且试图把儒学与基督教打通。1912年10月7日,康有为授意其学生陈焕章等在上海成立孔教会,它以"昌明孔教,救济社会"为宗旨。李佳白曾经应邀发表讲演。

孔教之窥见一斑(节录)
——孔教会演说

……鄙人为美国人,本耶稣教徒,平日亦尝研究各教异同之故。窃见天下事理,莫不殊途而同归,……辨其不同,求其大同,此人类进化之急务也。鄙人昔在沪,创办尚贤堂,并开教务联合会,轮请各教名人演说,发挥所长,不相非难。缘是于孔教之理,颇有所闻。今人有谓劝人为善,为各教所同,因而视孔、佛、耶、回如一体者。此固有见,但各教之最终目的,虽或相同,既各成一教,彼此教理亦互有不同。欲求万教归一之法,谈何容易……宗教亦然，孔耶教理，虽有不同，而其为宗教则同。诚宜相互和合，互相敬爱、互相劝勉，互相辅助，以谋人道之乐利，此理也。孔圣人尝言之矣，曰："君子和而不同，小人同而不和。"今日诸教并立，我既不可苟同于人，亦不宜强人之苟同于我，而惟互相和合敬爱，劝勉辅助，共谋人道之乐利而已，若是，即孔圣人所谓"和而不同"之君子也。反是者，谓之小人。教务联合会宗旨，即是如此。鄙人本耶稣教徒，此生自当永远信奉耶稣，甚望公等中国人，永远信奉中国之孔教，尤宜善体孔子。"和而不同"之意，与异教相友、相爱、相助，毋损人，毋忘己，以保各教之特质，以期各教之大同，二者各有作用，不可偏废。此鄙人之宗旨，可先为诸君声明者。鄙人居中国数十年，考查孔经甚久，觉孔教之理，与他教并无相悖，愿竭棉力相助，以期发达。今承召演说，敢就西人佩服孔教之大端，一敷陈之。

孔教原理为人类共同之原理，不但中国当行，外国也当行；不但中国通行，外国亦已通行。今孔教徒虽未布满世界，然孔教之理，固有不能不通行世界者。此非鄙人之谀词，因孔教原理既为人类共通之原理，不但奉孔教者一以孔教为依归，那不奉孔教者，亦不能与孔教相违反……

孔教原理，在政治上、社会上有极其重要密切之关系……故孔教可分为三部分：一道德之学，二政治之学，三社会之学，合三者而成一教。此孔教之美富、即孔教之专长。诸君不尝苦政治不良乎？今欲改良政治，必须尊崇孔教。孔经云："大学之道，在明明德，在新民，在止于至善。"明明德也……孔教于政治细目虽未详言，而其旨趣纲领则宜永远保存。盖方法形式可与时变通，原理精神不可改易。孔圣于二千年前，已为后世政治界立永久至善之信条，循行不失，自有进境，至君主民主，不过名目之分，无关弘旨，不论可也。又就社会而论，今名词所谓社会者，稽其内容即五伦。今姑划君臣一伦，归予政治，其余四伦合成之现象，父父、子子、夫夫、妇妇、兄兄、弟弟，各尽其道：至平之顺。……

孔教原理，务求根本示人……推孔子之教，首在于分本末。

诸君为中国人莫不爱国。国何以治？由于家齐，家何以齐？由于身修，故修身者为根，家齐国治者为果也；修身者为本，家齐国治者为末也。今欲求中国强盛之法，宜守孔子之训，明本末先后之序，以道德修其身，人人皆能。修身则君无不仁，臣无不敬，父子无不慈孝，夫妇无不义顺，朋友无不以信。如此则家不期齐而自齐，国不期治而自治矣。……孔教重言行相顾，实为孔教原则最可宝贵之处，亦即为盛行中国之一大原因……鄙人所交前清士夫，曾读《四书》、《五经》者，多践履笃实。近人言孔子之言，而不行孔子之行，皆孔子之罪人。然今日尊孔之声，日高一日，则此后行孔子行者，亦日多一日，足见孔子流泽之长……

孔教能统一全中国之人民，合智愚贤，不肖男女、老幼、贵贱，无不知孔子为中国独一无二之圣人，无不服从孔子之教理，此孔教之最可惊美者也……

由此观之，孔教既成为中国最优美之教，故中国人万万不可废弃。鄙人虽耶稣教徒，亦甚盼孔教之发达。顷间所言，各教皆统一大原而出，四海之内皆兄弟也。教非所要，要在于理。……[10]

1913年9月，李佳白作《读孔教会请愿书后》一文，在《孔教会杂志》上发表。他认为："孔教崇道德，尚伦纪，尊为国教，则民德无堕落之虞。此利于国者一也；孔教多言政治，包含各种重要之学科，尊为国教。尤足以植政学之基础，此利于国者二也；孔教要理推之于各教，皆可通融，若各教要理证之于他教而或多扞格，且孔教数千年来，久已为全国人民所信仰，民国既不能无教，又断无奉他教之势，则奉孔教为国教，而仍予人民以信仰自由，一方既有所据，一方又无所限，对内对外，两无遗憾，允为至善至美之法。"[11]九月《孔教会杂志》报道，李佳白还写了《尊孔》一书，主张"孔教与民国，民国与孔教，均有密切之关系，孔教昌则民国愈固"，并建议北洋政府在全国强制制定规定攻读"四书"、"五经"，以便"读孔子之书，行孔子之行也"。

---

[10] 程溚编：《历代尊孔记·孔教外论合刻》，上海中国道德会1938年第15版，第1-4页。
[11]《孔教会杂志》，1913年9月，第1卷第8号。

李佳白1912年2月回到中国。而阿博都—巴哈1911年开始,1912年在美国达到高峰的欧美之旅,在西方世界产生了巨大的冲击波,加上美国各大报纸的报道,尤其是连续出版的《西方之星》杂志,已经发挥了巨大的影响。这些都可能让李佳白进一步详细了解了巴哈伊教。

李佳白在美国的时候,胡适和曹云祥也都在美国,他们共同参加了一次基督教的聚会夏令营。据胡适日记记载:

1911年6月13日(星二)

出门旅行第一次,游Pocono Pines。十二时廿五分车行,下午五时半到。自Ithaca至此,计百四十七英里。中国基督教学生会在此开夏令会,明日起至十九日止。今日华人到者十三人。(到会者不全是基督徒)

6月14日(星三)

第一日:中国公学同学陈绍唐君亦来,不相见者三年矣。中国学生来者约三十人,有张履鳌、曹云祥等。游湖上。是夜开会,穆德(Dr. John R. Mott)演说,极动人。会已,为欢迎茶会。

6月15日(星四)

第二日:穆德演说二次,此君演说之能力真不可及。有Prof. Hildebrand之经课及Dr. Beach之讨论会。游湖上。夜会,与陈君谈。与胡宣明君谈。齿痛。

6月16日(星五)

第三日:李佳白(Dr. Gilbert Reid)经课,李君自上海来。洛克乌德君(Mr. Lockwood)演说,亦自上海来者。朱友渔君演说。合影。是日牙痛甚剧,不能赴夜会。早睡。

6月17日（星六）

第四日：经课。讨论会，题为《孔教之效果》，李佳白君主讲，已为一耻矣，既终，有Dr. Beach言，君等今日有大患，即无人研求旧学是也。此君乃大称朱子之功，余闻之，如芒在背焉。

【附记】这一次在宇可诺松林（Pocono Pines）的集会，几乎使我变成一个基督教徒。这册日记太简略，我当时有两封信给章希吕与许怡荪，记此事及当时的心境稍详细，现在附抄在此，与怡荪信附有八年十月一跋，也附抄在此。[12]

与此同时，"欧洲第一次出版现代巴孛教徒的《神圣的书》（圣彼得堡，1899年，可能就是《至圣经》），许多倍哈主义者（巴哈伊）的信函以及有关巴孛教以及倍哈主义的书是图曼斯基出版的"[13]。"倍哈主义——19世纪中叶倍哈在波斯创立的一种宗教教义。它宣扬恭顺、博爱，否定革命的斗争方法。托尔斯泰对这一教义很感兴趣。在他的1909年的信件中多处表示赞同倍哈主义，他在其中发现很多与他自己的宗教教义相同的东西。（原注：《托尔斯泰全集》第79卷，第131、133封信；第80卷，第140封信等）（这是引文本身的注释）倍哈主义者也对托尔斯泰的说教和他要求消灭土地私有制的主张持赞同态度。——罗注"[14]

上海当时有一个波斯奥米德茶叶公司，集中了几个伊朗巴哈伊信徒。英国的李提摩太和李佳白都和他们有来往。郑观应也可能与他们相识。1913年，《尚贤堂纪事》刊登了上海的巴哈伊信仰者在尚贤堂的讲演：在上海的巴哈运动领导人宣称，"巴哈伊教徒不应该谴责和批评别人所持有不同的观点，他们应该自由地与所有的人打成一片，让他们的信仰以友爱和服务显示给众人"。[15]

---

[12]《胡适留学日记》（上），安徽教育出版社1999年版，第43~44页。
[13] 苏联百科全书出版社学术委员会、苏联科学院历史学部编：《世界历史百科全书•人物卷》，商务印书馆1992年版，第1251页。
[14] [苏] 瓦•布尔加科夫：《托尔斯泰的最后一年》，萨石等译，新华出版社1987年版，第326页。
[15] [美] 唐纳德•毕晓普：《尚贤堂：东方的宗教议会》，《比较宗教学研究》1972年夏季，6，No.第3号。（由鲍景超先生提供翻译）

李佳白把《礼运》描述的"大同"景象和巴哈伊教的理念相结合,他向往"大道之行也,天下为公。……是谓大同。"也向往巴哈伊教的天下一家的思想。他认为"每诵《礼运》之文,遐想其情况,辄为之心往神移"[16],并认为要建立和谐的社会秩序,"除依孔子志愿,创办大同世界外,别无所术可使人民减少困苦"。[17] 在大同世界里,"社会秩序井然不紊,老老幼幼,贤且能者劳心与治国,事愚不肖者,安居以治职业,莫之大之幸福已饱享于不知不觉之优游中";没有种族、宗教、国界之分,"即古贤所称'四海之内皆兄弟'之景况";而巴哈伊文教理念就是"世界人类,同为上帝之子,言语习惯,虽有不同,而初生本源,绝无二致"[18]。实现大同理想的障碍在于国家、种族、宗教的界限,"而教界之为梗,固千百倍于二者",破除国家和种族的界限,就要联合各教先打破教界。实行各教联合是"欲以万教之力,公趋一的,更拟先消教争以消国家、种族之争,进斯民于仁寿之域"[19] 各教联合会的意义"近而言之,则为人类谋幸福,远而期之则'蕲世界进大同"[20] 而"尚贤堂之宗旨在于谋和平而使人亲睦,睦友会则先令个人亲睦,灭除一切愚诈凶狠心,以致力和平而终归于大同。""虽未敢云足以缔造大同,但使举世之人,能和睦相爱,或可为大同之引线。"[21]

与巴哈伊教的影响有关,1912年6月,英美传教士李提摩太、李佳白和梅殿华等倡议在沪成立世界宗教会,持大同主义联合各教为一大团,并提出"各教精义大致相同,明达之士颇拟联合各教融而为一"。"世界宗教会",据妙然《民国佛教大事年纪》民国元年条七《世界宗教会成立》记载:"谛闲、应乾、沈曾植、李瑞清、狄葆贤、李提摩太等发起组织'世界宗教会',以上海、江苏、五属(原文如此)图书馆为事务所,经常举行演讲、教学等活动,以传播宗教知识,提倡道德涵养而利济民生。""不分国界教界","合众心为一心,研求至理,涵养道德"。[22]

---

[16] 李佳白:《答问睦友会之宗旨与办法》,《国际公报》第3卷第35期。
[17] 李佳白:《联合各教为大同之先声》,《国际公报》第3卷44期。
[18] 李佳白:《人类宜亟谋自救》,《国际公报》第3卷第29期。
[19] 李佳白:《为怀疑各教联合会者进一言》,《国际公报》第3卷第47期。
[20] 李佳白:《尚贤堂中外各教联合会公启》,《国际公报》第3卷第48期。
[21] 李佳白:《答问睦友会之宗旨与办法》,《国际公报》第3卷第35期。
[22] 谛闲:《世界宗教会题赞》,宝静法师:《谛闲大师语录》,台湾台南和裕出版社1999年版,第761页。

1916年，《尚贤堂纪事》刊登了《论各宗教经典与其信徒对于真宰作如何之解释及观念》：本堂教务联合会前以赞成各宗教为总题，既由李佳白博士于去年中按期演讲，畅发无遗。兹复以各教中最切要之主脑为本年研究之总题，即"各宗教经典对于真宰作何解释，各宗教信徒对于真宰作何观念"也。一月三十日下午四时开本题第一次演讲会，由李博士说明"本题大旨暨西国方言所称真宰含有若何之意义"。期使各教同人得以了解本题藉备日后之研究。其词如后：

李佳白博士演说词

本届所演讲，为各教对于真宰作何解释，与各教信徒作何观念之大旨，及西国方言所称真宰含有若何之意义，为本堂五年来所未曾研究者，而实一至要至大之问题也。盖真宰者，道之所由生，教之所由立，不明其本，虽有教不得谓之教也。神道学之所以为哲学，及理学中至高之学派者，以其探论此道，而为教务上有统系之学科耳。

昔有某哲学家，于童时以一铲掘土，或问其故，答曰：欲觅真宰，景仰若是。本于至诚之天性，是《旧约》中哥拉之裔所咏之诗，所谓我心切慕天帝兮！如渴鹿思溪水之谓与？虽寻绎真宰，毕生不能尽其妙。而为神道学之要素，至粹之哲学，吾侪所万不可忽焉。

夫吾人之所以欲研究各教对于真宰之解释，与其信徒作何观念者，其原因有三。一欲深明真宰，盖吾人既愿知世界伟人、奇士、帝王、卿相之历史，岂可于创造宇宙之天帝而忽之？虽以有涯求无涯，不能尽其奥，然断不可因之而废弃，而况真宰亦极愿世人之知之也。二则吾人对于真宰，须更存敬畏之心，本孔子君子有三畏，畏天命，畏大人，畏圣人之言之说。则吾侪不可不敬畏天命。然天命者，真宰之命也。故吾人对于真宰不可不存敬畏之心。三则吾人须知对于真宰应尽之责任，以副其愿望。此为神道学实际工夫，较泛论为贵。夫吾人既知律法之不可不研究，则于天帝命令懿旨，尤不可不知。知之而奉行之，吾人之天职也。夫各教既以天帝之道教人，是对于真宰均有启发之志愿。虽其中之讲解，多寡允有不同，而要以愈详言者愈高妙，但余等亦不愿絜长度大，显示优劣。惟对于真宰，极愿各教中之演讲者，知无不言，言无不尽，俾便研究教务者，知所依据，庶得之矣。

……………

希腊、拉丁、条顿、斯拉夫族各国所称真宰，俱本于印度"古经"。……印度"古经"曰"提法"（deva）（编者按：即提婆，天，天神）……英人曰各得（God），斯拉夫人曰波格（Bog）……如中国所使用之神字，既可指真宰，而又可泛称他神，惟中国所称之神，内含灵气之意，西国则无之也。[23]

丁守和先生在研究《尚贤堂纪事》和李佳白的观点以后，提出如下说法：

李佳白认为，教由人立，所以有种种修德行道的方法，"而理为天赋，唯一无二"。"能发挥此理，即谓之道"，但是"道理"原本是立于宗教之前的，要统一思想，"则必不可从教，只可从道理"。而道理又溯源于天，由此可知西方国家宗教的涵义与中国从道德的角度对宗教的解释不完全一致。在这种情况下，"不如用中国雅言之道心或天理，尚能得一字之意义真诠也"。中国人所谓的道理，"明指理乃得之于天，人物所直接授受"。顺从宗教，不如顺从道理，顺从道理，不如顺从上天。人们不能使万国顺从一个宗教，可以劝万国顺从一个道理，顺从一个上天。他说，这实在是"通行至善之法力，要统一各教，没有比这更重要的了"。"人有道心与人有天理，比奉教尤为尊贵，为万教亲和纲领"（《论真理之统一与万教之亲和》，《尚贤堂纪事》6期11册，1915年11月）。李佳白主张各宗教、教派求同存异，实行各教大联合。他认为各宗教有九条共同点：（一）劝人为善；（二）自己修身；（三）教人修身；（四）知有上帝；（五）善恶有报；（六）救济世人；（七）必有来生；（八）过则悔改；（九）真心爱

---

[23] 丁守和：《辛亥革命时期期刊介绍》第四集，人民出版社1986年版，第638～642页。

人。并且说"联合即统一之代表也,且上主以至爱与真理赐万教之圣人与贤哲,万教圣贤传布真理并上主之爱,以化导各国各地之人,是一源统万流之真象也。"溯流讨源,可知该刊所宣扬的"万教联合"的思想绝不是凭空产生的,它和李佳白在中国的传教生涯有着极其密切的关系。当时,统治阶级把儒教看成是正人心,厚风俗,治国安邦的根本。在民间,群众由于几千年封建专制统治和儒教思想的影响,以及教会与官僚地主沆瀣一气,横行无忌,对洋教也极端反感。因此,李佳白在中国传教所面临的障碍,一是儒教根深蒂固,深入人心;二是洋教受到普遍抵制,没有市场。他回忆道:"一部教会历史所载伤心惨目之状况,吾无暇悉数矣。第以身受者言之,发辫几落于济南,削迹几见于济宁。庚子避难使馆,逐日与死为伍。我北京尚贤堂之宅基,即毁之大火,又拆至片瓦不存。"(《宗教前途之乐观》,《尚贤堂纪事》8期12册,1917年12月。)为了转变中国人的印象,使洋教能够得售,李佳白试图借儒家学说来阐述基督教教义,用基督教教理附会孔孟经典,同时提倡办学校,建医院,兴实业,习洋文,演算术,用中国人能接受的方式,潜移默化地扩大西洋宗教的影响。先是儒教和基督教教义、教理、学说的相互借用和渗透,后来逐渐发展为中西各教教义、教理、学说的相互借用和渗透。"万教联合"的思想就是在此基础上产生和形成的。为了免遭"离经叛道"的针砭,李佳白用基督教宏量派受攻击时"则尽变其旧说之未圆融者,随时修改,以泛应而曲当"作例,为自己辩护。他的口头禅:"见理圆融,措辞活泼"。实质上就是,在中国的具体国情下,最好"略形式而重真道",实行"万教联合"。(《论反对基督教者对于耶稣基督所以赞成之理由》,《尚贤堂纪事》第6期9册。)

李佳白这些思想和观点,实际上来自于巴哈伊教的启发。此举与《东方杂志》相关。1904年3月,《东方杂志》由商务印书馆创办,立即成为我国期刊史上首屈一指的大型综合性杂志。1911年,该杂志由杜亚泉担任主编,进一步开启了宽容敏锐、密切关注新情况新问题的风格,大力译述和介绍世界上最新的政治经济社会变革、学术和思想潮流。李佳白和杜亚泉什么时候成为朋友,尚无明确的说法,但是《东方杂志》发表很多李佳白的文章,而李佳白创办的《国际公报》则发表了很多杜亚泉的文章,可见他们的来往颇多。到1914年,李佳白要在上海召开世界宗教大会，给在海法的阿博都-巴哈发出邀请函，阿博都-巴哈因故不能与会，但对李佳白的行为颇为赞赏。因为发生了第一次世界大战，该会未能如期召开。李佳白于是在1914年11月在尚贤堂发表了一次英文演讲，介绍了巴哈伊信仰的基本理念。 1915年，在杜亚泉主办的《东方杂志》上，李佳白的英文演讲被翻译为《论波海会之精神与作用》发表，文章非常全面地介绍了仅有半世纪历史的巴哈伊教，说明他对巴哈伊教早已有深入了解。

李佳白说：

> 世界各大宗教，皆由亚洲发源，而不自欧洲创始，故教中之仪节，亦多与亚洲近而不与欧洲同。如孔教、道教出于中国，神道教出于日本，佛教、婆罗门教出于印度，犹太教出于西亚细亚，基督教出于犹太，波斯教出于波斯，回教出于阿拉伯，是皆班班可考者。由此以观，则亚人信仰之根性，实较欧人为胜。虽今者欧陆列强，群向东方灌输其通商、传教、兴学诸术，俨然为文明之先导，然即道理之本体，宗教之根据言，则固东人为其创，而西人为其因者。

> 于各宗教外，在中亚细亚新发现一团体，有宗教之性质，而不立宗教之名目者，乃为波海会。译西文文义，仅为一种活动之团体。盖个中人之本旨，在重道之精神，不重教之形式，在执一至公无偏之精义，期有以贯彻于各教，而仍不打破各教之范围。不在立异矫同，而创为新奇特别之名，以自树一帜也。名为波海，特以纪创始人之姓氏耳。

> 按波海会始自一千八百四十四年，创始之人凡三。首者名阿利•穆罕默德，波斯人，生于一千八百十九年，迨年二十四，忽谓得上帝之默示，因创为此会，从者多信之，因奉以嘉名曰波海（编者按：此处有误，应为"巴字"），波斯语谓门也。意谓信徒从其说，乃得人道之门径也。阿利本为回教徒，然窃以为上帝之道与表示，未必尽于回教之圣经而无余蕴。上帝将来，必更降一圣书，以发明至高通行之道，藉以为各教联合之基础云。此说既盛，人乃群指其从者为叛徒。一千八百五十年，阿利遂被逮入狱，越二年即卒。自始迨今，其门徒之殉此主义而被逮以死者，盖已不下三万人焉。

其次者，人称之为波海由拉（编者按：巴哈欧拉），亦为波斯之贵族，而本奉回教者。当阿利被逮，由拉及其从者亦与。初被遣至土耳其属之配掷达（编者按：巴格达）。继锢之于君士坦丁，继复移锢之于阿特来拿勒耳（编者按：阿德里安堡）。迨一千八百六十八年，乃复移锢之于犹太属之阿克雷（编者按：阿卡），从之受罚者凡七十人。始严禁之于两室，後乃稍予自由，然亦不准出此地。迨一千八百九十二年，乃卒於戍所，时年已七十五矣。由拉既卒，其子波海（编者按：阿博都-巴哈），固与其父同罪而共罚者。至一千九百零八年，乃始与其徒众，得蒙土政府之释放，盖被锢者已四十年矣。然诸人遭难之年，实即为其主义发展之日。波海既免于罚，乃游历欧美以播其志。而欧美两洲，暨西亚细亚之慕名以往与联合者，乃实繁有徒焉。

波海会成立之历史，既如上所述矣。若其精神与作用，则又有可得而言者。夫该会之诞生，既经如许之困难，受如许之屈辱痛苦。而会中份子，不惟忍受之、耐守之，且毫无愤恨报复之私焉。此与耶稣及其门徒之遭遇大略相同。而受其感化者，乃群有耐苦忍辱，不报无道之美德焉。此其为益者一也。

各宗教中，如基督教、回教等，除所谓圣贤外，又有所谓德行高洁、知识宏远、能力伟大，受上帝默示，出而为世界拯大难、为上帝布德者，而特号为先知者，如耶稣，如穆罕默德，即基督教、回教之所奉为先知者也。第基督教及回教，以为除耶稣、穆罕默德外，要无望再有先知之降临。即有之，亦惟耶稣、穆罕默德之重至耳。若波海会则以为不然，以为先知不限定于耶稣诸人。今日者世界日即于凶残危难之境，当必另有先知，奉帝命而起，以宣帝意，以拔人罪，以救人难，以助世界人类种种之不足而无缺陷者。此种理想，实足兴起各教各界之希望，而有进步之机，不至以悲观而就消极也。此其为益者二也。

波海会之宗旨，并不欲自成一教。乃欲联络各教，以研究相同之道。而同一归服于唯一之真宰者。故彼礼拜堂中，各教皆有。且明许得自由信奉一教。第须确认各教有合一之理，以为同趋于至善之根基。故该会之成立，乃完全为谋统一、望和平起见。否则若有立异鸣高，自为一教之志，则即有竞争之忿，而无联合之美矣。此其为益者三也。

波海会之宗旨，又在于宽大无我。凡表同情于该会者，该会不第不劝其离原信之人，或原奉之教，且常勖其葆所固有而弗失焉。故在该会中，此教徒与彼教徒接触，不仅无诋责之声，并无抵制之意。与基督教、回教之严同异之辨者迥异。惟其然，而该会虽竟尚宽容，终不能邀土耳其、波斯二国基、回两教之宽容，乃屡逼迫而摧害之。然其善终不可没也，此其为益者四也。

若夫宝爱和平而反对一切之战役，尤为该会宗旨最大之一端。故以为两国苟不幸而至于战，当必设法救止之。若未至于战而已起龃龉，尤宜亟谋调处之。盖理也者，处于久后不败之地者也。若舍可凭之理而诉诸武力，是即显示其所颁之理为不足恃矣。故该会之用意，与海牙和平会将毋同，而反对战衅尤过之。盖纯粹崇道德而不崇势力者。此其为益者五也。（下略）[24]

这是中国历史上第一次详细介绍巴哈伊教的演讲。可惜的是因为限于篇幅，《东方杂志》略去的内容，我们永远不得而知了。

为了推广芝加哥会议的精神，成立了世界宗教大会后续委员会。上帝一位论者桑德兰（J. T. Sunderland）和李佳白是好友，桑德兰参加了1893年芝加哥世界宗教大会，1913年到访日本和中国，来到尚贤堂演讲并且做初步的准备工作：决定1914年底至1915年春，在尚贤堂举行一场宗教大会——"万国宗教联合会"，作为芝加哥世界宗教议会（李佳白称之为"万教联合模范会"）系列会议的延续，这一会议原定由宗教开明人士国际大会（the International Congress of Religious Liberals）主办。尚贤堂对此进行了非常认真的准备，专门发出"万国宗教联合会"的筹备通知：

美国耶稣教中之一部分，其以文学著，或以科学著者，大都器识宏

---

[24]《东方杂志》1915年5月10日第12卷第5号《内外时报》。

远，度越寻常，绝无偏执狭隘之见，曾于该教会外，别立一会，当前20年美国开支家哥博览大会时，该会曾邀集世界各国之宗教家，在该地开一"万教联合模范会"，会期至一月之久。凡孔、佛、道、耶、天主、清真、犹太、婆罗门等，皆与焉。现该会已大发达，各国各教之表同情者，遍于五洲。因拟乘此时机进行，为世界大同之基础。已于去年由该会全体分遣代表，周历全球，约会各教名人，定于西历1914年（即本年）（19）15年之间，在欧、亚、美三大洲要地，次第开联合大会。其集会地点为美国纽约，英京伦敦，匈加利京，土耳其京，印度，中国上海，日本新金山等处。去年十月，该会派赴东亚代表孙德兰博士，由日本抵沪。因稔知本堂之宗旨与该会符合，爰与本堂会长、董事、经理等商定，以本堂为该大会在中国集会之地点。约于明年三四月间，挈欧美该会同志，莅堂开联合大会，约以一月为期。以万教互相发明，彼此联络，屏去轻蔑歧视之见，为世界实际和平之先导为惟一之宗旨。豫（预）计东西之同志之来者，当不下千人。届时拟分中英文二大部，各选长于中外语言文字之人，随时译述，以期共晓。又拟暂设世界宗教研究科，由各教分举本教名人为主讲员，以备愿研何教者得讲贯之地。本堂既为集会地点，所有开会各项手续，业已开始筹备。除本堂中外各董事、各会友、各经理人，均得一律与会外，各界士女如有表同情于斯会而愿躬逢其盛者，请向本堂经理部报名接洽可也。开会确期，临时布告。（《万国宗教联合会之筹备》，《尚贤堂纪事》第5期第3册，1914年3月，第34页。）

1914年，李佳白致函阿博都巴哈，汇报他在中国上海创建尚贤堂，进行宗教对话，消除宗教分歧，实践大同思想的情况。邀请祂来上海参加这次宗教盛会，也就是上述《万国宗教联合会之筹备》所谈及的内容。大约在1914年6月，阿博都巴哈给在中国的李佳白写了一封书简，肯定了李佳白创办的尚贤堂，表示如果身体许可，自己很愿意到尚贤堂去演讲。阿博都巴哈对尚贤堂的宗教对话寄予厚望："愿这一集会能摆脱陈旧观念的禁锢，去探寻那至真之理。如此，他们便能获得对各大神圣宗教的准确理解。而且，集会的种种探究，也将明白无误地揭示出，哪种宗教在今时今日，会有能力复兴世界、为此世纪注入曙光、实现人类大同。如此，冲突的基础将被一扫而尽，所有宗教将联接并围绕一个中心团结起来。"（此书简的波斯文原件大约是1914年5-6月所写，英文译文的日期是1914年6月1日。该书简现藏美国纽约汉密尔顿学院图书馆档案馆，但是该书简与海法所藏定本有些微区别，此处的中文译文由周夏颐委托欧阳琴据海法的英文定本译出。）回信的内容最初由鲍景超先生翻译出初稿，后来又经过全球文明中心找到译者欧阳琴，重译了一次，世界正义院认可了这个译文。

芝加哥宗教议会委员会拟于1915年在欧洲、美洲、亚洲再次召开联合大会，集会地点定在纽约、伦敦、匈牙利、印度、上海等地，尚贤堂乃是中国的集会地点，由于欧战爆发，此次大会并未如原定计划实行，见《本堂紧要通告两则》，《尚贤堂纪事》1914年第3册，李佳白将宗教议会所组成的委员会称为万国宗教联合会。

李佳白确实没辜负阿博都巴哈的希望，尽心竭力在尚贤堂进行大同思想的实践活动。李佳白对这一会议寄望很高。可惜此会因为第一次世界大战的爆发而遭遇了流产。当他看出欧洲战事所引发的敌意与对抗，使得这一会议不能召开时，他深深感到失望。

按照巴哈伊的理念，李佳白首先把尚贤堂办成宗教多元对话的场所。从1894年到他1927年去世的30多年间，尚贤堂组织了大大小小各种类型的讲演活动，在中国取得了惊人的业绩，对促进宗教之间的对话和融合起到巨大作用。

上述论述，可以清楚看出李佳白的各教联合的思想和巴哈伊教的渊源。对于李佳白办尚贤堂的事迹，西方予以充分肯定。1912年哈佛大学第17任校长（任期1869～1909年）、著名教育学家查尔斯•威廉•艾略特（又译爱里亚）博士（Charles W. Eliot）受卡内基和平基金会委托前往中日两国考察，那时候，阿博都—巴哈和安德鲁•卡内基有密切的联系，阿博都—巴哈曾致信卡内基，对卡内基1910年在伦敦市政厅的和平讲演非常欣赏。而且1912年在美国访问的时候，卡内基和印度诗哲泰戈尔均拜会了阿博都—巴哈。查尔斯•威廉•艾略特是哈佛历史上任职时间最长的校长，任期40年，任职期间主张自然科学与人文科学并重，强调选修课。查尔斯•威廉•艾略特在考察中日两国回国后提交的《通往和平的不同路径》报告中专门提到："上海有两个著名的团体，在提倡中外人士彼此了解、增加智识方面卓有成效。一为尚贤堂,通过举办交际会、出版刊物、举办演讲、开办学校、与中国领导阶层商讨公共事宜,致力于排除中外之间的隔阂和障碍,培养友谊。二为广学会,多年出版各种价格低廉的中文书籍,书目中包含许多科学、经济、历史、神学、宗教等各类书籍。"[25] 尚贤堂和广学会都是李佳白参与的。

杜亚泉

然后我们来看杜亚泉。

国内重量级的学者如王元化、丁守和、袁伟时都对杜亚泉进行了研究,比较客观地论述了杜亚泉的功过是非,评价了他在新文化运动中的不可忽视的正面贡献,一扫过去全盘否定他的积极作用或者干脆忽视他的存在的现象。有的学者甚至肯定了杜亚泉是"一位超时代的学者型思想家"(不知作者名字,发表在共识网)。但是所有学者都没有注意到,杜亚泉和巴哈伊教的关系。这是需要加以探讨的。

杜亚泉,原名杜炜孙,号秋帆,笔名高劳、伧父等等,浙江绍兴人,是一位自学成才的科学家。蔡元培与杜亚泉是浙江同乡,也是道义相交的挚友,由蔡元培、杜亚泉、张元济和温宗尧等人于1902年创办的上海《外交报》的股票,蔡元培和杜亚泉合一股,可见他们的关系非同一般。经蔡元培介绍,杜亚泉于1904年进入商务印书馆,张元济先生委以重任,请他担任商务印书馆编译所理化部部长之职。杜亚泉在商务印书馆一直工作了28年,编著和经手出版了大量声、光、化、电等自然科学方面的书籍。他自己则是被划为东方文化派的思想家和科普教育家、出版家、翻译家。杜亚泉去世后,蔡元培专门写了《杜亚泉君传》,对他描绘说:"君身顾面瘦,脑力特锐,所攻之学,无坚不破;所发之论,无奥不宣。有时独行,举步甚缓,或谛视一景,伫立移时,望而知其无时无处无思索也。""虽无师,能自觅门径,得理化学之要领。"后来蔡元培又在《书杜亚泉先生遗事》里,对杜亚泉的《人生哲学》评

---

[25] 饶玲一:《都市空间和中外对话:近代上海的尚贤堂》,2013年7月15日《文汇报》。

价说：先生此书，说机体生活及精神生活，占全书三分之一，以先生所治者为科学的哲学，与玄想哲学家当然不同也。先生既以科学方法研求哲理，故周详审慎，力避偏宕，对于各种学说，往往执两端而取其中，为【编者按：如】惟物与惟心，个人与社会，欧化与国粹，国粹中之汉学与宋学，动机论与功利论，乐天观与厌世观，种种相对的主张，无不以折衷之法，兼取其长而调和之；于伦理主义取普泛的完成主义，于人生观取改善观，皆其折衷的综合的哲学见解也。先生之行己与处世，亦可以此推知之。[26]

杜亚泉受巴哈伊教影响很深，但是不能明确他是何时接触巴哈伊教的。最清楚的线索，就是1915年他和李佳白同时发布的有关"波海会"即巴哈伊教的文章。而其受到巴哈伊教影响的观点则是非常多。1913年，《尚贤堂纪事》开始发表巴哈伊教的文章，这一年，杜亚泉写出了《精神救国论》三篇连续的论文，指出："盖物质主义深入人心以来，宇宙无神，人间无灵，惟物质力之万能是认；复以惨酷无情之竞争淘汰说，鼓吹其间，觉自然之迫压，生活之难关，既临于吾人之头上而无可抵抗，地狱相之人生，修罗场之世界，复横于吾人之眼前而不能幸免，于是社会之各方面，悉现凄怆之色。悲观主义之下，一切人生之目的如何，宇宙之美观如何，均无暇问及，惟以如何而得保其生存，如何而得免于淘汰，为处世之紧急问题。质言之，即如何而使我为优者胜者，使人为劣者败者而已。如此世界，有优劣而无善恶，有胜败而无是非。"[27] 在《续一》中说："人类之进化史，实理性与社会的感情不绝冲突之历史。二者既互不相容，于是宗教出现，对于理性之要求，加以超理性的制裁力，抑制各个人之主我心，以完全社会进化之活动。故宗教者，实与自然界生存竞争之理法相提携。泰西文明之发生，在基督纪元之初代，此时罗马帝国之伦理组织渐坏，失制裁人心之活力，基督教代之而兴。此宗教如何而起，如何而弘，决非理性之所产，决非智力之所得。信仰而传宣之者，多不学之平民；在学者视之，反以为浅薄。当时基督教与理性派，既不免有不相容之观。十二三世纪时，理性之活动，几全然停止，苟理性之与教会相反者，无论何事，皆不能为，是所谓黑暗时代也。然

---

[26]《新社会半月刊》1934年1月16日第6卷第2号。
[27]《东方杂志》1913年7月第10卷1号。

以是谓欧洲近世文明，与宗教无关系者，实皮相之见。近代文明，不过以当时潜在之势力，变为显著之势力而已。十三四世纪间之长年月，为宗教组织生长发达之期，犹种子之埋于土中，随时而发。文艺复兴以后，理性渐露头角，起思想界之大革命，近世文明，焕然出现！人多归之于理性之胜利，是果合于事实乎？泰西文明发达之第一势力，即基督教之爱他的精神，精神之所横溢，特权阶级等社会上之障壁，次第撤除，人民悉为平等，以平等而自由生，以自由而竞争盛，以竞争而进步显；近代文明之激进，此为根本的动机，理性不过第二之势力而已。"[28]

到1915年，杜亚泉在他主编的《东方杂志》"谈屑"专栏上首发了他以笔名"高劳"写出的《波海会》：

> 中亚细亚于近数十年内发现一团体，名波海会。其宗旨欲联合各教，研究相同之道，以同归于惟一之真宰，期有以贯彻于各教，而仍不打破各教之范围（见本号《内外时报》）。此会创始于1844年，因受各教之排挤，及土耳其波斯政府之逼压，发起人先后被锢，已有二人卒于戍狱，门徒之被逮而死者，约三万人。第三发起人，始于1908年，经土耳其政府释放，旋即游历欧美，传播会旨。欧美亚三洲，赞成此会者颇众，假以岁月，其必能发扬昌盛，盖可预言也。
>
> 宇宙间真理无穷，任从何方面观之，无不有真理之存在。宗教之设立，不过因人因时因地，创为一种之教义，以范围人心，使之去恶而即善耳，非外此别无所为真理也。然自信仰既深，服从既久，遂不免有入主出奴、是丹非素之积习。夫此种积习，苟使各据一隅，长保其固有之疆域，不与他宗教相遇，则亦未尝不可持此片面之真理，以启迪其人民，维持其秩序。无如世界交通，决不能不与他宗教相接触，而人群进化，又决不能以此片面之真理为餍足，则沟通各教，以求更上之真理，亦时势所要求而不容或缓者。况人类战争，虽有种族国界等种种原因，而宗教不

[28]《东方杂志》1913年8月第10卷2号。

同，亦其最著之争点。则欲倡导平和，消弥(弭)战祸，联络各教而贯彻之，固亦切要之图也。波海会怀此宏愿，而适值此寰海大通，且值此战事方殷之际，其受各洲人士之欢迎也，宜哉！

吾国素无排除异教之积习，且有同化异教之特长。周秦以来，诸子百家，兼收并蓄，固无论已，其后佛、回、基督各教，次第东渐，亦未闻有若何之冲突。举凡仇教而战、殉教而死之事，在西国史不绝书，吾则绝无仅有。而佛教精深之哲理，士夫且有取而阐究之者，是诚吾国人之优点，而为欧美所不逮者与。夫波海会所揭之宗旨，在欧美虽目为创举，在吾国则视为故常，今欧美人士，既感于时势之必要，舍其宗教观念，出而赞同，则吾人本无宗教之束缚，且有兼容同化之特长者，当闻而兴起矣，不必拘拘于波海会之名目，而不可不效法其精神。盖为研求真理计，为消除畛域计，均有不宜忽视者。奈何犹有窃取宗教之仪式，强而施诸吾国之中，以期与他教相颉颃者，他人方撤除藩篱以自通，吾乃设置陷阱以自囿，其亦可惑之甚者矣。

抑更有进者，世界当联络之事，尚不止宗教一端，凡哲理、伦理、文学、政治，与夫种种之学问，各国皆有其特长，沟通而贯彻之，其有造于人类，实非浅鲜。曩者英人约翰斯顿氏，曾有圣山同盟会之创议，拟设一万国联合之团体，对于知识上、道德上、美术上之种种事物，使东西方人，得自由交换思想，且融洽国民之交谊，设总机关于中国，而设分部于各国（约翰斯顿有联合中西各国保存国粹提倡精神文明意见书，译载九卷十二号本志）。此计划实为世界大同之枢纽，波海会之宗旨，固已包举乎其中，虽一时未易成立，然吾人苟欲为世界增进幸福，为人类破除障碍，不可不努力经营，以期有成为事实之一日也。 [29]

这篇文章是国内第一次有关巴哈伊教的介绍文章。杜亚泉又在同期《东方杂志》"内外时报"专栏发表了李佳白的《论波海会之精神与作用》。在1915年这样集中介绍巴哈伊教，是非常适合时宜的举动。

---

[29]《东方杂志》1915年5月10日第12卷5号。

1917年，杜亚泉在《战后东西文明之调和》中说：

托尔斯泰之言曰："方今之世，为改革时代，人类生活，当起一大变化。中国为东方诸国首领，有当实行之一大问题，盖中国、印度、波斯、土耳其、俄罗斯、日本等东洋国民之天职，不独获得欧洲文化之精彩，必当表示真正自由之模范于人类也。"……

……至西洋社会之道德方面，在战争以后，希伯来思想必更占势力，与希腊思想结合，以形成新时代之道德。盖希伯来思想，崇灵魂，敬上帝，务克己，持博爱主义；希腊思想，重现实，喜自然，尚智术，持爱国主义；其互相冲突之点，大率在是。今日之科学思想，由希腊思想发生，发达已极，遂酿战祸。证诸历史，罗马时代，希腊思想既盛，由率真而变为任性，遂流于放僻邪侈，希伯来思想代之而兴，以今之时势考之，此历史殆将重演矣。大凡人类于自然界获得胜利之时，则宗教思想必因之薄弱；若至趋于极端陷于穷境之时，则宗教思想必因之唤起。故今后当为希伯来思想复兴时代，与历史上文艺复兴时代，遥遥相对。但人类之思想，经一次之变动，必有一次之更新，当此科学昌明之时，岂能以神权时代之旧宗教强为维系？况近时文艺家对于希腊思想，倾向益著，其势力亦殊不可侮。则新时代之希伯来思想，必与希腊思想调和，而带现实的色彩，于敬天畏命之中，求穷理尽性之实，合神与人为一致，即合肉与灵为一致，殆非不可能之业也。吾国道德思想，虽于希腊为近，然理性之本出于天，理性之用致乎人。体天意以施诸人事，修人事以合乎天意，其戒谨恐惧之心，与修身事帝之念，则又与希伯来思想，若合符节，故西洋之道德，于希伯来思想与希腊思想调和以后，与吾东洋社会之道德思想，必大有接近之观，此吾人所拭目而俟者也。

吾代表东洋社会之中国，当此世界潮流逆转之时，不可不有所自觉与自信。近年中以输入科学思想之结果，往往眩其利而忘其害，齐其末而舍其本，受物质上之刺戟，欲日盛而望日奢。少数之上流社会，享用既十百倍于往日，乃不得不多所取求，厚自封殖；观于国会议员及文武官吏俸给之激增，可知吾国之经济上，已弃其平布周遍之目的，而为直立特殊之倾向。吾国经济力之丰厚，本不如西洋，勉强效尤，则破产而已……[30]

而三年后在1918年，杜亚泉又发表《矛盾之调和》一文，重新介绍了巴哈伊文明：

> ……吾人观于上述例证，可由之而得数种之觉悟焉。（一）天下事理，决非一种主义所能包涵尽净。苟事实上无至大之冲突及弊害，而适合当时社会之现状，则虽极凿枘之数种主义，亦可同时并存，且于不知不觉之间，收交互提携之效。前述欧美政治现象与经济现象，乃其显著者耳。若细察现世界各方情状，类于此例者尚多。如法兰西为民治昌盛之国，其政体宜取分权制矣，而乃励行中央集权；欧美各国，咸崇尚自治，顾其政府对于人民之居处衣食，常为琐屑之干涉，然而行之者不以为悖，受之者不以为厉，则以与其社会现状，无所冲突，亦无弊害，故得（此处有删节）；以协进而不相妨害焉。抑主义之至为坚越，又极狭隘，而不许有他主义之搀入者，莫宗教若矣。尊崇自己之教义，仇视他教之信徒，若冰炭之不相容，欧洲中世纪，尝因之而肇绝大之战祸。然自世界棣通而后，此坚越狭隘之教义，已渐有融合之趋势，各国学者，咸欲沟通此睽异之各教，而求一大同之真理焉。俄国托尔斯泰，基督教之泰斗也，尝自谓："中国孔老之书，诵之弗措；至于佛典，不独欧人著述，即汉文著作，亦尝读之。"中亚细亚有所谓波海会者，欲联合各宗教，研究相同之道，以归于惟一之真宰，会员四出传播会旨，近时欧亚美三洲，赞成此会者，已不乏人。吾国数年来，亦有基督教某教士所发起之中外各教联合会，延各教之名人，讲演其教之教旨，相互讨论。夫以千百年各筑藩篱之宗教，乃有接近之一日，此亦足见一种主义之不能包涵万理，而矛盾之决非不可和

---

[30]《东方杂志》1917年4月第14卷4号。

协者矣。(二)凡两种主义,虽极端暌隔,但其中有一部分,或宗旨相似,利害相同者,则无论其大体上若何矛盾,尝缘此一部分之吸引,使之联袂而进行。国家主义与社会主义之禽合,即属此理。德儒尼采,世人咸目之为军国主义之人,与德洛希克,般哈提同属一系,不知尼采乃反抗普鲁士主义,且非难德洛希克之道德者;徒以其主张摈斥从来之道德,竭力攻击人道主义,以求意力之伸张,与军国主义有一部分之类似,遂得以欣合,而成为德意志帝国主义之中坚人物焉。(三)主义云者,乃人为之规定,非天然之范围。人类因事理之纷纭杂出无可辨识也,乃就理性上所认为宗旨相同统系相属者,名之为某某主义。实则人事杂糅,道理交错,决非人为所定之疆域可以强为区分,其中交互关联,断彼此印合之处,自复不少;犹之动植物学之门类科属,非不划若鸿沟,有条不紊,然造化生物之本意,初无此门类科属之界限,如科学家所规定者。故甲种之物,往往有一形态、一机能,与乙种之物绝相类似,而不能以规定之门类科属限制之;且不特动物与动物、植物与植物为然,即动植两者之间,亦尝发生此疑问,而令人莫定其为动为植焉。抑主义既为人为所规定,而人事又常随时代以迁移,故每有一种主义,经人事时代之递嬗,次第移转,驯至与初时居于相反之方面者。美之孟禄主义,现时虽仍为彼都人士所标榜,但其实质,较之数十年前,已有几许之改变。论者或谓其自美西战事而后,至今兹之加入欧陆战争,业由军国主义而转入于帝国主义、世界主义,与本来之主义,显相违反,此虽不免见事过敏,然已非复曩日之旧,则固人所共念也。进化论谓世界进化,尝赖矛盾之两力,对抗进行,此实为矛盾协进最大之显例,盖所谓对抗者,仍不外吾人理性习惯上所定之名词,若从本原上推究之,则为对抗,为调和,恐无一定之意义也。

吾国闭关时代,社会上之事理,至为单简,惟学说不同,间有分立门户,各持异议者;此外之党派,则多为利害之冲突,而非理想之差池;故因思想歧异,各树一义以相标榜之事,殊不多见。自与西洋交通,复杂事理,次第输入,社会上、政治上乃有各种主义之发生:在西洋之有此名目,初非各筑墙壁,显相敌视也，实含有分道而驰，各程其功之意。第吾人不善效法，失其本旨，于是未收分途程功之效，先开同室内哄之端，苟既知矛盾之时或协和，世界事理，非一种主义所能包涵，且知两矛盾常有类似之处，而主义又或随人事时代而转变，则狭隘褊浅主奴丹素之见，不可不力为裁抑。吾人既活动于此事理纷糅之世界，自不能不择一主义以求进行，但选择主义，当求其为心之所安、性之所近者，尤必先定主义而后活动，勿因希图活动，而始求庇于主义，以蕲声气之应援；且既确定为某种主义矣，则宜诚实履行，毋朝三而暮四，亦毋假其名义，以为利用之资；而对于相反之主义，不特不宜排斥，更当以宁静之态度，研究其异同。夫如是，则虽极矛盾之两种主义，遇有机会，未必终无携手之一日，即令永久不能和协，亦不至相倾相轧，酿成无意识之纷扰也。[31]

杜亚泉为代表的《东方杂志》派，主张"调和论"即"中西文化各有特点，应该相互调和，融合西学于国学之中。"杜亚泉在《静的文明与动的文明》[32]中，也提出"盖吾人意见，以为西洋文明与吾国固有之文明，乃性质之异，而非程度之差；而吾国固有之文明，正足以救西洋文明之弊，济西洋文明之穷者。西洋文明浓郁如酒，吾国文明淡泊如水，西洋文明腴美如肉，吾国文明粗粝如蔬，而中酒与肉之毒者则当以水及蔬疗之也。"他将西方文化归为动的社会产生的"动的文明"，"重人为，重外向，尚竞争"。他将中国文化归为静的社会产生的"静的文明"，"重自然，重内向，尚和平"。他认为动静应当互补，各取对方之长处以补自己之短。"至于今日，两社会之交通，日益繁盛，两文明互相接近，故抱合调和，为势所必至。"

巴哈伊文明也主张对各种文化进行融合，世界文化是多元的，世界各民族所创造的物质文化和精神文化，都是人类文化宝库的重要组成部分，不能说哪一个民族创造的文化就比别的民族更高明。物质文化和精神文化也都必须同时并举，共同发展，因为"人有两翼都是必要的，一翼是物质的力量和物质文明；另一翼是灵性力量即神圣文明。只有一翼不

---

[31] 《东方杂志》1918年2月第15卷2号。
[32] 《东方杂志》1916年10月第13卷10号。

可能飞翔，两翼都是必要存在的。因此，无论物质文明多么发达，除非通过灵性文明之提携，否则它不能达到完美"[33]。以精神文明见长的东方文明，必须与以物质文明见长的西方文明融合，才能形成真正代表人类文明发展水平的世界文明。

巴哈伊教的第三号人物阿博都巴哈根据巴哈欧拉"地球乃一国，万众皆其民"即地球村的宣示，及时地概括出20世纪的"新时代精神"是：独立追求真理、人类一家、宗教同源、种族和谐、消除各种偏见、科学与宗教协调、男女平等、普及教育、消除极端贫富、工作的崇拜、社会公道、采用世界通用辅助语言、建立世界联邦、实现世界和平。他致力于将人类从转瞬即逝的物质世界提升至崇高永恒的精神王国，劝告世人不要只追逐世间的物欲，如拉磨的驴，劳累终生，却只是在平面的原地上打转，没有前进半步。人应有纵向的飞腾，人应该更卓越，而这卓越并非是财富上的卓越，而是精神上的卓越，因为除卑下者以外，以财富而自傲是与人格不相配的，仅有愚者方以财产自骄。他对美国批评说："如今，物质文明已经达到了一个先进的水平，但还缺少精神文明。仅仅物质文明是无法令人满意的，它不适合现阶段的情况与需要。物质文明所能带来的利益仅局限于物质世界之中，而人类的精神是不受限制的，因为精神本身是渐进发展的，如果神圣文明得以建立，那么人类精神将会得到提高。迄今为止，物质文明已得到扩展，现在应对神圣文明加以传播。除非两者步调一致，否则人类将不可能获得真正的幸福。仅仅依赖智力的发展和理性的力量，人类是不可能达至最高境界的。也就是说，仅是依靠有才智的人是不能完成由宗教所带来的发展的。诚然，当美国人民获得一种惊人的物质文明时，我希望，精神的力量将使这个伟大的国家更加生气勃勃。"（Badi ShamsA Bahâ'i Perspective On Economics Of The Future，a compilation from the Baha''i' writings，Baha'i Publishing Trust (1989)p.57）

巴哈伊教还主张，人类之被创造，乃为推进不断演进的文明，承认文明的连续性。杜亚泉也主张文明不能中断，主张"接续主义"，认为文明传统处于"开进"与前后相连的"接续"之中。没有开进，文明就没有

---

[33] 阿博都—巴哈：《弘扬世界和平》，美国威尔米特巴哈伊出版社1982年版，第11～12页。

进步；没有"接续"，文明将中断以至衰亡。这种观点在杜亚泉在世时遭到激进派的非议，现在的学者都肯定其合理性。

一个与杜亚泉有关的话题是，他的两个好朋友蔡元培、胡愈之，都是波兰犹太籍医生柴门霍夫受巴哈伊教影响而创立的世界语的推行者。早在1907年，同盟会成员张继、刘师培、钱玄同等在东京参加世界语讲习会。后张继在东京孙中山创办的同盟会机关刊《民报》会馆举办"世界语讲座"，宋教仁、章太炎、朱执信、鲁迅、周作人、汤增壁、苏曼珠等曾参加学习。而蔡元培、吴稚晖、李石曾、张静江等几乎同时间在巴黎创办《新世纪》华文周刊，提倡世界语。该周刊是最早把世界语介绍到中国的报刊之一，而李石曾是李佳白的学生。1911年12月，同盟会总理孙中山倡导世界语，担任中国世界语同盟主席，并题写了"人类进化，世界大同"的题词。正如蔡元培所说："中山先生的三民主义和中国国民革命，其最终目的仍在于世界大同。这与柴门霍夫的要让全人类实现大同有着共同的思想基础"。世界语者所唱的一首歌："绿星光芒普天下，人类是一家。不分黑白黄，博爱铭心上。牢记那千百年战争的祸害，用吾语打破人间的壁障。人类是一家，不分黑白黄，博爱铭心上。博爱，博爱，永铭在心上！"这明显是巴哈伊教的理念。

五角星本来就是巴哈伊教的象征，代表的是巴哈伊教的信念，其象征意义是代表人体。作为一个五角星，代表人的身体就像一头，两只手，两只脚，体现了人类一家的概念。现在巴哈伊教使用更多的是九角星，象征人类一家和文化多元。

过去在巴哈伊教传入中国的历史上，只注意到曹云祥、玛莎•鲁特、廖崇真等人，现在又增加了李佳白和杜亚泉。随着资料的进一步发现，可能会找到更多的，被尘封在历史之中的传导者。

世界语标志是五角星的绿星旗

巴哈伊教的标志五角星

巴哈伊教对胡适等学界耆宿的影响

中国学者最早接触到巴哈伊教的,曹云祥之外,原来说是陈海安先生,但从现在发现的资料看来,无疑应该是胡适先生。他从1910年启程赴美国,到1917年6月一直留学美国。

胡适在美国如何受巴哈伊教的影响,我们到现在还不得其详。但是根据美国哈佛博士江勇振呕心沥血之作《舍我其谁:胡适》第一部《璞玉成璧》(1891~1917)和其他资料,还是可以勾勒出一个大概。

胡适1910~1917年在美国留学的这段时间,恰好是巴哈伊教在美国得到大发展和传播的时间。可惜胡适刚到美国的日记丢失了,据江勇振的著作《舍我其谁:胡适》第一部《璞玉成璧》(1891~1917),胡适第一天的《留学日记》是1911年1月30日补写的。这样,胡适刚到美国的情形,就难以详知了。但是,从胡适给亲友们的信件的字里行间,我们还是可以看出胡适有可能受到巴哈伊教徒的影响。

胡适留学美国期间前后,巴哈伊教在美国至少从四个方面呈现出强劲的发展势头。

其一,巴哈伊教从传入到影响逐渐扩大。

1890年，英国剑桥大学东方学家爱德华·G.布朗教授拜会了巴哈伊教先知巴哈欧拉，他成为最早向西方世界介绍巴哈伊的西方学者。1893年，美国芝加哥世界商品交易会召开"世界宗教议会"大会，一位基督教发言人引用了巴哈欧拉1890年对布朗谈的一段话，这是美国最早提到巴哈伊的记录。

"芝加哥世界宗教议会"，是迄今为止规模最大的，与博览会同时举行的世界宗教代表大会。1893年9月11日，超过4000人的听众聚集在大厅里，十点钟，十几个不同信仰的代表步入大厅。自由钟敲响了10次，表示尊重世界十大宗教儒教、道教、神道教、印度教、佛教、耆那教、祆教、犹太教、基督教和伊斯兰教。有194篇论文在会议上发表。

在9月23日的"世界宗教议会"上，美国基督教长老会乔治·福特牧师（George A. Ford）代表当时基督教派驻叙利亚的亨利·杰萨普牧师（Rev. Henry Jessup）[1]，宣读了后者的一份报告书，使巴哈伊教正式在美国亮相，报告书里面提到"在叙利亚岸边的阿卡城堡外的巴基大厦里，一位著名的波斯圣人——巴比圣徒，名叫巴哈欧拉即上帝的荣耀——庞大的伊斯兰教改革党的领袖，几个月以前死了。他接受新约为上帝的话语，接纳基督为人类的救主，他认为天下万邦为一，全人类都是手足兄弟。……（他说）'天下万邦都应在信仰里合一，全人类也情如兄弟；人子之间的感情契合及团结应加强；宗教分歧应止息，种族歧视应废止。如此行之，何害之有？因而应予实现。……让人们不以爱其国家为荣，让人们宁以爱其同类为荣。'"[2]

他的这项宣布无疑具有破天荒的意义，因为在此以前，被美国人认为的普世宗教，全世界只有一个，就是基督教。这种观点认为，基督教以前所有的信仰都是民族宗教，他们的目的是给基督教准备条件。因此，民族宗教可能有部分的真理，但只有基督教拥有一切真理。1893年的世界宗教议会是一个关键的时刻，不仅使人认识到东方的佛教、儒教

---

[1] 亨利·杰萨普牧师（1832～1910）是美国长老会传教士，作家，黎巴嫩贝鲁特美国大学的创始人。
[2] Henry H. Jessup, "The Religious Mission of the English Speaking Nations", in John Henry Barrows, ed., The World's Parliament of Religions (Chicago: Parliament Publishing Co., 1893) vol. 2, 1125-1126. 转引自白有志：《阿博都—巴哈——建设新秩序的先锋》，新纪元国际出版社2001年版，第49～50页。

和道教,还在美国首次提到了巴哈伊教,使美国人大开眼界,同时也促进了宗教上的宽容。

根据当年的资料,尤其是会议主持者巴罗斯编辑的世界宗教议会论文集,来自中国的代表,有燕京大学的美国人何德兰教授(Isaac Taylor Headland, 1859~1942),美国基督教长老会传教士丁韪良、德国传教士花之安、英国传教士凯德林、北京汇文书院教授赫德兰、北京的美国公理会传教士亨利·布勒吉特。中国有三名与会者:颜永京代表基督教、孔宪和代表儒教,而另外一名则是官方代表彭光誉。一幅照片上清楚显现的是一位身着清朝官服的中国人,我们现在已经确知,他是大清国的官方代表彭光誉,驻美公使崔国因派他为代表参会,其身份是公使馆代办。

颜永京是与会的中国基督教代表。这位毕业于美国建阳学院的高材生,出版了很多著作,除了《知识五门》是通俗读物以外,1882年,在圣约翰书院讲授心理学的过程中,颜永京把英国学者赫伯特·斯宾塞(Herbert Spencer)的教育学著作《教育论》(Education: Intellectual, Moral and Physical)的第一章译成中文,取名《肄业要览》,由上海美华书馆出版。1889年,他又将美国学者海文(Joseph Haven)的心理学著作《心灵学》(Mental Philosophy: Including the Intellect, Sensibilities, and Will)译成中文,由上海益智书会出版,因此而被视为将西方心理学先于王国维介绍到中国的第一人。

他在大会上也有论文发表。据孙江先生的《翻译宗教——1893年芝加哥万国宗教大会》的介绍,9月28日是大会的第十七天,来自上海的中国牧师颜永京在演讲中谈到对中国宗教的看法。颜永京当时已经是知名学者,演讲中,他使用了九次religion.认为中国的宗教有儒、道、佛三种,三者归一而称为国教。他说:"在上帝的佑护下,这种宗教在我们国家的文明中已经起到了非常重要的作用。它使我们的人民持有上帝、罪恶、惩罚、宽恕和灵魂存在等观念,并且从这些观念中派生出感恩观念,就像以色列律法一样,尽管处在比较低的层次,但它一直是指引我们走向基督的导师。对我们的国家来说,基督教和一般所说的自然宗教是一样的，它的到来，不是要消灭国教，而是要完成国教。"[3]颜永京认为，"中国国教已经完成其历史使命，而基督教对中国的意义，则可以分为两个方面。第一，精神利益和道德利益。在精神上，基督教能给中国人带来关于上帝的新理念，提升中国人的道德感，改变缺乏信任、歧视妇女等现象。第二，思想利益和物质利益。中国的教育都是关于古代的学习，缺乏关于人生福利的内容"[4]。

大清国的官方代表彭光誉[5]提供的会议论文《说教》九篇（一说是作于1889年），由容揆译为英文，在会上发布各种文本20万册，涉及到中国的儒教和道教，虽然其影响力远不如来自印度的辨喜和来自锡兰的达磨波罗，但是还是有人提到了这两个中国本土的宗教。卷首有光绪二十年谕旨，云："前驻美二等参赞分省补用道彭光誉禀称：该员前奉总理衙门派赴施家谷万国会，于六月二十八日抵会所，八月二十二日事毕，计在会将及两月，与各国官绅往还酬酢，极为款洽，并于会所著《说教》一书，详言中国儒释道三教源流及与景教异同。"施家谷即今芝加哥，万国会即今译世博会。彭光誉自称："西历一千八百九十三年，为柯仑波得美洲之第四百年，故立此会。"他极力想说明儒教之教与作为"religion"的汉译"宗教"的区别。认为"中国'教'即'政'，'政'即'教'。'政'、'教'皆从天子出。帝教、师教皆礼教也。礼教之外，别无立一教会号召天下者。"因此他主张，应该以"巫"来翻译"religion"，而不是用宗教

---

[3] 孙江、刘建辉主编：《亚洲概念史研究》第一辑，生活•读书•新知三联书店2013年版，第98-99页。

[4] 孙江、刘建辉主编：《亚洲概念史研究》第一辑，生活•读书•新知三联书店2013年版，第99页。

[5] 彭光誉是崇尚实践、善于调查研究的官员。根据记载，彭光誉，字骈禧，号小围。岚谷人，少时聪颖，读书能一目数行俱下。长大以后，肄业同文馆，通外国语文，学识更加渊博，历任国使馆腾录，盐大使刑部郎中，奉天司，兼浙江可行走保知府。光绪十二年，张应桓出使美、日、秘三国大臣，光誉以二品顶戴分省补用道充二等参赞官。十九年，欧美人士组织万国公会于美利坚芝加哥，专设儒学讲堂。总理各国事务衙门派光誉参加，万国公会经理邦乃，万国景教会经理巴尔洛司主办的要求我国撰文讲述孔子的学说的会议。光誉乃作说教九篇，在儒学讲堂宣讲。凡二万言，阐述了天、人、性命的孔家学说，并对中国独特的闺教，蒙养以及人已之交，家庭之法，人鬼之故都给予普遍广泛的介绍。万国公会以各种文字，译印二十万册，风行各国，光誉还亲自跋文。这是儒家在国际上宣讲经义的第一次创举。光誉回国后，在光绪二十三年卒于天津杨村寓所，年五十三岁。（参见中国人民政治协商会议福建省崇安县委员会文史资料编辑室：《崇安县文史资料》第3辑。福建省崇安县委员会文史资料办公室1983年版，第72~73页）

来翻译。[6]文廷式认为,彭光誉《说教》对当时的各大宗教进行了比较,说：基督训人曰勿积财于地,勿虑衣食,尔不能事神兼事货财；又曰售所有以济贫,曰驼穿针孔较富人入天国犹易,此与老子清净寡欲,佛氏恩爱并舍,其意略同百合花喻,尤与儒家居易俟命为近,皆示人以遏人欲,全天理。乃教士之在中国著书者,每言奉基督教各国国富民强由奉教之故。苟言富强是已,信本教而从管商之术矣。富强之术原为后世为国所必不能废；然与基督望人入天国之旨毋乃南辕北辙乎。文廷式说"余谓凡政每骛富强,凡教必重道德,基督舍身殉教固道德之士也,而后之教士乃以富强之效归之基督有灵亦当齿冷耳。"[7]

据葛兆光先生说,代表中国却没有到会的有两个人,一个是上海孔宪和,其论文为《儒论》；一个是镇江李葆元,他的论文是《道教论》。其中特别值得注意的是彭氏,他的身份暗示着他的意见代表了中国政府,而他的论文对宗教的界说,也代表了当时中国一般士大夫的观念。他对西文"religion"一词,以"教"字翻译并作了辨析,他同时指出,英文字书中的"尔厘利景为教人顺神、拜神、爱神、诚心事真神之理",这与中国的儒家合政教为一,皆从天子出的"礼教"不同,近世西国学者说孔子、儒家非"尔厘利景"(religion),这是正确的。但是,他又指出,说中国没有宗教却是不对的,他认为孔子之儒是"学",而此前的巫祝以及后来的佛教道教,却的确是"教",而他自己"学为儒,未尝学为巫"。[8]该文引起国内学者的批评,其中就有后来出任民国政府外交部长王宠惠之父王煜初的批评,其著作为《说教雪》。

在此背景之下,美国巴哈伊教信徒开始出现并增长。在埃及开罗加入巴哈伊教的叙利亚商人易卜拉欣•海鲁拉(Ibrahim Khayru'lláh)移居美国,在他影响下,美国保险公司的一位董事桑顿•蔡斯(Thornton Chase,1847~1912)[9]入教,被阿博都—巴哈誉为美国的第一位巴哈伊信

---

[6] 彭光誉：《说教》卷一,光绪二十二年（1896年）。
[7] （清）文廷式：《纯常子枝语》卷36,扬州广陵书社1990年线装版,第1-2页。
[8] 葛兆光：《中国宗教、学术与思想散论》,复旦大学出版社2010年版,第77页。
[9] 桑顿•蔡斯原先是一位保险推销员,生于马萨诸塞州。1893年通过自己终生的朋友卡尔•舍弗勒（Carl Scheffler）第一次听闻巴哈伊教,并且认识了易卜拉欣•海鲁拉。1894年通过威廉•F.詹姆斯（William F. James）介绍,他成为巴哈伊。1907年4月他到加利福尼地区,拜访了阿博都—巴哈,完成了朝圣之旅。1909年他写出介绍巴哈伊教的文章。在1912年8月9日,桑顿写了一首诗,歌颂阿博都—巴哈。1912年9月30日他突然在洛杉矶去世,阿博都—巴哈访问美国期间,于1912年10月19日去为他扫墓。阿博都—巴哈还赞扬他生前经过

徒。在桑顿•蔡斯等人影响之下，美国上流社会的一大批精英人物于19世纪末20世纪初，先后皈依巴哈伊教，而且成批次地去海法朝圣。卢阿•格青杰[Lua（Louisa）Aurora Getsinger,1871～1916]女士是美国第一批最早的巴哈伊之一，1897年入教。在她影响下，路易斯•乔治•格雷戈里（Louis George Gregory,1874～1951）作为美国的有色人种，放弃了大律师和房地产的职业，1909年入教，在美国各地促进种族和睦。其他如著名慈善家女权主义者菲比•赫斯特（Phoebe Apperson Hearst,1842年12月3日～1919年4月13日），她同时也是报业大王威廉•赫斯特的母亲，出生于密苏里州，1898年夏天皈依巴哈伊教。著名画家朱丽叶•汤普森（Thompson Juliet, 1873～1956），出生在华盛顿特区，1901年在巴黎皈依巴哈伊教，她是一位著名的美国早期巴哈伊教徒和艺术家。她在巴黎学习绘画，其父是林肯的好朋友。梅•埃利斯•马克斯韦尔（May Ellis Maxwell,1870～1940），其外祖父是纽约著名的银行家，1902年在加拿大皈依巴哈伊教，被称为加拿大巴哈伊之母，但是她在美国同样知名。还有著名好莱坞影星卡洛尔•伦巴德（Carole Lombard,1908年10月6日～1942年1月16日）。之后，露易莎•格辛尔小姐（Louisa Craig Singer）也成为巴哈伊，并作了易卜拉欣•海鲁拉的妻子。之后是百万富翁菲尔毕•厄斯特太太（Oersted）入教。他们组织了15名巴哈伊信徒，于1898年12月10日到达以色列阿卡去朝圣，他们成为美国巴哈伊活动的开启者。巴哈伊教就这样在欧洲和北美洲缓慢地传播起来。

其二，1908～1909年，美国巴哈伊教先是在纽约发行了"巴哈伊教公告"，发表了美国最初10年巴哈伊教的很多新闻，接着由艾伯特•温达斯特（Albert Windust）、桑顿•蔡斯和斯坦伍德•科布（Stanwood Cobb，1909年和1913之间曾会见阿博都—巴哈五次，两次在阿卡，其他是在阿博都—巴哈前往欧洲和美国期间）等人主持的《西方之星》（Star of the West）于1910年3月21日创刊，在芝加哥和华盛顿哥伦比亚特区出版，其初创时期的影响是不可忽视的。该杂志于1914年发表了阿博都—巴哈有关通过神圣力量来实现世界大同和国际团结的训导，在美国影响很大。该杂志一直办到1935年。

其三，芝加哥巴哈伊灵曦堂——具象征意义的美国国家级的历史

许多考验和沧桑，其希望就是服务于人类的世界，并且追谥他为"圣辅"。

性建筑开始奠基动工建设。围绕着灵曦堂的奠基，发生了很多脍炙人口的动人故事[10]，其中有两例感动了美国，感动了世界。建成以后的灵曦堂，金碧辉煌的圆拱顶和精美绝伦的装饰结合了东西方的建筑风格。它有九个门、九个花园、九个喷泉，所以它是九上九、所有九的总和。这就像一束美丽的花。灵曦堂的周围还要建设医院、药房和孤儿院及一所学校。这所灵曦堂自1903年开始筹备，1912年5月1日阿博都—巴哈亲自参加奠基仪式，1921年开始建造，1953年竣工开放。灵曦堂外部饰以镂空雕刻，赋予一种强烈的东方感。雕刻于九根支柱上的世界各主要宗教的象征性标志，有犹太教的大卫之星、基督教的十字架、伊斯兰教的新月以及佛教、印度教、美洲印地安人信仰的宗教等标志，和谐地镌刻在同一根石柱上，体现出巴哈伊信仰倡导的宗教和谐。随着这所宗教建筑的奠基和因为经费紧张而连续的建设，又发生了很多感人的故事，巴哈伊教的影响也不断扩大。

  1912年5月1日，阿博都—巴哈在芝加哥灵曦堂完成奠基礼的那一天，应邀与阿博都—巴哈一道参加破土仪式的人们，来自不同的国籍和多种多样的文化背景——包括挪威人、印度人、法国人、日本人、波斯人及美洲原住民等。第二天，1912年5月2日，阿博都—巴哈在伊利诺伊州芝加哥对妇女俱乐部联盟发表了著名的讲话："我想重申的是，在女人和男人承认并实现平等以前，这里或任何地方的社会和政治进步都是不可能的，因为人类世界是由两个部分或两类成员所组成的：一个是女人，另一个是男人。除非这两个部分的力量均等，否则天下大同就无法做到，人类的快乐和幸福也无法实现。此乃上帝的意愿。"[11]《纽约时报》等各大新闻媒体，都以醒目标题连续报导了阿博都—巴哈的演讲及各种活动，将其概括的巴哈伊教义，如独立追求真理、人类一家、消除偏见、宗教同源、宗教和谐、宗教与科学协调、男女平等、普及教育、消除极端贫富、工作即崇拜、社会公道、采用世界通用辅助语言、建立世界联邦、世界和平等原则，普及传播给西方民众，在当时被称为"新时代精神"。

---

[10] 参见[美]安娜玛丽·杭诺尔德编：《完美的典范——阿博都—巴哈生活写照》，新纪元国际出版社2009年版，第64页。
[11] Abdu'l-Bahá, The Promulgation of Universal Peace: Talks Delivered by 'Abdu'l-Bahá during His Visit to the United States and Canada in 1912. Comp. Howard MacNutt.Wilmette，Ill.：Baháí Publishing Trust.1982，p.77.

其四，阿博都—巴哈1912年访问了美国，进一步鼓舞了信徒，扩大了巴哈伊教的公共影响力。他访问了美国的纽约、芝加哥、华盛顿等40余城市以及加拿大的蒙特利尔。所到之处他都进行了演讲或谈话，听众包括了很多社会名流和活动家，受到媒体的广泛报道，在美国掀起了一股巴哈伊热。这些演讲和谈话被收录于《弘扬世界和平》（The Promulgation of Universal Peace），也成为非常畅销的巴哈伊出版物之一。

阿博都—巴哈非常具有个人魅力和感召力。他在美国的两件事让很多美国人认为阿博都—巴哈就是先知。一件是他没有乘坐泰坦尼克号，另外一件是他躲过了一场火车颠覆的事故。综合读到的各种记载阿博都—巴哈的传记资料，尤其是玛丽·帕金斯所撰写的《荣耀之仆——阿博都—巴哈的一生》，得以知悉1912年阿博都—巴哈退掉了预定的被称为"梦幻之船"的泰坦尼克号（4月14~15日与冰山相撞，沉没于北大西洋）船票，先期于4月11日乘坐塞德里克号到达纽约，据阿博都—巴哈本人说，到纽约后他安排了一次私人会面，想见的是泰坦尼克号那次不幸事件的幸存者。幸存者中有人问阿博都—巴哈，他是否预见到泰坦尼克号的不幸命运。阿博都—巴哈回复道："上帝赋予我们直觉。"1912年4月23日阿博都—巴哈关于灾难的一次谈话——《泰坦尼克号沉没》发表，在美国引起很大的轰动。他说：

> 从今早到现在，我一直在演讲。出于爱、友谊和与你们在一起的愿望，我来到这里再一次和大家谈一谈。在过去的几天里，发生了一件可怕的灾难，这个灾难使得每一个心灵悲伤，每一个灵魂哀痛。我指的是泰坦尼克号的沉没，许多生命陨落，许多美丽的灵魂离开了这个世界。尽管这样的灾难令人惋惜，但我们应该认识到，每一件事的发生，背后都有一个智慧，任何事情的发生都有其原因，这里隐藏着奥秘。然而无论奥秘何在，这都是令人悲痛的事件，一个让许多人流泪，许多灵魂困扰的事件，我为此深感震动。有一些遇难者曾和我一起同乘cedric号到达那布勒斯后，又转乘泰坦尼克号，当想起他们，我十分悲痛。然而，当我

从另一个角度看待这场灾难，认识到天国的世界是无限的，我又感到欣慰。尽管这些遇难者离开了这个世界，但是他们有机会在下一个世界中发展。耶稣说过，"在圣父的圣殿里，有很多殿堂"。他们从短暂的世界被召唤到永恒的世界，他们放弃了物质的存在，进入了精神世界的大门。他们放弃了物质世界的享乐和舒适，得到永恒世界真正的快乐与幸福——他们提前到达了上帝的王国。上帝的恩惠是无限的，我们的责任是在祈祷中缅怀这些逝去的灵魂，并祈求让他们不断接近上帝。

我们人类生存的环境，就像胎儿在孕育他的母体中一样，要为胎儿进入更为宽广的世界做准备。一开始，婴儿很难接受来到新的世界，他会因不愿离开那狭小的空间而嚎啕大哭。他不愿意离开自己熟悉的"家"，但自然的力量把他推到这个世界。而一旦来到这个新的环境，他发现自己脱离了黑暗，见到了光明，从那个阴暗而狭窄的空间，来到了宽广而快乐的世界。在狭小的空间里，他的营养来自于母亲的血液，而现在他享受到美味的食物。新的世界充满了光明与美丽，这个婴儿好奇而兴奋地看着群山，草原，河流和繁星，呼吸着清新的空气，他赞美上帝把他从之前的狭小空间带到新的自由的世界。这个比喻也表达了短暂的物质世界和下一个世界的关系，人类灵魂从黑暗和惶恐中，到达光明和永恒的天国。乍一看，人们很难去接受死亡，而到达了新的环境时，灵魂充满感激。因为灵魂从有限的束缚到达了无限的自由，脱离了悲伤，痛苦，考验，生活在无尽的快乐中。人们放弃了物质和形式的东西，得到了精神和理想的发展。因此，那些在泰坦尼克上遇难的灵魂，完成了他们在尘世的旅途，提前进入了更美好的世界。他们从黑暗走向光明，这是唯一能够让生者感到宽慰的。

更重要的是，这些灾难的背后有更深层的原因。它们的目的是教育人类。我们生活在一个极端依赖物质条件的时代，人们想象着一只庞大的巨轮，完美的机械，高超的舵手能带来安全。但灾难告诉我们，上帝才是真正的保护者。如果上帝的意愿是保护我们，一个小小的舢板，也可以逃离灾难。相反，一艘完美的巨轮和优秀的舵手也无法躲避灾难。灾难的目的是教导人类转向上帝——唯一的保护者。人类的灵魂将依赖于他的保护，而得到真正的安全。这些灾难的发生将使人们增强对上帝的信仰，当我们悲伤和痛苦时，要将心转向上帝的天国。为逝者祈祷，祈求他们得到上帝的恩惠。尽管他们离开了这个物质世界，但他们在上天的王国中享受到了无尽的快乐。

大家不要错误的认为，我的这些话，意味着我们在生活中可以不尽心尽力。相反，上帝赋予了人类智慧来保护自己。因此，我们需要充分地利用科学和技术的成果。我们的工作要富有目的性，并深思熟虑。建造最好的船只，培养最优秀的舵手，但是，他应该依赖上帝并相信上帝是唯一的保护者。有了上帝的保护，任何事情都不会影响我们的安全，没有上帝的保护，任何预防和准备都将无济于事。　（Posted on March 1, 2012 by 1912commemoration. Via Halifaxbahai.org）

阿博都—巴哈在美国长住了8个月，足迹遍及美国东西部。除了在纽约访问之外，阿博都—巴哈还访问了芝加哥、克利夫兰、匹兹堡、华盛顿、波士顿、费城、新罕布什尔州、缅因州的Green Acre学校、明尼阿波利斯、旧金山、斯坦福大学和洛杉矶。阿博都—巴哈在北美时访问了许多团体与教堂，拜访了许多巴哈伊家庭，并与几百位人士进行了私人会面。在这些活动中，阿博都—巴哈清晰阐述了巴哈伊信仰的基本原则，包括上帝唯一、宗教同源、人类一家、男女平等、世界和平与经济正义等。在会面的过程中，阿博都—巴哈对各色人种同等看待，一视同仁，真正体现了人类一家。阿博都—巴哈的访问和谈话被数百家报纸报道和评论。

他到各处演讲，其中包括神智学会、普救教会、霍华德大学以及一所主要的非洲裔美国人机构等的讲演。主要有：

在纽约的第一次公共演讲，于4月14日在阿森松教堂进行。教堂被堵得水泄不通。在那里，他谈到了国际团结与和解的迫切需要。4月19日早晨7点半，著名旅美黎巴嫩作家纪伯伦为他画像，在纪伯伦写给玛丽的信中透露了这个消息[12]。纪伯伦说:"这是我第一次看到一个人是如此高贵,他的确是满怀圣洁之灵!"[13]在思想上,纪伯伦本人也受到阿博都—巴哈的影响,熔东西方文化于一炉,纪伯伦说:

纪伯伦为阿博都—巴哈画的肖像

你们的思想称什么'犹太教、婆罗门教、佛教、基督教、伊斯兰教'。我的思想却认为:"只有一个绝对抽象的宗教,它有多种表象,却一直是一种抽象。它的途径虽有分歧,却如同一只手掌伸出的五指。"[14]

---

[12] 伊宏主编:《纪伯伦全集》,甘肃人民出版社1994年,第41页。
[13] [美]安娜玛丽•杭诺尔德编:《完美的典范——阿博都—巴哈生活写照》,第98页。
[14] [黎巴嫩]纪伯伦:《纪伯伦散文诗选》,冰心、仲跻昆译,安徽文艺出版社2005年

> 我受过孔子的教诲；听过梵天的哲理；也曾坐在菩提树下，伴随过佛祖释迦牟尼……我曾在西奈山上看到过耶和华面谕摩西；曾在约旦河边见到过基督显示的奇迹；还曾在麦地那听到过阿拉伯先知的教义；我记得降在印度的哲理、格言；能背诵出自阿拉伯半岛居民心中的诗篇；也懂得那些体现西方人情感的音乐。[15]
>
> 人类划分成不同的民族，不同的集体，分属于不同的国家，不同的地区。而我认为自己却既不属于任何一国。又不属于任何一地。因为整个地球都是我的祖国，整个人类都是我的兄弟。[16]
>
> 我爱故乡，爱祖国，更爱整个的大地。因为正是这大地将人孕育，而神圣的人性就是神性精神降临在人世。
>
> 人性就是降临在人世间的神性。那神性在各国之间巡行，宣扬博爱，指出人生的途径。而人们竟把他的训诫传为笑柄，加以嘲弄。往昔，基督听从了这神性，于是人们把他钉死在十字架上。[17]

接着在当天，阿博都—巴哈在哥伦比亚大学发表演讲，哥伦比亚大学正是胡适后来留学拜杜威为师的学校。4月20日，阿博都—巴哈在公共图书馆大厅举行的东西方联合大会上发表了演讲。在华盛顿停留期间，他会见了美国前总统西奥多·罗斯福。当天晚上，帕森斯夫人在家里为他召开了一场欢送会。来自首都的三百名最负声望的公民都来捧场。第二天上午，就在阿博都—巴哈即将离开华盛顿的时候，一队外国使节前来拜访他，其中有英国大使詹姆斯·布莱斯。

4月27日，他和美国财政部长李·麦克库伦共进午餐。麦克库伦在与教长会面后，绞尽脑汁地寻找词汇来描述这次经历。他说："我感到我似乎是站在一位伟大的先知面前，以赛亚……以利亚……不，不是，是在耶稣基督面前——不，我感到我是站在圣父（上帝）面前。"[18]

版，第266页。
[15] [黎巴嫩]纪伯伦：《纪伯伦的散文》，林志豪译，海南出版社2008年版，第153页。
[16] [黎巴嫩]纪伯伦：《纪伯伦散文诗选》，第228页。
[17] [黎巴嫩]纪伯伦：《纪伯伦散文诗选》，第229页。
[18] [美]安娜玛丽·杭诺尔德编：《完美的典范——阿博都—巴哈生活写照》，第98～99

在芝加哥，4月30日，阿博都—巴哈首次详尽地在记者面前发表讲话。然后他在赫尔大厦的跨种族聚会上发表演讲，接着又在亨德尔大厦举行的国家有色人种促进协会第四次年会上发表演讲。最后他对参加巴哈伊灵曦堂联合会会议闭幕仪式的巴哈伊发表演说。除此之外，他还在下榻的宾馆里接见了个人和团体拜访。5月11日傍晚在河滨大道227号的讲演，其中的一个听众是哥伦比亚大学的名教授威廉斯•杰克逊（A.V.Williamsms Jackson）。5月12日他在新泽西州的蒙特克莱尔发表讲演，并于当晚在纽约的一座教堂里发表了第二次演讲。5月14日在莫宏克湖举办的第18届和平与仲裁大会，阿博都—巴哈应邀在会议上讲话。该会议在纽约南部的莫宏克山举行，这里是一个美丽的山顶风景区，小巧玲珑，森林覆盖，还有着一个宝石般的湖泊——莫宏克湖。许多具有影响力的人物都参加了这次会议。教长在结束讲话时说，"是上帝的圣灵保障了人类的安全，因为人与人的思想不同，人与人的敏感点不同，只有通过共同的圣灵之渠道，才能把所有人的分歧统一起来。"

回到纽约后，他于同一天在两座教堂里对信徒发表演讲。另外一次演讲是受到霍华德•科尔比•艾维斯的邀请，后者当时是兄弟会教会的牧师。阿博都—巴哈还去了波士顿、剑桥和伍斯特，在波士顿的一神论者会议上演讲。6月2日，他第二次拜访阿森松教堂，6月8日，再次踏上旅途，这一次去的是费城。尽管极度疲劳，他还是在几所教堂里发表了演讲。费城的巴哈伊热衷于传播信仰，所有听说阿博都—巴哈的人都对他的这次到访表示感谢。6月19日，阿博都—巴哈向聚集在房子里的朋友宣布了一项重要声明，清楚明确地说明了自己作为圣约中心的地位，并将纽约命名为"圣约之城"。6月20日，阿博都—巴哈前往蒙特克莱尔，在这里停留了一个星期。在此期间的一个晚上，他拜访了纽瓦克市。此外，他每天都和巴哈伊以及其他访客见面。6月29日，他乘火车去西英格伍德，在路上换了四趟车。他邀请纽约以及周边地区的朋友参加在罗伊•威尔海姆家附近果园里举行的团结灵宴。有超过两百人参加。第二天，阿博都—巴哈坐车来到莫里斯镇，受邀出席在波斯总领事托帕克严先生的家中举行的午宴。在那里他遇见了一些当地名流，并接受了新闻页。

记者的采访。阿博都—巴哈在纽约待了三个星期。7月23日离开纽约，前往波士顿。抵达那里的第一天晚上，他在维多利亚酒店发表了一篇关于经济问题的演讲。9月11日起程前往芝加哥。在那里，他在柯琳·楚夫人的家中停留了四天。人们络绎不绝地来到楚夫人家和他见面，到9月13日，他给神智学协会的会员做了一次演讲。

阿博都—巴哈参加在莫宏克湖举办的
第18届和平与仲裁大会的相关报道

随后阿博都—巴哈从芝加哥出发，到访威斯康辛州的基诺沙，并于9月16日离开芝加哥，前往明尼阿波利斯。到达那里后，他因为过度疲劳不得不拒绝了许多演讲邀请，但还是在商会俱乐部和犹太改革寺做了两次演讲。在那里，他明确地肯定了耶稣基督使命的真实性。从明尼阿波利斯出发，他到达内布拉斯加州的林肯城，当晚阿博都—巴哈搭乘火车，9月17日下午抵达科罗拉多州的丹佛市。休息两个小时后，他接见了记者，然后直接去往一个巴哈伊教徒家中，那里有个为他举行的大型集会。第二天他在第二神圣科学教会进行演讲。阿博都—巴哈说道，"人类的最大需求是合作与互惠。人们之间的交谊和团结越是紧密，人类各领域建设与成就的能力就越强大。……我最大的愿望就是美国人民和东方人民之间能建立起最为牢固、不可动摇的纽带。"[19] 在10月1日晚上，临近午夜时分，他到达旧金山。访问该城期间，他住在加尼福利亚街上一栋为他租来的房子里。在他到达的第二天，斯坦福大学的首任校长大卫·斯达·乔丹博士前来拜访，并邀请他去该大学做一次演讲。10月6日，阿博都—巴哈在一个一神教派的教堂里进行了第一次公开演讲；第二天，他又在奥克兰的日本独立教会进行了演讲。10月8日，他的斯坦福大学的演讲如期举行，到场听众超过了两千人。教师、学生、学校行政人员，还有当地名人都慕名而来聆听他的演讲。

几周之后，1912年11月1日，加利福尼亚《帕洛阿尔托人报》（The Palo Altan）用整版篇幅发表了一篇《巴哈伊教先知——阿博都—巴哈在斯坦福大学的讲演》的文章。[20]

那天的演讲是"他使命时期内最伟大、最有力的演讲之一"。[21]乔丹在《深化之含意》一书中这样说："通过对阿博都—巴哈作为典范或者每个巴哈伊理想的具体化身的了解，成人与儿童都能迅速掌握巴哈伊律法的意义，并培养自身内在的服从意愿。对儿童更重要的是，阿博都—巴哈的故事显示了他过的是巴哈伊生活，并且恪守圣约，如果你在某种情境下拿不准怎么做，不妨冥思片刻后自问，'换了教长，他会怎么做？'"[22]

阿博都—巴哈的英美两国之行引起了人们对巴哈伊信仰的极大兴趣。有关这项运动的知识已被成千上万的人们带回家乡，他们愿意并迫

---

[19] 'Abdu'l-Bahá. The Promulgation of Universal Peace: Talks Delivered by 'Abdu'l-Bahá during His Visit to the United States and Canada in 1912. Comp. Howard MacNutt.Wilmette, Ill.: Baháí Publishing Trust.1982, p.77, pp.238-42.
[20] 该演讲的全文请参见书末的附录一，译者张黛英女士。
[21] [美] 玛丽·帕金斯：《荣耀之仆——阿博都—巴哈的一生》，史文韬译，新纪元国际出版社2009年版，第177页。
[22] [美] 安娜玛丽·杭诺尔德编：《完美的典范——阿博都—巴哈生活写照》，第8页。

切希望传播其有益的教导。在遥远的美国东西海岸，和平与福利的种子找到了肥沃的土地，结出丰盛的果实。由于卡内基和平基金会受托人乔丹博士的大力参与，在斯坦福的人们对国际和平产生了浓厚的兴趣。他的英国之旅吸引了众多人对巴哈伊运动的注意，该运动在力度与影响上快速成长。他在英国之旅中已经付出了很多努力，致力于将该时代最善良的好人以兄弟情谊团结在一起。埃里克·哈蒙德在东方智慧的著名系列丛书中的一本小册子里不无羡慕地解释了巴哈伊教，称其为生活的理想状态，是真正普世宽仁的。基督教徒、犹太教徒、穆斯林和佛教徒都群起而成为其教义的遵循者。它本身并非教派，但吸引了所有教派的兴趣。它所宣扬的理想是一神的，所有宗教信奉的唯一之主上帝。团结与普世和睦就是它的目的与目标。在阿博都—巴哈来美国之前，他就为人所知，人们也将久久不能忘怀他。他告诉人们，既没有东方，也没有西方，没有边境之隔，没有种姓之分，也没有出生贵贱。

这就是巴哈伊的使命，是一种真正的理想。是真正普世宽容的，它为基督教徒、犹太教徒、穆斯林和佛教徒提供了会面的平台。只有一个上帝，所有宗教的上帝。他的意志是所有和谐与良善的法则。在普世真理最近的分析启示下，他岿然屹立。他的真理是一种爱的福音，无所不包，无所不解。在这一真相中，没有任何争斗、不合的空间，没有任何黑暗或欺骗的余地，没有任何苦痛与灾难的开始。

在和乔丹博士共进午餐之后，剩下的时间里阿博都—巴哈都待在帕罗阿尔托。当天晚上，他还在当地一神教派教会进行了一次演讲。10月10日，他在一个公共论坛上讲话，这是一个不可知论者和自由思想者举行的集会。两天后他又在两千名犹太信徒面前做了演讲，听众还包括犹太社区的领袖。他谈到了亚伯拉罕和摩西，又谈到了犹太民族的特殊使命。他以简洁易懂的口吻解释了基本教义：上帝使者的教义都来自同一本源，都是一致的。然后他继续解释道：次要教义要随着人类社会的逐渐进步而改变。乔丹博士曾说过，"的确，阿博都—巴哈会将东方和西方团结起来；因为他以实际之足行之于灵性之途。"他将阿博都—巴哈介绍给这两千多名听众："是我们的命运使我们与这位世界伟大的宗教教导者之一，古希伯来先知的自然继承者之一在一起……现在我极为高兴并且极其荣幸地向你们介绍阿博都—巴哈。"阿博都—巴哈走上前作了一次既适合听众又适应环境的精彩演讲。"为着一个共同的伟大目标，阿博都—巴哈带来了宗教的信息，而乔丹博士带来了科学的信息。人类是同一上帝的孩子，所以他们都是兄弟，我们处在新的一天的黎明，在这一天将会看见和认识到世界的手足之情。"

1912年10月底，阿博都—巴哈从美国启程返回欧洲，于12月5号到达。关于阿博都—巴哈的访美的意义，毕业于哈佛大学的美国历史上最年轻的第26任总统，1906年诺贝尔和平奖获得者罗斯福总统曾有所评论。他在1912年阿博都—巴哈即将访问美国的这一年宣布，作为对自己奇妙的教诲，阿博都—巴哈普遍的宗教，会给美国这个国家留下深刻的印象。他宣称，阿博都—巴哈的教导将导致伊斯兰教在精神上与基督教相一致，并会为世界的和平带来福音。[23]

据我不完全的查阅，关于阿博都—巴哈1912年在美国东西方的演讲和活动，美国有430多篇次的报纸[24]发表了他活动的消息和深度采访，在阿博都—巴哈的演讲之中，涉及到的主题包括世界主义、和平主义、男女平等、普世价值、人类的团结、所有宗教和信仰的统一，以及普遍的宽容与和平等当时世界性的问题，这些问题在美国引起的反响是惊人的，很多报纸几乎惊呼，来自波斯的"先知"所发出的令人印象深刻的巴哈伊运动是多么有影响力。包括《纽约时报》、《纽约论坛报》、《巴尔的摩太阳报》、《旧金山纪事报》这样的大报都有报道，有的甚至是头条新闻，胡适是一个非常关心时政的留学生，不可能不看这些报道。

从胡适这方面讲，他对各种新思潮、对各种宗教都持有一种开放的态度。他本就秉承的儒家的大同思想的精神，在美国的一些基督教自由派的思潮中得到了印证和升华。胡适积极参加了康奈尔大学的世界主义学会。胡适在1915年写的一篇残稿里说："当我离开中国的时候，我是一个彻头彻尾的民族主义者。然而，由于我跟一些最可爱的南非、南美、菲律宾、日本以及犹太人等有了亲密的往来，我终于逐渐摒弃了早期的偏见。"[25]"吾今年正月曾演说吾之世界观念，以为今日之世界主义，非

---

[23] 1912年1月20日《纽约论坛报》。
[24] 关于阿博都—巴哈的美国之行，请参见http://centenary.bahai.us/abdul-baha-in-america。
[25] 《胡适外文档案》，E005-022-066。

复如古代Cynics and Stoics（犬儒派与斯多葛学派）哲学家所持之说。彼等不特知有世界而不知有国家，甚至深恶国家之说。其所期望在于为世界之人（a citizen of the world），而不认为某国之人。今人所持之世界主义则大异于是。今日稍有知识之人莫不知爱其国。故吾之世界观念之界说曰：'世界主义者，爱国主义而柔之以人道主义者也。'顷读邓耐生（Tennyson）诗至'Hands All Round'篇有句云：'That man's the best cosmopolite / Who loves his native country best.'（'彼爱其祖国最挚者，乃真世界公民也。'）深喜其言与吾暗合。故识之。"[26] "吾辈醉心大同主义者，不可不自根本着手。根本者何？一种世界的国家主义是也。爱国是大好事，惟当知国家之上更有一大目的在，更有一更大之团体在，葛得宏·斯密斯（Goldwin Smith）所谓'万国之上，犹有人类在'（Above all Nations is Humanity）是也。"[27] 胡适1914年11月17日的日记，记了他跟旃色佳监理会牧师的谈话。胡适说："今日世界物质上已成一家，航路、电线、铁道、无线电、海底电，皆团结全世界之利器也。而终不能致'大同'之治者，徒以精神上未能统一耳，徒以狭义之国家主义及种族成见之畛畦耳。"[28] 11月25日，胡适在日记里记下了几则"大同主义之先哲名言"：

亚里斯提卜说过智者的祖国就是世界。

——第欧根尼·拉尔修：《亚里斯提卜》第十三章

当有人问及他是何国之人时，第欧根尼回答道："我是世界之公民"。

——第欧根尼·拉尔修：《亚里斯提卜》第十三章

苏格拉底说他既不是一个雅典人也不是一个希腊人，只不过是一个世界公民。

——普卢塔：《流放论》

---

[26]《胡适日记全编》（一）（1910～1914），曹伯言整理，安徽教育出版社2001年版，第200页。
[27]《胡适日记全编》（一）（1910～1914），第508页。
[28]《胡适日记全编》（一）（1910～1914），第540页。

> 我的祖国是世界，我的宗教是行善。
>
> ——T. 潘恩：《人类的权力》第五章
>
> 世界是我的祖国，人类是我的同胞。
>
> ——W. L. 加里森(1805～1879)《解放者简介》（1830）[29]

而且，胡适到达美国的时候，正是美国文艺复兴运动如火如荼开展的时候，在美国出现了许多新事物，提出了许多新概念、新名词，如新妇女、新人文主义、新艺术、新民族主义、新自由主义、新历史主义、新文学、新思想、新教育和新体诗等，铺天盖地。芝加哥被誉为美国现代文化运动的中心之一，也是英语现代诗歌运动的中心。

1912年，美国的一些不满的年轻诗人聚集在芝加哥和纽约的格林威治村，开始了反叛之举。"在他们的眼中，过去的都是死的，诗的生命力在于自发、自我表现和改革。"[30] 土生土长的芝加哥人哈里特•门罗（Harriet Monroe）女士，从中国访问归来之后，编辑了《诗杂志》，于10月份出版了第1卷第1期，发表了威廉•沃恩•穆迪（Moody, William Vaughan）、埃兹拉•庞德（Pound, Ezra）、埃米莉亚•斯图尔特•洛里默（Lorimer, Emilia Stuart）、达德利（Dudley）、海伦（Helen）、康克林（Conkling）、格雷斯•哈泽德（Grace Hazard）、哈里特•门罗等人的作品，杂志总部设在543卡斯街（现沃巴什大道）。该杂志极大地支持了美国先锋诗，直接为意象派运动和自由诗革命做出了特殊的贡献。1912～1918年间，形成了美国诗歌创作推陈出新的高潮，《诗杂志》在美国诗歌界产生了重大影响。1913年，该杂志发表意象派埃兹拉•庞德的著名论文《几个不》（A Few Donts），提出的新思想，包括了一系列反传统的观点：不用典、不用陈腐的套语等。此后，"新体诗"大量出现，对在美国的胡适影响极大。

初到美国的胡适，同时对所有的宗教都很感兴趣。1911年1月28日他追记的康奈尔大学时期的日记，说自己当时听到的讲演包括"宗教之

---

[29] 《胡适日记全编》（一）（1910～1914），第542页。
[30] 王珂：《论英诗诗体对闻一多的影响》，2007年11月20日，http://blog.sina.com.cn/s/blog_406c7ad101000as3.html，2013年12月13日。

比较研究"，包括"1.宗教史，2.原始宗教，3.古代宗教，4.中国古代之国教，5.孔教，6.道教，7.日本之神道教，8.印度吠陀时代之宗教，9.婆罗门教，10.原始佛教，11.后期佛教，12.先知时代之犹太教，13.教典时代之犹太教，14.近代犹太教，15.摩诃末之宗教（即伊斯兰教，清朝以前对伊斯兰教的称呼），16.回教的演变，17.回教中之密教，18.耶稣之教旨，19.希腊化之基督教，20.中古基督教，21.近世基督教，22.亚洲西部之基督教，23.亚洲东部之基督教。右为本校基督教青年会讲课，论世界诸大宗教之源流得失，主讲者多校中大师，或他校名宿。"[31] 期间他有可能已经接触到巴哈伊教，那时候很多有关伊斯兰教的讲演，在讲述其演变的时候，尤其是回教中之密教，不能不提到近代的巴孛运动和巴哈欧拉。

在各种思想中，他发现有一种思潮是反对当时美国的新潮流的，就是清净教风。他在《美国之清净教风》（民国五年十一月十八日）一文中说：

> 美洲建国始于英国清净教徒（The Puritans）之避地西来。清净教徒者，痛恨英国国教（The Anglican Church-Episcopalian）之邪侈腐败，而欲扫除清净之者也。英国大革命即起于此。及王政复辟，清净教徒结会西迁，将于新大陆立一清净新国，故名其土曰"新英兰。"其初建之时，社会政权多在教士之手。故其初俗崇礼义，尊天，笃行，以卫道自任。其遗风所被，至于今日，尚有存者。今所谓美国之"清净教风"（Puritanism）者是也。此风在今日已失其宗教的性质，但呈一种极陋隘的道德观念。其极端流于守旧俗，排异说，与新兴之潮流为仇。故"Puritanism"一字每含讽刺，非褒词矣。
>
> 此"清净教风"之一结果在于此邦人之狭义的私德观念，往往以个人私德细行与政治能力混合言之，甚至使其对于政治公仆私德之爱憎，转移其对于其人政策之爱憎。[32]

---

[31]《胡适留学日记》上册，海南出版社1994年版，第85～86页。
[32] 姚鹏、范桥编：《胡适散文》第三集，中国广播电视出版社1992年版，第333页。

而有一种思潮，非常类似于巴哈伊教的，是朋友会教派。胡适在《记朋友会教派》（民国六年二月五日）中说：

> 斐城演说后，寓于海因君（Joseph H.Haines）之家。此君今业商，而其家中藏历史文学美术之书满十余架。其新婚之夫人尤博雅，富于美术观念。
>
> 海因君为Haverford College毕业生，此校本为朋友会（Society of Friends）教派中人所办，故其中学生大半皆朋友会派信徒也。
>
> 朋友会者，耶稣教之一派，世所称匮克派（Quakers）是也。此派创于英人乔治（名）福克司（George Fox）。福克司痛耶教之沦为罗马教与英国国教，溺于繁文缛礼，而失其立教之精神，故倡个人内省自悔自修之说以警众。福氏本一织匠之子，素无声望，而其诚动人，所至风靡。官府初以为妄言惑众，拘之判以笞罪。福氏持耶稣之不抗主义，俯首受鞭。鞭已，更请再鞭。（耶稣曰："你们莫与恶抗。若有人打你脸的左边，更把右边让他打。"——《马太书》五章三十九节。）鞭者卒感悔，竟成福氏之信徒。其后从者日众，遂成新派。福氏初说法时在1647年，至今270年矣。今其徒虽不甚众（不出20万人？），而其足迹遍于天下。吾国四川省亦多此派传教人也。
>
> 此派初兴之时，其精神最盛。其信天修行，绝世无匹。其人每说法传道，精诚内充，若有神附。以其畏事上帝，故有"匮克"之称。"匮克"者，震恐战栗之谓。此派教旨之特色：
>
> （一）人人可直接对越上帝，不须祭司神父之间接。
>
> （二）不用洗礼。
>
> （三）不用祭司神父。（另有一支派，今亦用牧师。）
>
> （四）每集会时，众皆闭目静坐，无有乐歌，无有演讲。无论何人，心有话说，即起立发言，或宣教义，或致祷词。说完，仍坐下默思。
>
> （五）男女平等，皆可发言，皆可当众祈祷。[耶教初兴时，

使徒如保罗（St. Paul），对妇女极不平等。（看《哥林多前书》十四章三十四五节。）此派在17世纪中业独倡此风，可称女权史上一新纪元也。]

（六）深信耶稣"不与恶抗"之说。（此即老子之不争主义。娄师德所谓唾面自干者近似之。）以此故，乃反对一切战争。凡信此教者皆不得当兵，（此条实际上多困难。当此邦南北战争之时已多困难。及今日英国强迫兵制之实行。此教中人因不愿从军受拘囚之罪者，盖不知凡几。）

海因夫人语我以此派中人之婚礼，甚有足供研究者，故记之于下：

男女许婚后，须正式通告所属朋友会之长老。长老即行调查许婚男女之性行名誉。若无过犯，乃可许其结婚。——

结婚皆在本派集会之所。（此派不称之为"教会"（Church）但称会所而已。）

结婚之日，男女皆须当众宣言情愿为夫妇。宣言毕，长老起立，问众中有反对者不。若无异词，长老乃发给婚书。

海因夫人以婚书示我。其书以羊皮纸为之。首有长老宣言某人与某女子已正式宣告愿为夫妇，当即由某等给与证书，下列长老诸人署名，次列结婚夫妇署名，其下则凡与会者皆一一署名。海因夫人婚书上署名者盖不下三百人。

海因夫人言朋友会中人因婚礼如此慎重，故婚后夫妇离异之事竟绝无而仅有也。吾与此君夫妇此次为初交。海因君为年宴主事者，故与我有书信往来。吾既允演说，海因君函问我欲居Beilvue-Strafford旅馆耶，抑愿馆其家耶。此旅馆为斐城第一大旅馆，犹纽约之Waldorf-Astoha也。吾宁舍此而寓其家，正知其为朋友会中人，故欲一看其家庭内容耳。今果不虚此愿也。[33]

胡适不仅对包括基督教在内的宗教表现出兴趣和向往，而且他与

---

[33] 姚鹏、范桥编：《胡适散文》第三集，第340～342页。

巴哈伊教的信徒和接触者,有私人的交往或可能的联系。这些人中包括巴哈伊信徒曹云祥、邀请阿博都—巴哈到校进行演讲的斯坦福大学校长乔丹。胡适可能也熟识老师杜威的好友斯坦伍德•科布,后者既是一位成就卓著的学者、教育家,也是一位巴哈伊教徒。胡适有可能从他们那里听闻巴哈伊教,也有可能从报纸上得知巴哈伊信仰,当然详细的历史线索还需要进一步予以考证。

其实,早在1911年已经加入巴哈伊教的曹云祥,在美国耶鲁大学读书的时候,就和胡适有来往。其时曹云祥30岁,而胡适21岁,正在美国康奈尔大学读书。那年的6月13日,胡适赴孛可诺(Pocono Pines)旅行,该森林所在的山地,高2000英尺,是美国的避暑胜地。该区原是一片原始森林,夏夜气爽天寒,居然寒如深秋,早晚有拥炉者。森林在费城近郊,位于纽约市之西约60英里。曹云祥等35人在此地参加"中国基督教学生会"(胡适又称中国留美东省耶教会)举办的夏令营,其中有陈绍唐(系胡适中国公学同学)、张履鳌、曹云祥、胡宜明等。胡适6月14日在湖上游玩,夜间开会,听取穆德讲演。6月15日穆德又演说。胡适说,"此君演说之能力,真不可及。"其他名人演说,也多围绕基督教,受基督教感化的则现身说法,"观旧日友人,受耶教感化,其变化气质之功,真令人可惊。(胡)适亦有奉行耶氏之意。"

胡适和乔丹的结识稍晚,是在1916年。那一年,胡适听了这位斯坦福大学校长的一次演讲。胡适说:

> (1916年美国大选)数周之后,我参加了一个餐会。主讲人是西海岸斯坦福大学校长戴维•交顿(David Starr Jordan,即乔丹)。他是一位世界和平运动的主要领导人。当大家谈起大选的问题时,交顿说:"今年我投谁的票,当初很难决定,我实在踌躇了很久,最后才投威尔逊的票!"他这席话使当时出席餐会的各界促进和平的士女大为骇异。所以有人就问交顿,当时为何踌躇。交顿说:"我原在普林斯敦教书,所以深知威尔逊的为人。当他作普大校长时,他居然给一位教授夫人送花!"这就是戴维•交顿不要威尔逊做美国总统的主要原因。其所持理由和我们的爱尔兰女佣所说的,实在有异

曲同工之妙。³⁴

我们知道，胡适在哥伦比亚大学的老师杜威和另外一个美国知名教育家斯坦伍德•科布（Stanwood Cobb,1881年11月6日～1982年12月29日）是非常好的朋友，都是实用主义的学者。而斯坦伍德•科布也是美国最知名的巴哈伊信仰者，先后五次见到阿博都—巴哈。

斯坦伍德•科布作为教育家，是美国新教育联合会执行秘书，是杜威的重要助手和合作者，在20世纪30年代在中国大陆非常出名，他的著作《新教育的原则及实际》由著名学者、中山大学师范学院院长崔载阳教授译出，1933年上海中华书局出版。全书没有出现巴哈伊的字眼，但是巴哈伊信仰的内容却融会贯通于书中。该书首次在中国提出一种观念：儿童教育第一要务是健康，健康包括肉体的健康和精神的健康，两者均不能忽视。此书得到杜威的高度评价，除阐明新教育的原理外，并举出各种试验学校的内容，作为例证，使读者明了这些原理如何应用于实际的教育事业上去。他说："我们的目的是造就人类一切能力的圆满发展。儿童要变成一个完人，使他能成就一切生活的目的。要达到我们这个目的，学校即不应成为一块人工造成的地方，专靠书本为媒，而不与生活相通连。学校应成为一个真实的、实际的、儿童能在该处发现自己的小世界。只有理论是不够的，同时必须有实际。理论与实际这两个元素应同存在学校里，正如他们常在我们身旁。否则儿童将来必至走进一个与他极为新奇的世界，他就会在这里失掉他的一切应付本领。人不仅是一种智慧，他实是一种附在身体上的智慧。因此我们要训练儿童的能力、智力和体力，以及手工的技巧与敏捷。"³⁵

斯坦伍德是在和阿博都—巴哈多次会见以后，得到灵性教育的理念的。有关他和阿博都-巴哈的故事提到：

斯坦伍德•科布写道："快乐的哲学是阿博都—巴哈全部教诲的关键，'你快乐吗？'是他问候客人的常用语，'快乐吧！'"

"不快乐的人（这样的人不少）会因此而哭泣，阿博都—巴哈就微笑，好像在说：'对，哭吧，眼泪之后便是阳光。'"

---

[34]胡适口述，唐德刚译注：《胡适口述自传》，广西师范大学出版社2005年版，第46页。
[35]科布：《新教育的原则及实际》，崔载阳译，上海中华书局1933年版，第54页。

"有时他会用手擦去他们腮边的泪水，使他们在离开时精神欢爽，容光焕发像换了个人。"

在加利福尼亚，人们注意到"教长常常不顾疲乏和身体疾病以灿烂的笑容欢迎每个人，并以他富有磁性的悦耳嗓音问道，'你快乐吗？'"[36]

在纽约，阿博都—巴哈说："愿人人都指着你们问：'这些人为何如此喜悦？'我希望你们在格林阿卡能够快乐，笑声不断，欢喜无限，让他人受你们的感染也同样快乐起来。"[37]

斯坦伍德·科布曾有这样的记载：

有一次，阿博都—巴哈谈到，在遇到别人做出令人不快的举动时须有仁慈的耐心："一个人可能会说'我可以容忍这样的人，只要他是让人觉得可以忍受的。'但是，巴哈伊必须容忍所有的人，即使他们是令人难受的！"

斯坦伍德·科布写道："他并没有一本正经地看着我们，好像在给我们布置一项艰巨困难的任务，恰恰相反地，他愉快地微笑着，好像是说这样做是多么快慰啊！"[38]

斯坦伍德·科布记与教长"最重要的会面"，是1913年在巴黎。他写道：

> 我当时是波特·萨尔让旅游男校的职员。我第一次拜访时，教长问了我关于这学校的情况以及我教的科目，我告诉他我教授英语、拉丁语、代数和几何。他明亮的眼睛关切地注视着我说："你教授有关灵性的内容吗？"这个问题难住了我，我不知如何向阿博都—巴哈解释所有课程是为了大学入学考试做准备，于是我简单地回答："不，没有时间教那个。"阿博都—巴哈对这个回答没有作评价。但他根本不需要做任何评价，我已在谴责自己和现行的教育制度。没有时间教育灵性的内容？这正是我们当代的物质"文明"的症结，它不

---

[36] 安娜玛丽·杭诺尔德：《完美的典范——阿博都-巴哈生活写照》，澳门新纪元出版社2011年版，第70-71页。
[37] [美]安娜玛丽·杭诺尔德编：《完美的典范——阿博都—巴哈生活写照》，第70~71页。
[38] [美]安娜玛丽·杭诺尔德编：《完美的典范——阿博都—巴哈生活写照》，第23页。

给灵性教育以时间。但阿博都—巴哈的问题和他的沉默的回答已暗示，照他看来，灵性教育应是首要的。"[39]

斯坦伍德·科布回忆起他在美国与教长的最后一次会见。他的心如此充实，以至他几乎记不起说了些什么。他知道教长拥抱了他，然后说了三遍："因着对天国的爱，燃烧吧！"科布先生当时对这句话的确切意义感到有些迷惑，但他知道这几个字总结了阿博都—巴哈的神圣教育的本质。[40]

1896年斯坦伍德·科布的朋友杜威在芝加哥大学设立"芝加哥实验学校"，试验实用主义的教育理论。1919年4月4日，百名学者聚集在华盛顿特区的公共图书馆，参加"促进进步主义教育协会"的第一次会议。会议由斯坦伍德·科布主持，他和另外四个人，史密斯、奥蒂斯·考德威尔、约翰逊和安妮·乔治，在会上分别介绍自己的进步主义教育理论及实验情况，获得与会者的高度评价。会后，正式宣布了"进步主义教育协会"的成立。1920年，该协会发表了著名的进步教育七原则，成为进步教育学校实验的基本准则：（1）学生有自然发展的自由，应该根据社会的需要，而不是根据随意的法则来指导学生自治；（2）兴趣是全部活动的动机；（3）教师是指导者，而不是布置作业的监工；（4）注重学生发展的科学研究；（5）对于儿童的身体发展给予更大的注意；（6）适应儿童生活的需要，加强学校与家庭之间的合作；（7）进步学校在教育运动中的领导作用。[41] 斯坦伍德·科布还曾经担任美国教育哲学会长，主张"教育界努力于发现儿童本质，帮助儿童合乎个性地发展"。[42] 他认为教育家应该"设法发展的是儿童的社会性及合作性，而非竞争性、排斥性。"[43] 20世纪20年代，美国新教育运动代表人物的他出版了《新教育的原则及实际》一书，结合美国教育运动的实施和实用主

---

[39] [美]安娜玛丽·杭诺尔德编：《完美的典范——阿博都—巴哈生活写照》，第78~79页。
[40] [美]安娜玛丽·杭诺尔德编：《完美的典范——阿博都—巴哈生活写照》，第89页。
[41] 杨捷：《重构中学与大学的关系》，中国社会科学出版社2008年，第29页。
[42] [澳]W.F.康内尔：《20世纪世界教育史》，孟湘砥、胡若愚译，人民教育出版社1990年版，第610页。
[43] [美]柯布：《新教育的原则及实际》（又译作《教育的新酵》），崔载阳译，上海中华书局1933年版，第130页。

义的教育理论，把新教育原则加以系统化。[44] 作为教育家的斯坦伍德，在《新教育的原则及实际》中把健康作为儿童教育的首要任务，而阿博都—巴哈告诉他："最基本的健康是灵性的健康，因为拥有灵性的健康能使人获得永生；而肉体的健康只能获得暂时的效果。"[45]《新教育的原则及实际》被美国新教育者推为实施新教育运动原理最完美的书。曹云祥清华的同事，后来在中山大学工作的庄泽宣，写序进行推介。著名教育心理学家吴增芥在《中华教育界》1934年第9期著文，专门介绍了全书。杜威对他推行的进步主义教育运动，也是推崇备至。[46]

美国进步主义教育协会又译为美国新教育联合会，该协会成立的目的，在于协调各私立学校领导人，以共同进行教育改革。杜威对这个组织的影响很大。斯坦伍德·科布说，因为杜威的极大贡献，"故现在被称之为新教育之父"。杜威对新教育的贡献表现在两方面：活动的课程为最主要的；重视知识与经验的价值。[47]这个组织由斯坦伍德·科布担任会长，而杜威则是名誉会长。他们之间的合作是长期的，影响也是互相的。

杜威是胡适的恩师，在《介绍我自己的思想》一文里，胡适说：

"我的思想受两个人的影响最大：一个是赫胥黎，一个是杜威先生。赫胥黎教我怎样怀疑，教我不信任一切没有充分证据的东西。杜威先生教我怎样思想，教我处处顾到当前的问题，教我把一切学说理想都看作待证的假设，教我处处顾到思想的结果。这两个人使我明了科学方法的性质与功用。"[48]

这样，在胡适的思想里，由于把杜威的影响放在重要的位置，很自然的，斯坦伍德·科布的影响也是不可等闲视之的。这样看来，胡适的一些思想就可能受到巴哈伊的影响。胡适自己说：根据于生物学及社会

---

[44] 王凌皓主编：《中外教育史》，东北师范大学出版社2002年版，第352页。
[45] [美]安娜玛丽·杭诺尔德编：《完美的典范——阿博都—巴哈生活写照》，新纪元国际出版社2009年版，第81页。
[46] 王英：《美国教育》，吉林教育出版社2000年版，第89页。
[47] [美]柯布：《新教育的原则及实际》，第11页。
[48] 《胡适全集》第4卷，安徽教育出版社2003年版，第658页。

学的知识，叫人知道个人——"小我"——是要死灭的，而人类——"大我"——是不死的，不朽的；叫人知道"为全种万世而生活"就是宗教，就是最高的宗教；而那些替个人谋死后的天堂净土的宗教乃是自私自利的宗教。[49] 这种思想与巴哈伊教是很相近的，从积极服务社会、建设新文明的角度讲，是一致的。

---

[49]《胡适全集》第4卷，664页。

胡适在美国接受的新事物

最早发现胡适的新文化思想是受美国新思潮影响的人是胡适早年的朋友和后来的诤友梅光迪。

据胡适1916年7月13日的日记：

> 再过绮色佳时，觐庄（梅光迪）亦在，遂谈及"造新文学"事。觐庄大攻我"活文学"之说。细析其议论，乃全无真知灼见，似仍是前此少年使气之梅觐庄耳。
>
> 觐庄治文学有一大病：则喜读文学批评家之言，而未能多读所批评之文学家原著是也。此如道听途说，拾人牙慧，终无大成矣。此次与觐庄谈，即以直告之，甚望其能改也。
>
> 吾以为文学在今日不当为少数文人之私产，而当以能普及最大多数之国人为一大能事。吾又以为文学不当与人事全无关系。凡世界有永久价值之文学，皆尝有大影响于世道人心者也。此说宜从其极广义言之，如《水浒》，如《儒林外史》，如李白、杜甫、白居易，如今之易卜生（Ibsen）、萧伯纳（Shaw）、梅脱林（Maeterlinck），皆吾所谓"有功世道人心"之文学也。若从其狭义言之，则

语必称孔、孟，人必学忠臣孝子，此乃高头讲章之流，文学云乎哉？

觐庄大攻此说，以为Utilitarian（功利主义），又以为偷得Tolstoian（托尔斯泰）之绪余；以为此等19世纪之旧说，久为今人所弃置。

余闻之大笑不已。夫吾之论中国文学，全从中国一方面着想，初不管欧西批评家发何议论。吾言而是也，其为Utilitarian，其为Tolstoian，又何损其为是。吾言而非也，但当攻其所以非之处，不必问其为Utilitarian，抑为Tolstoian也。

1916年7月22日：

答梅觐庄——白话诗

（一）

"人闲天又凉"，老梅上战场。

拍桌骂胡适，"说话太荒唐！

说什么'中国要有活文学！'

说什么'须用白话做文章！'

文字岂有死活!白话俗不可当！（原书中语。）

把《水浒》来比《史记》，

好似麻雀来比凤凰。

说'二十世纪的活字胜于三千年的死字'，

若非瞎了眼睛，

定是丧心病狂！"

（二）

老梅牢骚发了，老胡呵呵大笑。

"且请平心静气，这是什么论调！

文字没有古今，却有死活可道。

古人叫做'欲'，今人叫做'要'。

古人叫做'至'（古音如'垤'），今人叫做'到'。

古人叫做'溺'，今人叫做'尿'。

……………

据杜春和、耿来金整理《有关胡适提倡新文学的几则史料》，载《新文学史料》1991年第4期《梅光迪致胡适函》（1916年7月24日）说：

夫此种现状固不仅在美术界，欧美近百年来，食卢梭与Romantic Movement（浪漫主义运动）之报，个人主义已趋极端，其流弊乃众流争长，毫无真伪美恶之别。而一般凡民尤任情使性，无省克与内修之功以为之防范，其势如失舵之舟，无登彼岸之望。故宗教界有所谓Billy Sunday, Baháism, Shakerism, Christian Science, Free Thought, Church of Social Revolution, etc（弟兄们星期日，巴哈派（泛神教派，又译作巴哈主义），震荡教派，基督科学派，自由思想社会革命教派，等等）；人生哲学界有Philosophy of force, Intuitionism, Humanitarianism, new morality, woman Suffrage（力的哲学，直觉主义，人道主义，新道德，妇女参政权）及各种之社会主义、各种之"乌托邦"；而经济、政治、法律各界之分派，亦不胜数焉。其结果也真伪无分，美恶相淆，入主出奴，互相毁诋，而于是怨气之积，恶感之结，一旦横决，乃成战争，而人道更苦矣。其所谓"新潮流"、"新潮流"者，乃人间之最不祥物耳，有何革新之可言。（今之欧战，其大因故在各国思想界之冲突，加以经济之学兴，人权之说倡，以人生幸福只在外张而不在内修，而弱肉强食之说乘之，而might makes right乃为人生秘诀矣。）盖世界一切事未有行之过度而无流弊者。吾国数千年来，及欧洲之中世纪乃泥古太过,其流弊至于社会枯槁、文化消颓。法国革命及Romantic Movement(浪漫主义运动)以来,欧洲人可谓恢复其自由矣。讵料脱出樊笼,不受训练陶养之赐,而野性复萌,率兽相食焉。由此可见,凡事须归"中庸"之道,为古人奴婢者固非,为自由之奴婢者亦非也。惟有于两者之中取得其平,则文化始有进步之望耳。

胡适对梅光迪的厚诬新潮流,在1916年7月29日的复信中进行了反驳[1]:

> (七月三十日补记) 前作答觐庄之白话诗,竟闯下了一场大祸,开下了一场战争。觐庄来信:(二十四日)
>
> 读大作如儿时听"莲花落",真所谓革尽古今中外诗人之命者!足下诚豪健哉!盖今之西洋诗界,若足下之张革命旗者,亦数见不鲜……大约皆足下"俗话诗"之流亚,皆喜以前无古人,后无来者自豪,皆喜诡立名字,号召徒众,以眩骇世人之耳目,而己则从中得名士头衔以去焉。又曰:文章体裁不同,小说词曲固可用白话,诗文则不可。今之欧美,狂澜横流,所谓"新潮流""新潮流"者,耳已闻之熟矣。有心人须立定脚跟,勿为所摇。诚望足下勿剽窃此种不值钱之新潮流以哄国人也。又曰:其所谓"新潮流""新潮流"者,乃人间之最不祥物耳,有何革新之可言!觐庄历举其所谓新潮流者如下:文学: Futurism, Imagism, Free Verse 美术: Symbolism, Cubism, Impressionism 宗教: Baháism, Christian Science, Shakerism, Free Thought, Church of Social Revolution, Billy Sunday。

胡适认为,白话之能不能作诗,此一问题,全待吾辈解决。解决之法,不在乞怜古人,谓古之所无今必不可有,而在吾辈实地试验。一

---

[1] 《胡适留学日记》下卷,安徽教育出版社2006年版,第264页。

次"完全失败",何妨再来？若一次失败,便"期期以为不可",此岂"科学的精神"所许乎？[2]

（胡适致）信与朱经农,解释新文学说：

> 新文学之要点,约有八事：
> (1) 不用典。
> (2) 不用陈套语。
> (3) 不讲对仗。
> (4) 不避俗字俗语（不嫌以白话作诗词）。
> (5) 须讲求文法。——以上为形式的方面。
> (6) 不作无病之呻吟。
> (7) 不摹仿古人。
> (8) 须言之有物。——以上为精神（内容）的方面。
>
> 能有这八事的五六,便与"死文学"不同,正不必全用白话。白话乃是我一人所要办的实地试验。倘有愿从我的,无不欢迎,却不必强拉人到我的实验室中来,他人也不必定要捣毁我的实验室。

胡适寄陈独秀书说：

> ……足下论文之言曰："吾国文艺犹在古典主义（Classicism）、理想主义（Romanticism）时代,今后当趋向写实主义（Realism）。"此言是也。然贵报第三号（《青年杂志》）载谢无量君长律一首,附有记者案语,推为"希世之音"。[3]
>
> 1916年9月3日

---
[2] 《胡适全集》第23卷,安徽教育出版社2003年版,第105页。
[3] 沈卫威编：《胡适日记》,山西教育出版社1998年版,第66页。

《尝试歌》有序说：

陆放翁有诗云：

能仁院前有石像丈余，盖作大像时样也：

江阁欲开千尺像，云龛先定此规模。

斜阳徙倚空长叹，尝试成功自古无。

此与吾主张之实地试验主义正相反背，不可不一论之。即以此石像而论，像之如何虽不可知，然其为千尺大像之样，即是实地试验之一种。倘因此"尝试"而大像竟成，则此石像未为无功也；倘因此"尝试"而知大像之不可成，则此石像亦未为无功也。"尝试"之成功与否，不在此一"尝试"，而在所为尝试之事。"尝试"而失败者，固往往有之。然天下何曾有不尝试而成功者乎？

韩非之言曰："人皆寐则盲者不知，皆嘿则喑者不知。觉而使之视，问而使之对，则喑者盲者穷矣。"此无他，尝试与不尝试之别而已矣。诗人如陆放翁之流，日日高谈"会与君王扫燕赵"，夜夜"梦中夺得松亭关"。究竟其能见诸实事否，若无"尝试"，终不可知，徒令彼辈安享忧国忠君之大名耳。

吾以是故，作《尝试歌》。

"尝试成功自古无"，放翁这话未必是。我今为下一转语："自古成功在尝试"！请看药圣尝百草，尝了一味又一味。又如名医试灵药，何嫌"六百零六"次？（"六百零六"，花柳病药名。以造此药者经六百零六次试验，始敢行之于世，故名：）莫想小试便成功，天下无此容易事！有时试到千百回，始知前功尽抛弃。即使如此已无愧，即此失败便足记。告人"此路不通行"，可使脚力莫枉费。我生求师二十年，今得"尝试"两个字。作诗做事要如此，虽未能到颇有志。作《尝试歌》颂吾师：愿吾师寿千万岁！[4]

---

[4] 沈卫威编：《胡适日记》，第71～72页。

我们知道，19世纪70年代前后，巴哈伊教的先知巴哈欧拉提出"地球乃一国，人类皆其民"的地球村思想，全球化成为一种世界范围的共识。作为响应，19世纪末20世纪初在美国成立了世界大同会（Cosmopolitan Club）。1910年胡适在康奈尔大学留学期间，除读书外，经常参加一些课外活动，撰文演讲。其时美国的很多大学也设有世界大同会，康大的校长，便是一位大同主义者。1912年底，胡适代表康大在世界大同总会的年会中演说，指出世界主义乃是爱国主义与人道主义的结合，1913年他当选为康大世界大同会会长。

现在出版的《胡适日记全集》一套10册，400多万字，虽然叫全集，但是其实并不全，他自己丢失了一部分。据《舍我其谁：胡适》第一部《璞玉成璧》的作者江勇振说，胡适1910年8月以后的日记，可惜遗失了。胡适1936年7月在赴美的邮轮上为他的《留学日记》所写的序里，说他1910年8月以后有日记，但遗失了。日记遗失当然是可能的，特别是胡适一生常常有让朋友借阅他的日记的习惯。最可惜的所在，是因为这可以说是胡适一生中最重要的一个里程碑：从第一次搭乘豪华邮轮出国，到抵达美国，以及在美国开始读大学的经验。目前所存的胡适《留学日记》，是从1911年1月30日开始的，当天是他第一学期期末考的第一天。换句话说，我们完全不知道胡适第一个学期是怎么过的。我们如果想要重建胡适在康奈尔大学，特别是他第一学期的学生生活，就只好根据康奈尔大学的出版物，特别是《康奈尔太阳日报》（The Cornell Daily Sun），这是康奈尔的学生报，是美国大学学生报里发行最久的报纸，以及《康奈尔校友通讯》（Cornell Alumni News），再佐以家信以及《留学日记》里一些零星的记载。

而胡适和巴哈伊信仰者的接触，或许就记载在这些丢失的日记之中，也未可知。

就是这样，我们还是可以从胡适和其他人的言论中，找到他与巴哈伊联系的蛛丝马迹。

胡适的《英雄》，是翻译英国诗人菲茨杰拉德所译波斯诗人欧麦尔·海亚姆（Omar Khyyam,1048~1131）的《鲁拜集》（Rubaiyat）第一百零八首。"Omar Khayyam"，一般翻译为欧麦尔·海亚姆，也译为峨默，伊朗著名的诗人、天文学家和数学家。其四行诗《鲁拜集》在伊朗几乎人人会唱。其名句：来如流水逝如风，不知何所来何所终。

而胡适自认为的新诗代表作，也是一篇译诗，来自美国的女诗人莎拉·提丝黛尔。她出生于密苏里州的圣路易斯，在家中及私立学校接受教育。在其第一本书《给杜斯的十四行诗及其它》（1907年）出版之前，她曾到欧洲及近东旅行，是否接受巴哈伊教我们无法确认，但是受到欧麦尔·海亚姆的四行诗的影响乃是可信的。值得注意的是，不仅提倡新文化的胡适喜欢莎拉·提丝黛尔，而且守旧的吴宓，也喜欢她。1933年1月29日，美国女诗人莎拉·提丝黛尔（1844-1933）逝世。3月26日，吴宓让自己的学生季羡林作纪念文章。当日季羡林到图书馆借到两本美国自由派评论周刊《新共和》，27日，他从该周刊的《在世作者》上找到此信息，并摘译了有关提丝黛尔的生平事迹，28日下午趁没有课，完成纪念文章的写作。季羡林将美国女诗人的名字翻译为"缇丝德尔"。其译作文章《美国女诗人缇丝德尔逝世》发表在1933年7月24日的《大公报·文学副刊》上，未署名。

季羡林1933年3月26日的日记云：

吴宓叫做 Sara Teasdale 萨拉·蒂斯代尔（1884～1933，美国诗人）纪念文，到图书馆找参考书，借了两本 New Republic《新共和》。美国自由派评论周刊，创刊于1914年。

27日

过午把Living Authors《在世作者》。可能是《新共和》的一个栏目。上关于Sara Teasdale的一条译抄下来。

28日

今天整过午没课。费了一过午的工夫，把Sara Teasdale纪念文写起来。

胡适是中国新诗运动的总设计师和开拓者。其著名代表作译诗就是莎拉·提丝黛尔的《关不住了》。这首诗诠释了中国早期新诗现代性的发生与诗歌翻译密切相关。中国早期新诗最初的现代性实质上是翻译引进的现代性。它集中体现在译诗的语言表达、诗体形式和思想内容上。没有译诗,中国新诗的现代性就会因为失去影响源而难以发生。

被胡适目为白话新诗标志的《关不住了!》如下:

> 我说"我把心收起,
> 像人家把门关了,
> 叫爱情生生的饿死,
> 也许不再和我为难了。"
>
> 但是五月的湿风,
> 时时从屋顶上吹来;
> 还有那街心的琴调
> 一阵阵的飞来。
> 一屋里都是太阳光,
> 这时候爱情有点醉了,
> 他说,"我是关不住的,
> 我要把你的心打碎了!"
> 八年二月二十六日译美国
> Sara Teasdale 的 over the Roofs (《屋顶之上》)[5]

胡适说,这首汉译英诗,是"我的'新诗'成立的纪元",其特异之处,是与"诗体大解放"相适应的音节——"不是五七言旧诗的音节,也不是词

---
[5] 胡适:《尝试集》,人民文学出版社2000年版,第42页。

的音节，也不是曲的音节，乃是'白话诗'的音节"。胡适认为这首诗里的音节，"能充分表现诗意的自然曲折，自然轻重，自然高下的，便是诗的最好的音节"。[6]

在美国留学初期，胡适曾作为康奈尔世界大同会会长，出席了1912年12月在费城召开的世界大同会，在会上讲"世界观念"的问题。世界大同会总书记路易•陆克纳（Louis P. Lochner），在麦迪森，和平运动人士如乔治•讷司密斯（George Nasmyth）、约翰•墨茨（John Metz），都是胡适的好友，而康奈尔分会的"会训"是："万国之上犹有人类在！"（Above all Nations is Humanity）这和巴哈欧拉的"地球乃一国，人类皆其民"何等相近！这句话原为康大史学名教授葛得宏•斯密斯（Goldwin Smith）的名言。

其时，康奈尔大学校长休曼（J. G. Schurman），也醉心于世界大同主义。美国各大学又均设有世界大同会，且结合为世界大同总会（Association of Cosmopolitan Clubs），每年举行年会一次。胡适受家庭与国内教育影响，尤其是巴哈伊教的影响，与此大同观念颇多相合，故加入是会。民国元年（1912）十二月，此一年会于费城举行。胡被推为康奈尔大学二代表之一前往参加（梅贻琦及张彭春亦出席此会）。他曾演说其世界观："世界主义者，爱国主义而柔之以人道主义者也。"其后发现持论与英国诗人邓耐生（Tennyson）所谓"彼爱其祖国最挚者乃真世界公民也"不约而同。民国二年（1913）五月，胡适当选为康奈尔世界大同会会长。

胡适积极参与和平主义者组织的各类活动，结识了一批和平主义者。胡适1912年10月1日的留学日记中写道："世界大同会总书记Louis P. Lochner君自麦狄森来。此君以会事故，与余早已有书往来。今始于此相见，执手言欢，快慰之至。"[7]所谓"执手言欢，快慰之至"不仅是谒见仰慕已久的"总书记"所产生的兴奋，而且更多的还是亲聆其关于世界和平与大同的高论所带来的快慰，可谓对床夜雨。据此推定，此前胡适作为康奈尔大学"世界大同会"（Cosmopolitan Club）的会长已经信奉大同主义，并与全美各大学的分会有了广泛的联系，大同主义成为胡适

---

[6] 夏晓虹选编：《胡适论文学》，安徽教育出版社2006年版，第151页。
[7] 《胡适日记全编》（一）（1910～1914），第159页。

最先认同的国际政治思想。在此后的四五年里，胡适或撰写论文"大同主义"（cosmopolitanism），胡适有时又译为"世界主义"，实乃同一英文语汇的不同表达。为顾及引文和行文方便，"世界主义"和"大同主义"将会在文中交替使用，不再另做说明。从胡适日记的记载看，胡适对"大同主义"阐释的演说词有《大同主义》、《大同主义之沿革》和《大同主义之我见》、《世界和平及种族界限》等。

胡适在日记里面把Baháism放在宗教方面影响自己的前一二位[8]，把Baháism翻译为"波斯泛神教"，其余的还有基督教科学派、震教派、自由思想派、社会革命教会、星期天铁罐派。[9]

章清先生在《胡适评传》中说过，胡适先生是传统文化和现代文明孕育出的"中国新文化运动"的弄潮儿。[10] 而巴哈伊教可能是胡适新思想形成的催化剂之一。

胡适在美国访问过摩门教，接触过犹太教。而胡适自己的宗教很接近于巴哈伊信仰。他指出：

> 中国儒家的宗教……"神道设教"，见神见鬼的手段。这种宗教的手段在今天是不中用了。还有那种"默示"的宗教，神权的宗教，崇拜偶像的宗教，在我们心里也不能发生效力，不能裁制我们一生的行为。以我个人看来，这种"社会的不朽"观念很可以做我的宗教了。
>
> 我的宗教的教旨是：我这个现在的"小我"，对于那永远不朽的"大我"的无穷过去，须负重大的责任；对于那永远不朽的"大我"的无穷未来，也须负重大的责任。我须要时时想着，我应该如何努力利用现在的"小我"，方才可以不辜负了那"大我"的无穷过去，方才可以不遗害那"大我"的无穷未来？[11]

---

[8] 参见1916年7月29日胡适写给梅光迪的复信。1916年7月24日，梅光迪致胡适的信中，将巴哈派放在宗教新思潮的第二位。
[9] 《胡适日记全编》（一）（1910～1914），第264页。
[10] 章清：《胡适评传》，百花文艺出版社1992年版，第51页。
[11] 《不朽——我的宗教》，沈卫威选编：《胡适论人生》，安徽教育出版社2010年版，第33～34页。

胡适后来在担任驻美大使期间,还和早年就对巴哈伊教非常了解、后来则皈依了巴哈伊教的女性颜雅清有过接触。1938年1月5日,胡适"到Chow Mein lnn [酬美饭店,在纽约百老汇街1761号,炒面餐厅。——著者注]吃饭,与王大使(王正廷)于(俊吉)总领事同饭。在饭馆中见着Miss. Hilda Yen [希尔达•严(颜之误)小姐],她现在此学习飞行,每天上天飞,精神可佩。"[12]

(1939.7.25)早十点离Washington [华盛顿],二点零五分到纽约,换车到Greenwich, Conn. [康涅狄格州格林威治]。Dr. GeorgeE. Vincent [乔治•E.文森特博士]来接到他家。颜雅清女士(Hilda Yen)也来了,Dr. Walter Judd [沃尔特•贾德博士]也来了。Vincent [文森特]为American Bureau for Medical Aidin China [美国医药助华处]请客,我与Dr. Judd [贾德博士]有演说。到者九十人。[13]

(1940.1.31)陈炳章和他的新婚夫人从Havana [哈瓦那]回来,住在馆里。炳章先与颜雅清(Hilda,笔者按:希尔达:源自日耳曼语,含义"战争,战斗")结婚,生一子一女;颜雅清是一个无知识的女人,只知道虚荣,故与他离婚。他上月廿四在New York [纽约]结婚,新人是梁孟亭的侄女,比Hilda 颜雅清]美,似乎比她更聪明。[14]

---

[12]《胡适全集》第33卷,安徽教育出版社2003年版,第4页。
[13]《胡适全集》第33卷,第252页。
[14]《胡适全集》第33卷,第340页。

胡适如何成为新文化运动的领军

本来是新文化运动的第一旗手胡适，过去却长期受到不公正的批判和忽视，如今终于被"重新发现"和尊崇。

早年在北京大学图书馆工作的毛泽东，自称是胡适的学生，旁听过胡适的课，对胡适是非常崇拜的。1930年代长征胜利后，毛泽东接受美国记者斯诺的采访，也坚持这种态度，说五四前后"我非常钦佩胡适和陈独秀的文章，他们代替了已经被我抛弃的梁启超和康有为，一时成为我们的楷模"。[1]

这段胡毛交往的历史，开始于胡适1917年7月自美国返回，9月应蔡元培之聘到北京大学任教。1918年8月19日，毛泽东应杨昌济之召到北京，入北大图书馆工作，同时旁听胡适的课，遂成为胡适的学生。1919年3月12日，毛泽东和赴法留学生离开北京，14日到达上海。送走留法学生后，毛泽东于4月6日回到湖南长沙。1920年4月11日毛泽东再次离北京去上海，然后回湖南，毛泽东寄给胡适一张名信片：

---

[1] [美]埃德加·斯诺：《西行漫记》，董乐山译，生活读书新知三联书店1979年版，第125页。

> 适之先生:
>
> 在沪上一信达到了么?
>
> 我前天返湘(湘自张去,新气象一新,教育界颇有蓬勃之象)。将来湖南有多点须借重先生之处,俟时机到,当详细奉商,暂不多赘。
>
> 此颂
>
> 教安
>
> 毛泽东寄于长沙储英源楚怡小学校[2]

当年,毛泽东表示要"借重"胡适之处很多。而解放后,毛泽东对胡适的态度发生逆转,当然是出于巩固共产党的领导地位的考虑。经验老道的毛泽东毕竟对胡适的地位有所预感,认定其在新文化运动的旗手地位是无法否认的,到全国性地批判胡适之后,1956年2月毛泽东在怀仁堂宴请知识分子代表时说:"胡适这个人也真顽固,我们托人带信给他,劝他回来,也不知他到底贪恋什么。批判嘛,总没有什么好话。说实话,新文化运动他是有功劳的,不能一笔抹杀,应当实事求是。到了21世纪,那时候替他恢复名誉吧。"[3]

胡适作为新文化运动旗手的名誉20世纪末就开始恢复了,而最早的第一篇像样的文章,就是季羡林先生1987年11月25日写的《为胡适说几句话》。不过季羡林后来后悔,觉得当时在题目上连"先生"都没敢写上,是对胡适先生的大不敬。设在红楼、2002年5月正式对外开放的北京新文化运动纪念馆,也把胡适的照片放在了突出位置。恢复名誉的工作真正名副其实了。

胡适对新文化运动的巨大贡献在于,是他首倡白话文,打破了三千年来传统士大夫和民众之间的界线和隔阂,把古典文化和通俗文化沟通起来,成为中国文化现代化的开拓者;是他掀起了一场全国性的文学革命,提出"文学革命"的口号;是他开启了"新思潮",其意义归纳为四

---

[2] 耿云志主编:《胡适遗稿及秘藏书信》(第24册),黄山书社1994年版,第626~627页。
[3] 杨沐喜:《胡适的海外生涯》,安徽人民出版社2000年版,第101页。

重目的：研究问题，输入学理，整理国故，再造文明。值得注意的是，胡适的新文化运动，不是对传统文化的简单否定，而是包含了整理国故的内容，这是对传统文化继承和扬弃的态度。

在提倡白话文的初期，学者们遇到的一个困惑，是"他"这个字在开始时作为第三人称代词，通用于男性、女性及一切事物。有些文学作品则用"伊"专指女性，这种混乱往往使读者难以分辨，于是刘半农先生创造了"她"字，指代第三人称女性，而用"它"代称事物，1920年9月，刘半农在伦敦创作《教我如何不想她》，首次创造"她"，并第一次将"她"入诗。虽遭到守旧者的攻击，但很快流传开来，广泛使用。这在当时的文化界，成为轰动一时的新闻。经由赵元任先生谱曲之后，随着《教我如何不想她》一歌的走红，"她"字终于得到认可，进入了我们日常使用的各种中文字词典。仅这一个字，就让我们不得不感谢胡适所提倡的白话文运动。

从1916年4月，胡适开始思考文学革命的问题，在连续几次的日记之中，谈到文学界存在的问题。

4月17日，胡适反思我国文学大病有三：

> 一曰无病而呻。哀声乃亡国之征，况无所为而哀耶？二曰摹仿古人。文求似左、史，诗求似李、杜，词求似苏、辛。不知古人作古，吾辈正须求新。即论毕肖古人，亦何异行死赝鼎？"诸生不师今而师古"，此李斯所以焚书坑儒也。三曰言之无物。谀墓之文，赠送之诗，固无论矣。即其说理之文，上自韩退之《原道》，下至曾涤生《厩才》，上下千年，求一墨翟、庄周乃绝不可得。诗人则自唐以来，求如老杜《石壕吏》诸作，及白香山《新乐府》、《秦中吟》诸篇，亦寥寥如凤毛麟角、晚近惟黄公度可称健者。余人如陈三立、郑孝胥，皆言之无物者也，文胜之弊，至于此极，文学之衰，此其总因矣。

> 顷所作词，专攻此三弊。岂徒责人，亦以自誓耳。

1916年4月30日

古代文明所以有毁灭之虞者，以其影响所被之疆域甚小，故一遭摧折，即绝灭无存。其有存者，幸也。今日之文明，则除地球毁灭外更无此虞矣。

适每谓吾国"活文学"仅有宋人语录，元人杂剧院本，章回小说，及元以来之剧本，小说而已。吾辈有志文学者，当从此处下手。

1916年7月6日

在绮色佳时与叔永杏佛擘黄（唐钺字）三君谈文学改良之法，余力主张以白话作文作诗作戏曲小说。余说之大略如下：

（一）今日之文言乃是一种半死的文字，因不能使人听得懂之故。

（二）今日之白话是一种活的语言。

（三）白话并不鄙俗，俗儒乃谓之俗耳。

（四）白话不但不鄙俗，而且甚优美适用。凡言语要以达意为主，其不能达意者，则为不美。如：

"赵老头回过身来，爬在街上，扑通扑通的磕了三个头。"

若译作文言，更有何趣味？又如"嫖"字，岂非好字？何必故意转许多弯子而说"狎妓"、"宿娼"、"纵情青楼"。今如对众言"嫖"，无不懂者。若言"狎妓"，则懂者百之一二耳。如此而有舍"嫖"而择"狎妓"者，以为"嫖"乃俗字，而"狎妓"为典雅也，岂非顽固之尤哉？"（又如"懂"字，亦一例也。）

（五）凡文言之所长，白话皆有之。而白话之所长，则文言未必能及之。（详见下文［六）（4）］

（六）白话并非文言之退化，乃是文言之进化。其进化之迹，略如下述：

（1）从单音的进而为复音的。

（例）辞 推 推辞

法 律 法律

刑 罚 刑罚

救 药 救药

乐 音 音乐

（2）从不自然的文法进而为自然的文法。

（例）吾未之见。我没有看见他。己所不欲。自己不要的。

（3）文法由繁趋简。

（例）天所杀——所，杀人者——者，天之杀人——之，此三字皆可以"的"字代之。

（4）文言之所无，白话皆有以补充。

（甲）表词的形容词：

这书是我的儿子的。

这计策是消极的，而非积极的。

文言以"者也"表之，然实不合文法。

（乙）副词的长顿：

他又在那里鬼鬼祟祟的干他的勾当了。

他把这事一五一十的告诉了我。

此例甚多，不可枚举。

（七）白话可产生第一流文学。

（1）白话的诗词，

（2）白话的语录，

（3）白话的小说，

（4）白话的戏剧。

此四者皆有史事可证。

　　（八）白话的文学为中国千年来仅有之文学（小说、戏曲，尤足比世界第一流文学）。其非白话的文学，如古文，如八股，如札记小说，皆不足与于第一流文学之列。

　　（九）文言的文字可读而听不懂；白话的文字既可读，又听得懂。凡演说，讲学，笔记，文言决不能应用，今日所需，乃是一种可读、可听、可歌、可讲、可记的言语。要读书不须口译。演说不须笔译；要施诸讲坛舞台而皆可，诵之村妪妇孺而皆懂。不如此者，非活的言语也，决不能成为吾国之国语也，决不能产生第一流的文学也。

这是在日记里提倡的白话文主张，而胡适公开在国内的刊物上发表自己的观点，则是1916年秋天。1915年9月，陈独秀败走北京之后，在上海创办《青年杂志》，第二年改名《新青年》，提倡新文化运动，时在美国留学的胡适看到这个信息，在给自己的朋友梅光迪写的《送梅觐庄往哈佛大学》一诗中，最早提出"文学革命"的口号，予以呼应。1916年秋天，胡适在给陈独秀的信中，正式提出"文学革命"的口号，及具体实行的八项主张：一须言之有物，二不模仿古人，三需讲求文法，四不作无病之呻吟，五务去烂调套语，六不用典，七不讲对仗，八不避俗字俗语。陈独秀在《新青年》上发表了这封信，盛赞胡适的主张是"今日中国文界之雷音"，希望他将此八项主张"衍为一文"。1917年1月《新青年》第2卷第5号就发表了胡适为此而写的《文学改良刍议》，指出：

　　今之谈文学改良者众矣，记者末学不文，何足以言此？然年来颇于此事再四研思，辅以友朋辩论，其结果所得，颇不无讨论之价值。因综括所怀见解，列为八事，分别言之，以与当世之留意文学改良者一研究之。

　　吾以为今日而言文学改良，须从八事入手。八事者何？

>一曰，须言之有物。
>
>二曰，不摹仿古人。
>
>三曰，须讲求文法。
>
>四曰，不作无病之呻吟。
>
>五曰，务去烂调套语。
>
>六曰，不用典。
>
>七曰，不讲对仗。
>
>八曰，不避俗字俗语。[4]

从此胡适鼓吹文学革命，提倡白话文学的正式宣言，在当时的中国全社会引起了极大轰动，产生了振聋发聩的巨大作用。陈独秀很快发表了《文学革命论》，果敢更坚决地说，中国"文学革命之气运，酝酿已非一日，其首举义旗之急先锋，则为吾友胡适。余甘冒全国学究之敌，高张'文学革命军'大旗，以为吾友之声援。旗上大书特书吾革命军三大主义。曰推倒雕琢的阿谀的贵族文学，建设平易的抒情的国民文学。曰推倒陈腐的铺张的古典文学，建设新鲜的立诚的写实文学。曰推倒迂晦的艰涩的山林文学，建设明了的通俗的社会文学。"表示为文学革命的胜利进行，陈独秀"愿拖四十二生的大炮，为之前驱"。[5]

胡适称新文化运动为"中国的文艺复兴"，在《新青年》1919年12月1日第7卷第1号上发表《新思潮的意义》，将"新思潮"的意义归纳为四重目的：研究问题，输入学理，整理国故，再造文明。新思潮要求采取一种新态度，就是"评判的态度"，凡事要重新分别一个好与不好，实际上就是一种科学分析的态度。胡适说：

>评判的态度，简单说来，只是凡事要重新分别一个好与不好；仔细说来，评判的态度含有几种特别的要求：

---

[4] 《新青年》1917年1月1日第2卷第5号。
[5] 《文学革命论》，《新青年》1917年2月第2卷第6号。

（1）对于习俗相传下来的制度风俗，要问："这种制度现在还有存在的价值吗？"

　　（2）对于古代遗传下来的圣贤教训，要问："这句话在今日还是不错吗？"

　　（3）对于社会上糊涂公认的行为与信仰，都要问："大家公认的，就不会错了吗？人家这样做，我也该这样做吗？难道没有别样做法比这个更好，更有理，更有益的吗？"

　　……

　　我以为现在所谓"新思潮"，无论怎样不一致，根本上同有这公共的一点：——评判的态度。孔教的讨论只是要重新估定孔教的价值。文学的评论只是要重新估定旧文学的价值。贞操的讨论只是要重新估定贞操的道德在现代社会的价值。旧戏的评论只是要重新估定旧戏在今日文学上的价值。礼教的讨论只是要重新估定古代的纲常礼教在今日还有什么价值。女子的问题只是要重新估定女子在社会上的价值。政府与无政府的讨论，财产私有与公有的讨论，也只是要重新估定政府与财产等等制度在今日社会的价值。……我也不必往下数了，这些例很够证明这种评判的态度是新思潮运动的共同精神。

从此，胡适就开始了他的新文化运动旗手的使命。而胡适之所以成为新文化运动的旗手，就是得益于在美国接受的新思潮，受到这种新思潮的影响。

在新文化运动反对派的队伍里，胡适的朋友梅光迪是一个。梅光迪加入的学衡派，其代表人物之一是吴宓。吴宓在1919年12月14日的《日记》中这样说："……今之盛倡白话文学者，其流毒之大，而其实不值通人之一笑。明眼人一见，即知其谬鄙，无待喋喋辞辟，而中国举世风靡。哀哉，吾民之无学也！"这给坚守传统文化阵地，主张用文言文写作的陈寅恪很大影响，1920年2月12日，吴宓日记记载"……陈君寅恪来，谈中国白话文学及全国教育会等事。倒行逆施，贻毒召乱，益用惊心。呜呼，安一生常住病院，洞天福地，不闻世事，不亦幸哉。"但当陈寅恪1921年离开美国赴德国柏林大学研究院深造，他又听到了与吴宓对胡适截然不同的评价。陈寅恪在柏林不到两年的时间里，傅斯年、毛子水、赵元任和杨步伟夫妇也先后来这里留学。傅斯年和毛子水是胡适的得意门生，赵元任是胡适早年同船去美国留学的同学，情同手足。他们四人都支持胡适的新文学主张，也是新文化运动的力行者与开拓者。陈寅恪在好友的无形影响中，对胡适的新文化思想有了全面认识。但是他自己的立场还是坚持文章要用文言文写，一生不变。

陈寅恪回国后，每逢星期六的上午，不分寒暑都进城到东郊民巷找一位叫钢和泰的外籍教师，学习梵文。傅斯年1934年8月5日与俞大彩结婚，俞是陈寅恪表妹，又是表弟兼妹婿俞大维的妹妹。而胡适也与这位钢先生有着深厚的友谊。相同交往的人拉近了两人的距离。

陈寅恪的父亲陈三立也是代表传统文化的守卫者，代表中国旧文学，是晚清民初的著名诗人，"同光体"诗派的代表人物，与陈宝琛、何振岱等人组成了不同风格的"同光体"队伍。其诗作得到梁启超的赞语："其诗不用新异之语，而境界自与时流异，醲深俊微，吾谓于唐宋人集中，罕见伦比。"[6] 但是胡适却不以为然，对陈三立持一种批评态度，在1916年4月17日的日记中，认为诗作"如陈三立、郑孝胥，皆言之无物者也，文胜之弊，至于此极，文学之衰，此其总因矣。"据郑逸梅《艺林散记》记载，1936年英国伦敦举行国际笔会，邀请中国代表参加。当时派了两位代表：一是胡适，代表新文学；一是陈三立，代表旧文学。但当时陈三立已经84岁高龄，最终没有成行。可见胡适和陈寅恪父子的学术分野是非常明显的。

1929年5月20日，胡适致信陈寅恪，直接批评其行文之中不注意标点的毛病："鄙意吾兄作述学考据之文，印刷时不可不加标点符号；书名、人名，引书起讫、删节之处，若加标点符号，可省读者精力不少，又可免读者误会误解之危险。此非我的偏见，实治学经济之一法，甚望采纳。"（陈寅恪保存的胡适信札，今存台湾中研院史语所）1931年5月3日在给陈寅恪的信中向他请教："你说孙行者的故事见于《大藏》，我盼望

---

[6] 梁启超：《饮冰室诗话》，人民文学出版社1959年版，第10页。

你能告诉我。"[7] 1931年8月29日胡适致信陈寅恪,在读过陈寅恪的《支愍度学说考》以后,肯定其"最大贡献,一在明叙心无义之历史,二在发现'格义'之确解,三在叙述'合本'之渊源。"同时又提出自己的看法:

> 你用比较法证明"心无"之为误读,固甚细密。但"心无"似即是"无心",正如"色无"即是"无色";在文句中可用"无心""无色",而单用作术语,则换作"色无"义"心无"义。似未必是由于误解《道行般若》。愍度既创立"合本"之法,又著《传译经录》,岂不知参校此经的各种译本?《楞严》、《净名》尚有他的参校合本,"心无"义一语若果是他的学说所自出,岂可不参校互勘,而遽依误文为说?
>
> 心无之义,当依肇论"无心于万物,万物未尝无"之说,元康谓此语是"先叙其宗",是也。《世说新语》注释此义为"种智之体,豁如太虚;虚而能知,无而能应,居宗至极,其为无乎?"此皆不否认万物之存在,但谓心虚能应物无穷而已。
>
> 攻此说者,拘守"万法皆空"之义,故否认心无论之无心而有物。肇论所谓"失在于物虚",是也。
>
> 故心无之义,可说是"格义",似不可说是误读译文而不成名词。鄙意如此,乞教正。[8]

大师们这种心平气和的讨论,没有棍子,不扣帽子,而且在生活上还互相关心,真值得我们今天学者们好好继承。

1946年4月16日,胡适在日记中写到:"百忙中请人去银行办汇票2千美金,请汉升带给寅恪。寅恪遗传甚厚(其祖父陈宝箴、父亲陈三立皆当世文化名人),读书甚细心,工力甚精,为我国史学界一大重镇。今两目都废,真是学术界一大损失。"

---

[7] 罗香林《回忆陈寅恪师》文中引此信。参见台湾地区《传记文学》1970年第17卷第4期。
[8] 《胡适全集》第24卷,安徽教育出版社2003年版,第98页。

胡适的贡献在于，他虽然提倡新文化，但是并不否定传统文化的精华，他的"整理国故"是新文化运动的一部分，是用科学方法对三千年来的传统文化进行系统的研究。他为清华学生开出《一个最低限度的国学书目》[9]，表示了他对传统文化的认真态度。他在《序言》中说：

> 这个书目是我答应清华学校胡君敦元等四个人拟的。他们都是将要往外国留学的少年。很想在短时期中得着国故学的常识。所以我拟这个书目的时候，并不为国学有根柢的人设想，只为普通青年人想得一点系统的国学知识的人设想。这是我要声明的第一点。
>
> 这虽是一个节目，却也是一个法门。这个法门可以叫做"历史的国学研究法"，这四五年来，我不知收到多少青年朋友询问"治国学有何门径"的信。我起初也学着老前辈们的派头，劝人从"小学"入手，劝人先通音韵训诂。我近来忏悔了！那种话是为专家说的，不是为初学人说的；是学者装门面的话，不是教育家引人入胜的法子。音韵训诂之学自身还不曾整理出个头绪系统来，如何可作初学人的入手工夫？十几年的经验使我不能不承认音韵训诂之学只可以作"学者"的工具，而不是"初学"的门径。老实说来，国学在今日还没有门径可说；那些国学有成绩的人大都是下死工夫笨干出来的。死工夫固是重要，但究竟不是初学的门径。对初学人说法，须先引起他的真兴趣，他然后肯下死工夫。在这个没有门径的时候，我曾想出一个下手方法来：就是用历史的线索做我们的天然系统，用这个天然继续演进的顺序做我们治国学的历程。这个书目便是依着这个观念做的。这个书目的顺序便是下手的法门。这是我要声明的第二点。
>
> 这个书目不单是为私人用的，还可以供一切中小学校图书馆及地方公共图书馆之用。所以每部书之下，如有最易得的版本，皆为注出。
>
> （一）工具之部

---

[9] 《清华周刊》1923年3月30日《书报介绍副刊》第2期，第38～47页

《书目举要》（周贞亮，李之鼎）南城宜秋馆本。这是书目的书目。

《书目答问》（张之洞）刻本甚多，近上海朝记书庄有石印"增辑本"，最易得。

《四库全书总目提要》附存目录广东图书馆刻本，又点石斋石印本最方便。

《汇刻书目》（顾修）顾氏原本已不适用，当用朱氏增订本，或上海北京书店翻印本，北京有益堂翻本最廉。

《续汇刻书目》（罗振玉）双鱼堂刻本。

《史姓韵编》（汪辉祖）刻本稍贵，石印本有两种。此为《二十四史》的人名索引，最不可少。

《中国人名大辞典》商务印书馆。

《历代名人年谱》（吴荣光）北京晋华书局新印本。

《世界大事年表》（傅运森）商务印书馆。

《历代地理韵编》，《清代舆地韵编》（李兆洛）广东图书馆本，又坊刻《李氏五种》本。

《历代纪元编》（六承如）《李氏五种》本。

《经籍纂诂》（阮元等）点石斋石印本可用。读古书者，于寻常典外，应备此书。

《经传释词》（王引之）通行本。

《佛学大辞典》（丁福保等译编）上海医学书局。

（二）思想史之部

《中国哲学史大纲》上卷（胡适）商务印书馆。

二十二子：《老子》《庄子》《管子》《列子》《墨子》《荀子》《尸子》《孙子》《孔子集语》《晏子春秋》《吕氏春秋》《贾谊新书》《春秋繁露》《扬子法言》《文子缵义》《黄

帝内经》《竹书纪年》《商君书》《韩非子》《淮南子》《文中子》《山海经》，浙江公立图书馆（即浙江书局）刻本。上海有铅印本亦尚可用。汇刻子书，以此部为最佳。

《四书》（《论语》，《大学》，《中庸》，《孟子》）最好先看白文，或用朱熹集注本。

《墨子间诂》（孙诒让）原刻本，商务印书馆影印本。

《庄子集释》（郭庆藩）原刻本，石印本。

《荀子集注》（王先谦）原刻本，石印本。

《淮南鸿烈集解》（刘文典）商务印书馆出版。

《春秋繁露义证》（苏舆）原刻本。

《周礼》通行本。

《论衡》（王充）通津草堂本（商务印书馆影印）；湖北崇文书局本。《抱朴子》（葛洪）《平津馆丛书》本最佳，亦有单行的；湖北崇文书局本。

《四十二章经》金陵刻经处本。以下略举佛教书。

《佛遗教经》同上。

《异部宗轮论述记》（窥基）江西刻经处本。

《大方广佛华严经》（东晋译本）金陵刻经处。

《妙法莲华经》（鸠摩罗什译）同上。

《船若纲要》（葛䔖）《大般若经》太繁，看此书很够了。扬州藏经院本。

《般若波罗密多心经》（玄奘译）

《金刚般若波罗密经》（鸠摩罗什译，菩提流支译，真谛译）以上两书，流通本最多。

《阿弥陀经》（鸠摩罗什译）此书译本与版本皆极多，金陵刻经处有《阿弥陀经要解》（智旭）最便。

《大方广圆觉了义经》（即《圆觉经》）（佛陀多罗译）金陵刻经处白文本最好。

《十二门论》（鸠摩罗什译）金陵刻经处本。

《中论》（同上）扬州藏经院本。

以上两种，为三论宗"三论"之二。

《三论玄义》（隋吉藏撰）金陵刻经处本。

《大乘起信论》（伪书）此虽是伪书，然影响甚大。版本甚多，金陵刻经处有沙门真界纂注本颇便用。

《大乘起信论考证》（梁启超）此书介绍日本学者考订佛书真伪的方法，甚有益。商务印书馆将出版。

《小止观》（一名《童蒙止观》，智𫖮撰）天台宗之书不易读，此书最便初学。金陵刻经处本。

《相宗八要直解》（智旭直解）金陵刻经处本。

《因明入正理论疏》（窥基直疏）金陵刻经处本。

《大慈恩寺三藏法师传》（慧立撰）玄奘为中国佛教史上第一伟大人物，此传为中国传记文学之大名著。常州天宁寺本。

《华严原人论》（宗密撰）有正书局有合解本，价最廉。

《坛经》（法海录）流通本甚多。

《古尊宿语录》此为禅宗极重要之书，坊间现尚无单行刻本。

《大藏经》缩刷本腾字四至六。

《宏明集》（梁僧祐集）此书可考见佛教在晋宋齐梁士大夫间的情形。金陵刻经处本。

《韩昌黎集》（韩愈）坊间流通本甚多。

《李文公集》（李翱）三唐人集本。

《柳河东集》（柳宗元）通行本。

《宋元学案》（黄宗羲，全祖望等）冯云濠刻本，何绍基刻本，光绪五年长沙重印本。坊间石印本不佳。

《明儒学案》（黄宗羲）莫晋刻本最佳。坊间通行有江西本，不佳。

以上两书，保存原料不少，为宋明哲学最重要又最方便之书。此下所列，乃是补充这两书之缺陷，或是提出几部不可不备的专家集子。

《直讲李先生集》（李觏）商务印书馆印本。

《王临川集》（王安石）通行本。商务印书馆影印本。

《二程全书》（程颢、程颐）六安涂氏刻本。

《朱子全书》（朱熹）六安涂氏刻本；商务印书馆影印本。

《朱子年谱》（王懋竑）广东图书馆本，湖北书局本。此书为研究朱子最不可少之书。

《陆象山全集》

《陈龙川全集》（陈亮）通行本。

《叶水心全集》（叶适）通行本。

《王文成公全书》（王守仁）浙江图书馆本。

《困知记》（罗钦顺）嘉庆四年翻明刻本。正谊堂本。

《王心斋先生全集》（王艮）近年东台袁氏编订排印本最好，上海国学保存会寄售。

《罗文恭公全集》（罗洪先）雍正间刻本，《四库全书》本与此不同。《胡子衡齐》（胡直）此书为明代哲学中一部最有条理又最有精采之书。《豫章丛书》本。

《高子遗书》（高攀龙）无锡刻本。

《学蔀通辨》（陈建）正谊堂本。

《正谊堂全书》（张伯行编）这部丛书搜集程朱一系的书最

多，欲研究"正统派"的哲学的，应备一部，全书六百七十余卷，价约三十元。初刻本已不可得，现行者为同治间初刻本。

《清代学术概论》（梁启超）商务印书馆。

《日知录》（顾炎武）用黄汝成《集释》本。通行本。

《明夷待访录》（黄宗羲）单行本。扫叶山房《梨洲遗著汇刊》本。《张子正蒙注》（王夫之）《船山遗书》本。

《思问录内外篇》（王夫之）同上。

《俟解》一卷，《噩梦》一卷（王夫之）同上。

《颜李遗书》（颜元，李塨）《畿辅丛书》本可用。北京四存学会增补全书本。

《费氏遗书》（费密）成都唐氏刻本。（北京大学出版部寄售）

《孟子字义疏证》（戴震）《戴氏遗书》本。国学保存会有铅印本，但已卖缺了。

《章氏遗书》（章学诚）浙江图书馆排印本，上海刘翰怡新刻全书本

《章实斋年谱》（胡适）商务印书馆出版。

《崔东壁遗书》（崔述）道光四年陈履和刻本；《畿辅丛书》本只有《考信录》，亦可够用了。全书现由亚东图书馆重印，不久可出版。

《汉学商兑》（方东树）此书无甚价值，但可考见当日汉宋学之争。单行本，朱氏《槐庐丛书》本。

《汉学师承记》（江藩）通行本，附《宋学师承记》。

《新学伪经考》（康有为）光绪辛卯初印本；新刻本只增一序。

《史记探原》（崔适）初刻本；北京大学出版部排印本。

《章氏丛书》（章炳麟）康宝忠等排印本；浙江图书馆刻本。

（三）文学史之部

《诗经集传》（朱熹）通行本。

《诗经通论》（姚际恒）闻商务印书馆将重印。

《诗本谊》（龚橙）浙江图书馆《半广丛书》本。

《诗经原始》（方玉润）闻商务印书馆不久将有重印本。

《诗毛氏传疏》（陈奂）《清经解续编》卷七百七十八以下。

《檀弓》《礼记》第二篇。

《春秋左氏传》通行本。

《战国策》商务印书馆有铅印补注本。

《楚辞集注》，附《辨证后语》（朱熹）通行本；扫叶山房有石印本。《全上古三代秦汉三国六朝文》（严可均编）广雅书局本。此书搜集最富，远胜于张溥的《汉魏六朝百三家集》。

《全汉三国晋南北朝诗》（丁福保编）上海医学书局出版。

《古文苑》（章樵注）江苏书局本。

《续古文苑》（孙星衍编）江苏书局本。

《文选》（萧统编）上海会文堂有石印胡刻李善注本最方便。

《文心雕龙》（刘勰）原刻本；通行本。

《乐府诗集》（郭茂倩编）湖北书局刻本。

《唐文粹》（姚铉编）江苏书局本。

《唐文粹补遗》（郭麟编）同上。

《全唐诗》（康熙朝编）扬州原刻本，广州本，石印本，五代词亦在此中。

《宋文鉴》（吕祖谦编）江苏书局本。

《南宋文范》（庄仲方编）同上。

《南宋文录》（董兆熊编）同上。

《宋诗钞》（吕留良、吴之振等编）商务印书馆本。

《宋诗钞补》（管庭芬等编）商务印书馆本。

《宋六十家词》（毛晋编）汲古阁本，广州刊本，上海博古斋石印本。

《四印斋王氏所刻宋元人词》（王鹏运编刻）原刻本，板存北京南阳山房。

《疆村所刻词》（朱祖谋编刻）原刻本。王朱两位刻的词集都很精，这是近人对于文学史料上的大贡献。

《太平乐府》（杨朝英编）（四部丛刊）本。

《阳春白雪》（杨朝英编）南陵徐氏《随庵丛书》本。

以上两种为金元人曲子的选本。

《董解元弦索西厢》（董解元）刘世珩《暖红室汇刻传奇》本。

《元曲选一百种》（臧晋叔编）商务印书馆有影印本。

《金文最》（张金吾编）江苏书局本。

《元文类》（苏天爵编）同上。

《宋元戏曲史》（王国维）商务印书馆本。

《京本通俗小说》这是七种南宋的话本小说，上海《蝉隐庐烟画东堂小品》本。

《宣和遗事》《士礼居丛书》本；商务印书馆有排印本。

《五代史平话》残本董康刻本。

《明文在》（薛熙编）江苏书局本。

《列朝诗集》（钱谦益编）国学保存会排印本。

《明诗综》（朱彝尊编）原刻本。

《六十种曲》（毛晋编刻）汲古阁本。此书善本已不易得。

《盛明杂剧》（沈泰编）董康刻本。

《暖红室汇刻传奇》（刘世珩编刻）原刻本。

《笠翁十二种曲》（李渔）原刻巾箱本。

《九种曲》（蒋士铨）原刻本。

《桃花扇》（孔尚任）通行本。

《长生殿》（洪升）通行本。

清代戏曲多不胜举；故举李蒋两集，孔洪两种历史戏，作几个例而已。《曲苑》上海古书流通处编印本。此书汇集关于戏曲的书十四种，中如焦循《剧说》，如梁辰鱼《江东白苎》，皆不易得。石印本价亦廉，故存之。

《缀白裘》这是一部传奇选本，虽多是零篇，但明末清初的戏曲名著都有代表的部分存在此中。在戏曲总集中，这也是一部重要书了。通行本。

《曲录》（王国维）《晨风阁丛书》本。

《湖海文传》（王昶编）所选都是清朝极盛时代的文章，最可代表清朝"学者的文人"的文学。原刻本。

《湖海诗传》（王昶编）原刻本。

《鲒埼亭集》（全祖望）借树山房本。

《惜抱轩文集》（姚鼐）通行本。

《大云山房文稿》（恽敬）四川刻本，南昌刻本。

《文史通义》（章学诚）贵阳刻本，浙江局本，铅印本。

《龚定庵全集》（龚自珍）万本书堂刻本。国学扶轮社本。

《曾文正公文集》（曾国藩）《曾文正全集》本。

清代古文专集，不易选择；我经过很久的考虑，选出全，姚，恽，章，龚，曾六家来作例。

《吴梅村诗》（吴伟业）《梅村家藏稿》（董康刻本，商务印书馆影印本）本，无注，此外有靳荣藩《吴诗集览》本，有吴翌凤《梅村诗集笺注》本。

《瓯北诗钞》（赵翼）《瓯北全集》本，单行本。

《两当轩诗钞》（黄景仁）光绪二年重刻本。

《巢经巢诗抄》（郑珍）贵州刻本；北京有翻刻本，颇有误字。

《秋蟪吟馆诗钞》（金和）铅印全本；家刻本略有删减。

《人境庐诗钞》（黄遵宪）日本铅印本。

清代诗也很难选择。我选梅村代表初期，瓯北与仲则代表乾隆一期；郑子尹与金亚匏代表道咸同三期；黄公度代表末年的过渡时期。

明清两朝小说：

《水浒传》亚东图书馆三版本。

《西游记》（吴承恩）亚东图书馆再版本。

《三国志》亚东图书馆本。

《儒林外史》（吴敬梓）亚东图书馆四版本。

《红楼梦》（曹雪芹）亚东图书馆三版本。

《水浒后传》（陈忱，自署古宋遗民）此书借宋徽钦二帝事来写明末遗民的感慨，是一部极有意义的小说。亚东图书馆《水浒续集》本。

《镜花缘》（李汝珍）此书虽有"掉书袋"的毛病，但全篇为女子争平等的待遇，确是一部很难得的书。亚东图书馆本。

以上各种，均有胡适的考证或序，搜集了文学史的材料不少。《今古奇观》，通行本。可代表明代的短篇。

《三侠五义》此书后经俞樾修改，改名《七侠五义》。此书可代表北方的义侠小说。旧刻本，《七侠五义》流通本较多。亚东图书馆不久将有重印本。

《儿女英雄传》（文康）蜚英馆石印本最佳；流通本甚多。

《九命奇冤》（吴沃尧）广智书局铅印本。

《恨海》（吴沃尧）通行本甚多。

《老残游记》（刘鹗）商务印书馆铅印本。

以上略举十三种，代表四五百年的小说。

《五十年来的中国文学》（胡适）本书卷二。

（跋）文学史一部，注重总集；无总集的时代，或总集不能包括的文人，始举别集。因为文集太多，不易收买，尤不易遍览，故为初学人及小图书馆计，皆宜先从总集下手。

胡适开出的这个书单，至今仍然对治学者有重大参考价值。从这个书单，可以看出胡适"开新"，并不"忘旧"。有人误解胡适是彻底推翻旧文化，这个书单告诉我们，胡适绝对没有否定传统文化。

可惜的是，新文化运动被后来的学术界认为导致了对中国传统文化的完全否定，就是所谓的"打倒孔家店"。而且把责任推到胡适身上。但是胡适只是"打孔家店"的提出者，而不是"打倒孔家店"的提出者。

胡适在《吴虞文录》序里说：

> 吴（虞）先生和我的朋友陈独秀是近年来攻击孔教最有力的两位健将。他们两人，一个在上海，一个在成都，相隔那么远，但精神上很有相同之点。独秀攻击孔丘的许多文章（多载在《新青年》第二卷），专注重"孔子之道不合现代生活"的一个主要观念。当那个时候，吴先生在四川也做了许多非孔的文章，他的主要观念也只是"孔子之道不合现代生活"的一个观念。吴先生是学过法政的人，故他的方法与独秀稍不同。吴先生自己说他的方法道：

不佞丙午游东京，曾有数诗，注中多非儒之说。归蜀后，常以六经，《五礼通考》，《唐律疏义》，《满清律例》，及诸史中议礼议狱之文，与老，庄，孟德斯鸠，甄克思，穆勒约翰，斯宾塞尔，远藤隆吉，久保天随诸家之著作，及欧美各国宪法，民法，刑法，比较对勘。十年以来，粗有所见。

吴先生用这个方法的结果，他的非孔文章大体都注重那些根据孔道的种种礼教、法律、制度、风俗。他先证明这些礼法制度都是根据于儒家的基本教条的，然后证明这种种礼法制度都是一些吃人的礼教和一些坑陷人的法律制度。他又从思想史的方面，指出自老子以来也有许多古人不满意于这些欺人吃人的礼制，使我们知道儒教所极力拥护的礼制在千百年前早已受思想家的批评与攻击了，何况在现今这种大变而特变的社会生活之中呢？

吴先生的方法，我觉得是很不错的。我们对于一种学说或一种宗教，应该研究它在实际上发生了什么影响："他产生了什么样子的礼法制度？他所产生的礼法制度发生了什么效果？增长了或是损害了人生多少幸福？造成了什么样子的国民性？助长了进步吗？阻碍了进步吗？"这些问题都是批评一种学说或一种宗教的标准。用这种实际的效果去批评学说与宗教，是最严厉又最平允的方法。吴先生虽不曾明说他用的是这种实际主义的标准，但我想他一定很赞成我这个解释。

那些"卫道"的老先生们也知道这种实际标准的厉害，所以他们想出一个躲避的法子来。他们说："这种种实际的流弊都不是孔老先生的本旨，都是叔孙通董仲舒刘歆程颢朱熹……等人误解孔道的结果。你们骂来骂去，只骂着叔孙通董仲舒刘歆程颢朱熹一班人，却骂不着孔老先生。"于是有人说《礼运》大同说是真孔教（康有为先生）；又有人说四教，四绝，三慎，是真孔教（顾实先生）。关于这种遁辞，独秀说的最痛快：

足下分汉宋儒者以及今之孔道孔教诸会之孔教，与真正孔子之教为二，且谓孔教为后人所坏。愚今所欲问者，汉唐以来诸儒，何以不依傍道法杨墨，而人亦不以道法杨墨称之？何以独与

孔子为缘而复败坏之也？足下可深思其故矣。（《新青年》二卷四号）

> 这个道理最明显：何以那种种吃人的礼教制度都不挂别的招牌，偏爱挂孔老先生的招牌呢？正因为二千年吃人的礼教法制都挂着孔丘的招牌，故这块孔丘的招牌——无论是老店，是冒牌——不能不拿下来，捶碎，烧去！

> 我给各位中国少年介绍这位"四川省只手打孔家店"的老英雄——吴又陵先生！（1921年6月16日）[10]

吴虞自己说到胡适这个说法的起因，是因为"我的文录……本一无系统之作，来京时友人为录成一册。胡适之先生为撰序，介绍付印。时适之先生方阅读《水浒》，故有打孔家店之戏言。其实我并未尝自居于打孔家店者。"

其实，吴虞本人也并不是全盘否定孔子，1916年12月3日，吴虞写信给陈独秀，历数其经历，并希望在陈独秀那里寻求到知音。他在信中说：

> 拙撰《辛亥杂诗》（见《甲寅》七期）、《李卓吾别传》（见《进步》九卷三、四期），略有发挥。此外尚有《家族制度为专制主义之根据论》、《儒家大同之义本于老子说》、《儒家重礼之作用》、《儒家主张阶级制度之害》、《消极革命之老庄》、《读<荀子>》诸篇，其主张皆出王充、李卓吾之外。暇当依次录上，以求印证。不佞常谓孔子自是当时伟人，然欲坚执其学以笼罩天下后世，阻碍文化之发展，以扬专制之余焰，则不得不攻之者，势也。……癸丑（1913年）在成都《醒群报》投笔记稿，又由内务部朱启铃电令封禁（此次方准启封）。故关于"非儒"之作，成都报纸，不甚敢登载。章行严曾语张重民曰："《辛亥杂诗》中'非儒'诸诗，思想之超，非东南名士所及。"不佞极愧其言。[11]

---

[10] 胡适：《胡适散文》，浙江文艺出版社2001年版，第36页。
[11] 《新青年》1917年1月1日第2卷5号。

陈独秀则表示,"反对孔教并不是反对孔子个人,也不是说他在古代无价值。不过因他不能支配现代人心,适合现代潮流,还有一班硬要拿他出来压迫现代人心,抵抗现代潮流,成了我们社会进化的最大障碍。"[12]

还请注意,胡适在这里提出的"打"只是批评,是批判之中的继承,着重的是挂着孔子招牌变种的儒学,不是孔子的学说本身,而后来被有些人歪曲为"打倒孔家店"则是摧毁,完全是破坏。

谈到这个话题的文章,我见到的是李济时的《再喊打倒孔家店》,只有一个页码,发表在《大学评论》1948年第9期,第4页。该文针对孔子思想之中的孝悌开刀,对孔子思想痛加批判。指出:

> 用不着取五四运动反对尊孔的先生们那种嬉笑怒骂的态度来"打倒孔家店",我们今天是以沉重的心情,冷静的头脑,来对孔子下一个较为准确的批判,而再喊打倒孔家店!……为了民主的成长,专制的消灭,阶级的泯除,我们要再喊打倒孔家店,收拾这幕循环不已的傀儡戏。

1959年第3期《北京师范大学学报》发表中国近代史教研组写的长篇大论《论"打倒孔家店"》,用12个页码详细论述了"打倒孔家店"是五四运动前夕的新文化运动中提出的反对封建道德礼教、思想体系的一个口号。

可资证明胡适并不是"打倒孔家店"的始作俑者的是,当年曹云祥筹办清华国学研究院,请胡适出任院长,胡适推辞了院长职务,但是却建议曹云祥研究院要借鉴古代书院的办法来办,而且为曹云祥推荐了四大导师:王国维、章炳麟、梁启超、赵元任,因为章炳麟未到,故更换为陈寅恪。这四大导师都是极力维护中国传统文化的,号称清华"教授的教授"的陈寅恪,更是在《王观堂先生挽词并序》里提出"吾中国文化之

---

[12] 陈独秀:《孔教研究》,《每周评论》1919年第20号。

定义,具于白虎通三纲六纪之说,其意义为抽象理想最高之境,犹希腊柏拉图所谓Idea者"。可以说,曹云祥创建的国学研究院在很大程度上纠正了新文化运动的某些偏颇,为正确扬弃中国传统文化走出了一条可为借鉴的路子。

被郑天庭先生誉为"教授之教授"的陈寅恪先生,其深得人心的一句话是"独立之精神,自由之思想"。陈寅恪在为王国维纪念碑撰写的碑文里说:

> 士之读书治学,盖将以脱心志于俗谛之桎梏,真理因得以发扬。思想不自由,毋宁死耳。斯古今仁圣所同殉之精义,夫岂庸鄙之敢望。先生以一死见其独立自由之意志,非所论于一人之恩怨、一姓之兴亡。呜呼!树兹石于讲舍,系哀思而不忘。表哲人之奇节,诉真宰之茫茫。来世不可知者也,先生之著述,或有时而不章。先生之学说,或有时而可商。惟此独立之精神,自由之思想,历千万祀,与天壤而同久,共三光而永光。

他在写这个碑文的时候,已经和主持校务的巴哈伊信仰者曹云祥共事了近5年(他来清华稍晚),他们之间既有摩擦也有交融,互相影响是难免的。巴哈伊信仰在清华举办过多次活动,陈寅恪完全有可能了解巴哈伊教的基本教义。

而且,我们知道他从13岁开始留学,海外留学时间长达23年。他在海外求学的学校有:日本巢鸭宏文学院、英国伦敦大学、德国柏林大学、法国巴黎大学、美国哈佛大学。他精通英、法、德、日等欧亚大语种,而且能够阅读蒙、藏、满、梵和巴利、波斯、突厥、西夏、拉丁、希腊等多种文字,达13种之多。1917年,具有里程碑意义的第九届巴哈伊年度会议在波士顿召开了,它将改变巴哈伊信仰的历史。1919年初,陈寅恪抵达美国波士顿,开始入哈佛大学学习,入住波士顿康桥区Mt.Auburn街,一直到1921年9月。哈佛大学的校训以柏拉图为友,以亚里士多德为友,更要以真理为友,无疑会给陈寅恪一定的影响。吴宓后来回忆道:"宓始于民国八年,在美国哈佛大学得识陈寅恪。当时惊其博学,而服其卓识,驰书国内友人,谓'合中西新旧各种学问而统论之,吾必以寅恪为全中国最博学之人'。今时阅十五六载,行历三洲,广交当世之士,吾仍坚持此言,且喜众人之同于吾言。寅恪虽系吾友而实吾师。"[13] 一九一九年十二月十四日《雨僧日记》记陈寅恪先生与吴雨僧先生哈佛夜谈,慨叹当时留学生皆学工程实业,谓为"不揣其本,而治其末,充其极,只成下等之工匠",则救国经世,尤必以精神之学问(谓形而上之学)为根基"。陈先生并断然曰:'今人误为中国过重虚理,专谋功利机械之事输入,而不图谋精神救药,势必至于人欲横流,道义沦丧。'"吴宓1919年8月18日的日记:

> 哈佛中国学生,读书最多者,当推陈君寅恪,及其表弟俞君大维。两君读书多。
>
> 而购书亦多。到此不及半载。而新购之书籍,已充橱盈筐。得数百卷。[14]

陈寅恪自己说:

> 窃疑中国自今日以后,即使能忠实输入北美或东欧之思想,其结局当亦等于玄奘唯识之学,在吾国思想史上,既不能居最高之地位,且亦终归于歇绝者。其真能于思想上自成系统,有所创获者,必须一方面吸收输入外来之学说,一方面不忘本来民族之地位。此二种相反而适相成之态度,乃道教之真精神,新儒家之旧途径,而二千年吾民族与他民族思想接触史之所昭示者也。[15]

季羡林先生《从学习笔记本看陈寅恪先生的治学范围和途径》提到:陈寅恪留学德国期间的学习笔记本,共有六十四本之多,其中摩

---

[13] 吴学昭:《吴宓与陈寅恪》,清华大学出版社1992年版,第79页。
[14] 《吴宓日记》第2册(1917~1924),三联书店1998年版,第55页。
[15] 《金明馆丛稿二编·冯友兰中国哲学史下册审查报告》,上海古籍出版社1982年版,第252页。

尼教1本：第一本封面上题摩尼教经。里面写的是摩尼教经文的词汇，比如栗特问等。有汉文、德文、英文的注解。伊朗一本：第一本封面上题俄文，又题Awesta，里面前四页写的是有关古代伊朗语言的笔记和字母：Awesta，古代波斯文、中世波斯文、巴利维文。后面写的是俄文，语法和单词都有。把笔记本倒转过来，从后面写起，先是波斯字母，后面又是俄文。其所作《俞曲园先生病中呓语跋》[16]活用摩尼教的术语"三际"。

陈寅恪在美国还系统学习了波斯文、阿拉伯文，蒙古文、满文、梵文、巴利文、突厥文、暹罗文、希腊文、匈牙利文、土耳其文……甚至许多中亚细亚现存的或者已死亡的文字，他都通晓。其中波斯文和阿拉伯文都是巴哈伊教的使用语言。吴宓这样确认："陈君后专治梵文及波斯文、阿剌伯文，等，则购书只限于专门，少精。不同以前之办法矣。"[17] 陈寅恪的受业弟子王永兴先生说他"具备阅读藏、蒙、满、日、梵、巴利、波斯、阿拉伯、英、法、德、拉丁、希腊等十三种文字的阅读能力"。[18] 这样看来，陈寅恪在哈佛大学肯定是读过不少波斯文和阿拉伯文著作的，其中不会没有巴哈伊教或者巴孛运动的著作。而巴哈伊教正是提倡"独立之精神，自由之思想"的。

1921年12月《申报》发表畅支的《统一世界宗教之大运动》，说该教"常戒人勿迷信。勿惑于历史。当以独立精神考求真理。人之所以不能见真道者。因物质观念太重也"。当时各地包括济南的报刊都转载了这篇文章，影响很大。巴哈伊教没有神职人员，提倡每个信徒独立探求真理，不盲从任何信条或信仰。独立运用理性和科学探求真理，不应当盲目地崇拜和服从。为了使人的认识完整而全面，巴哈伊教明确反对盲目接受任何现成的教条和成见，鼓励信徒独立地去追求真理。巴哈伊提倡，人能够追求真理，要藉理性思维来发现，要接受前人所发现的既真且确的一切，但不能沿袭或盲从祖辈的一切。和一般宗教不一样，巴哈伊教主张人不应该盲从和模仿，而应独立去探讨真理。巴哈伊教之所以提倡人应该独立探索真理，是因为通常人们所宣称的真理的四个标准

---

[16]《清华周刊》1932年3月5日第37卷第2期。
[17] 吴学昭：《吴宓与陈寅恪》，清华大学出版社1992年版，第79页。
[18] 王永兴：《陈寅恪》，《中国史研究动态》1979年第8期。

都是有缺陷的。这四个标准是：感性认识、理性、传统、灵感。阿博都—巴哈指出，感性标准是不可靠的，看一面镜子以及镜子中反映的影像，这些影像并非物质形态之存在，感官时常受骗，人无法区别实质和假像。理性标准同样不可靠，理性就是思维，人类理性在本质上是有限的，它经常会导致错误的结论，不可能全部地了解真理之本源。传统也不值得信赖，因为宗教的传统无非是对经典的理解和阐释的记录，而这些阐释和理解都是通过人类理性的分析，而理性分析已被证明是不可靠的。灵感之不可靠是因为它就是人类心灵的冲动，但邪念也是人类心灵的冲动。所以所有人类的判断标准都是有缺陷的，受限制的。人要通过独立地追求，去获得圣灵，圣灵本身就是光明，就是知识，通过圣灵，人类的思想得到了激发，被赋予正确的结论和完美的知识。

巴哈伊教的基本教义提倡自由地追求真理；人类一家；宗教乃爱与和谐之因；宗教与科学携手；世界和平；使用一种世界通用性语言；普及教育；男女机会均等；为大众服务；消除极端之富裕与贫困；使神圣的精神成为生活中的动力。由于巴哈伊教不设置专职的神职人员，避免了其他一些宗教的神秘性，例如其他宗教中的牧师、僧侣、祭司、阿訇等神职或非神职人员，很容易给教外人士造成一种神秘感，闻到浓重的宗教味。而巴哈伊教没有职业传教士，就使教务不是由某些专门或指定的人士所从事的事，而成为每一个信徒应尽的义务。同时，巴哈伊教也不像有些宗教那样，要求信徒恪守宗教教条，它反对教条主义和形式主义，甚至没有入教或其他宗教仪式，没有公开或集体性祈祷，提倡每一个信徒独立自行探求真理，不应该盲目崇拜和服从。它在行政管理上引入了选举制度，提倡磋商的原则，这样的运作系统和方式较其他宗教都更为接近世俗社会，从而使该教从整体上来看更像一个慈善性的国际社团，而非宗教组织，这种世俗性的特点是巴哈伊教所独具的，是它区别于其他宗教的最为显著的特征之一。

自由也是巴哈伊教所着力提倡的，主张信徒都可以自由地礼拜，而不必受集体的限制，也不必受礼拜时间、地点的限制，每人都可以在自己方便的时候就地礼拜。商业和一切交易都是自由进行的，商人有自己的特权，支取低额的商业利息不受任何限制，商业经营可以畅通无阻。该派还主张偿还债务，统一币制，便利交通等。同时，巴孛还强调社会要有崇高的道德标准，要着重于心灵与动机之纯洁，倡导教育和有益的科学。不仅承认私有制的合法性，而且主张贸易自由、开办银行，甚至可以获取适度的利息。全人类的统一是可以在今天达成的，具体表现在七个领域的统一：政治领域里的统一，世界性事业中思想的统一，自由的统一，宗教的统一，各民族的统一，人种的统一，语言的统一。他们废除了教主世袭，建立了一套世俗的教务行政制度，消除了职业性的传教职位及施洗，没有主教的权威及其所赋有的特权，行政机构要经过民主选举产生，选举过程是开放式的，不预定候选人，不允许私下接触，投票者本人享有最大的选择和自由。由这样的民主方式选出的行政机构，主要任务是为信徒提供许多机会，以响应巴哈伊为人类服务的计划。这就使新入教的信徒感到他们加入的是一个社团，而不是一个教区。巴哈伊教是对各种传统宗教进行融合的产物，它虽然对各种宗教不是全盘接受，而是有选择地接受，但总的说来，它对各种宗教经典均不排斥，允许在灵曦堂内自由地诵读。巴哈伊教之所以有融合性的特点，与该教反对走极端、奉行中庸之道有关，世界上完美的事物是不存在的，因此对各种事物应该注意兼收并蓄，取其长，弃其短。巴哈欧拉提倡中庸之道。即如"自由"，在西方是最受崇拜的概念，但巴哈欧拉对自由却基本上持否定态度，只在一定意义上予以肯定。他说："自由最终必导致动乱，此种动乱之火无人能扑灭，他如此警诫你们，他乃是结算报应者，全知者。你们须知自由的化身与象征是动物。人应当屈服于适当的约束和限制以保护自己，不受无知的驱使和作恶多端者的陷害。自由会使人僭越适可而止的界限，以及违反人性的尊严。它贬低人的地位，使人陷入极端堕落与邪恶的地步。人类可以比喻成一群绵羊，需要牧羊人看管和保护。诚然，这是千真万确的真理！某些情况下，我们需要自由，但在别的情况下，我们却不批准自由。"巴哈伊家庭的孩子有独立选择自己宗教信仰的自由，即使选择了信仰巴哈伊文明，如果觉得自己的信仰需要改变，也可以得到允许。巴哈伊教主张一夫一妻制，但是因为考虑到一夫多妻制的背景，如果一个男子在入教以前已经有超过一个以上的妻子，那他不须放弃其中的任何一位，但是不许可再娶。这种灵活性避免了在多妻制地区引起混乱。但是各地区的人们在渐渐引入了巴哈伊教的法律之后，将普遍遵循一夫一妻制。

每一个人生下来都是自由的,每个人都直接对真主负责,而不需要任何中介,即使像穆罕默德那样的圣先知,也是一个和别人一样有血有肉的人。就是说,人在本质上是一样的。在个人与社会机构方面,应该改变历史上个人对自由的欲望和社会机构对服从的要求之间长期处于一种紧张状态的事实,建立起一种新观念,这就是承认真正的自由基于自制,而不顾他人的自由必然导致过分,而社会机构必须保证不成为少数人自私愿望的工具或统治人民的方法,而是成为使群众的才能、能力和集体力量顺利贡献于社会的渠道。

人有自由选择的意志,也有决定自己命运的权利。人的真正自由是从物质和需要之中解放出来。

陈寅恪先生据说学过世界语,而世界语正是柴门霍夫受巴哈伊影响而创造出来的。陈寅恪通过世界语受巴哈伊的影响也是一个路径。

巴哈伊教是什么？

阿博都—巴哈在美国访问的时候，有一次被问到："什么是巴哈伊？"他回答，"做一个巴哈伊基本的含意就是：热爱全世界，热爱人类并竭力为之服务，为世界和平、天下一家而奋斗。"[1] 他说："我期望于你们的是灵性的卓越，即你们必须在道德品质上是卓越杰出的。在对上帝的爱中你必须超越其他一切。你必须在热爱人类、团结一致和爱与正义上卓然超群。简单地说，你们要在人世间一切美德上超脱非凡，即忠实与诚恳、正义与忠贞、坚毅与刚强、行为仁爱、服务世界、爱护众生、与所有人团结一致、消除偏见，促进世界和平。最后，你们必须在接受上帝之启迪与获得上帝的恩惠上杰出非凡。我希望于你们的就是这样的卓越。"[2]

早在1875年，阿博都—巴哈就已经写了这样的文字："……尊重他人的权利。"巴哈欧拉的信仰倡导人类一体、消除偏见和男女平等。[3]

1914年，教长写信给丹佛的朋友，谈到怎样传播巴哈欧拉的启

---

[1] [美]安娜玛丽•杭诺尔德编：《完美的典范——阿博都—巴哈生活写照》，第55页。
[2] [美]安娜玛丽•杭诺尔德编：《完美的典范——阿博都—巴哈生活写照》，第79页。
[3] [美]安娜玛丽•杭诺尔德编：《完美的典范——阿博都—巴哈生活写照》，第61页。

示:"传授上帝信仰的三大法宝是:人际交往的学问,行为的纯洁和言语的亲善,我希望你们每个人都能熟记这三点。"

之前在纽约时,他对一些要去缅因州格林阿卡巴哈伊夏令营的朋友说:"你们当以行动和作为来传播启示,而非仅仅凭言语。言语须结合行动。你当爱你的朋友胜过爱你自己;愿意做出自我牺牲。巴哈欧拉的信仰还未传播到这个国家,我希望你们准备好为彼此牺牲一切,甚至是生命;那样我便知道巴哈欧拉的信仰已经建立起来了。我会为你们祈祷,愿上帝之光由你们播洒,愿人人都指着你们问:'这些人为何如此喜悦?'我希望你们在格林阿卡能够快乐,笑声不断,欢喜无限,让他人受你们的感染也同样快乐起来。"

关于同样的主题他又写道:"然而正如圣书所说,奉守谨慎与小心,不要立即揭去面纱。"

教师也应考虑到听者的物质需要。这一切务实的做法在阿博都—巴哈的教诲中是显而易见的,"永远不要对一个空着肚子的人谈论上帝,先让他吃饱。"[4]

巴哈伊教自1844年巴孛创立至今,在诞生以后的174年以来,从一个无声无息的小宗教,逐渐在世界范围里正在演变为一个世界性大宗教,其思想正在变为世界显学,影响到世界领袖和顶尖级的学者。自20世纪初,巴哈伊教开始得到很多世界名人的肯定,如俄罗斯的大文豪托尔斯泰、高尔基,印度的甘地、泰戈尔,旅美黎巴嫩作家和画家纪伯伦,罗马尼亚女皇,西萨摩亚皇帝,英国的本杰明•乔伊特、汤因比,德国的施宾格勒,法国的罗曼•罗兰,美国总统里根、布什、副总统戈尔,布达佩斯俱乐部创始人美国的欧文•拉兹洛,日本近代工业之父涩泽荣一、思想家中村元,新加坡净空法师,美国奥地利裔社会学家彼得•伯格,美国盲人女作家、教育家海伦•凯勒,他们都对巴哈伊教予以肯定。巴哈伊教作为宗教组织,是联合国创立的贡献者之一,也是其非政府组织顾问成员。

---

[4] [美]安娜玛丽•杭诺尔德编:《完美的典范——阿博都—巴哈生活写照》,第67页。

中国著名清初画家石涛,在总结自己画作经验时说:"搜尽奇峰打草稿。"这句话对我的启发极大。我自己对中国巴哈伊教资料的搜索,可以说是"搜尽千书找材料",经过十数年来(自1995年前后至今)翻阅上千部著作和文章,筛除600余篇、部只涉及几个字的,剩下400多余篇部,多多少少都有段落而不是几个字,涉及到巴哈伊教的文章和著作,发现这些著作从1915年李佳白和杜亚泉使用波海会、1916年胡适使用波斯泛神教、巴哈主义,到现在普遍使用的巴哈伊教,前后有三十多个译名。

这三十多个译名是:波海会、巴哈伊教、巴哈伊信仰、巴哈主义、八海、贝哈主义、贝哈因主义、巴哈教、白哈教、巴海尔教、巴海的主义、比哈教、贝哈教、巴海教、巴赫伊教、巴哈依教、巴合伊教、巴孩教、白衣教、白益教、巴海世界教、世界巴海信仰(台湾圣严法师译为伯哈教)等,都是阿拉伯文Bahá'iyah 的音译。也有意译为大同教、博爱社、巴赫泛神教、波斯泛神教、通一教、世界大同教,或既有音译又有意译的伯哈尔大同教、巴海大同教、巴海尔教、贝哈教、百合一教、伊朗万神教,不一而足。海外比如新加坡、马来西亚还有峇哈依教的译法,不在上述30个译名之内。上海在1930年代建立了巴哈伊社团即"八海学社",各地的信徒即"八海同志"与上海联系紧密。

值得注意的是,大同教的名称在1980年以前非常流行,起源于曹云祥先生和廖崇真先生的译名。但是,后来学者们发现,使用大同教虽然通俗易懂,然而与以前在国内外使用过的名称重复,容易产生误解。比如误以为明代就所谓有民间宗教"大同教"的称呼,是当时的一种"圆教"的别称。明代大同教为安徽巢县方荣升所创,宣称以解除无边众生痛苦为宗旨,谓真命天子下凡,过去为燃灯佛青莲掌世,为无极青阳教;现今是释迦佛红莲掌世,为太极红阳教;未来是弥勒佛白莲掌世,为皇极白阳教。现在我们知道,这完全是误会,明代根本就没有一个叫大同教的组织。此处不详论。韩国也有"大同教"的叫法,是1909年朴殷植站在大同思想和阳明学的观点上,作为儒教改革之主体而创建的。而民国时期正式注册的一个宗教组织"世界宗教大同会"的简称也是大同教,也有人称为"大同党"。1923年1月由王芝祥、汪大燮等发起成立于北京;声称以"发扬基督、犹太、儒、释、老、回六教真理,以期宗教大同","不涉及政事，军事及其他世俗之得失"。同年3月北京政府教育、内务二部分别批准备案。还有一个被民国政府取缔的唐焕章创办"大同教"，属于邪教性质的。 鉴于此，所以学术界统一不再使用大同教这个称呼了。

而最新的一个叫法是"巴哈伊文明"，与在山东召开的尼山世界文化论坛有关。2016年5月15日《人民日报》在头版头条发表了记者徐锦庚、卞民德撰写的《项目化传承 整体化推进 山东让传统文化活起来》提到："'尼山世界文化论坛'走出国门，先后开展儒家文明与基督教文明、犹太教文明、印度文明、巴哈伊文明等世界文明对话，累计组织学术演讲和文化对话交流活动100余场，在国际上产生广泛影响。"这里把巴哈伊当做世界文明之一，和犹太教文明、基督教文明并列起来，是一个非常重要的提法。

我曾经跟朋友讲，什么是巴哈伊？巴哈伊无非就是一、二、三。什么是"一"？就是"和"，左"禾"右"口"，季羡林先生说过，"和"就是人人口中有粮食吃，有生存权。那么"谐"，就是人人都要有话语权。巴哈伊教义"消除极端贫富"，就是解决这个"和"字，"谐"字在巴哈伊中也有具体的教义，即"磋商原则"，每个人都不能主宰和独裁，每个人都有言论自由，要每个人都独立思考去解决问题，独立去探求真理。这样就从教义上对和谐理念进行了阐释。

"二"就是"团结"，就是世界性大团结。巴哈伊教的创始人，巴哈欧拉在1875年前后说出了一句非常响亮的、今天我认为还是属于地球村思想的话："地球乃一国，人类皆其民。"

这样，巴哈伊教就提倡人类在"三"的旗帜下统一起来。这个"三"就是"上帝独一，宗教同一，人类一家"，这是"三个一"，不是用一个"一"来概括。所谓的上帝独一，因为巴哈伊特别欣赏上帝只有一个，他不同意基督教的那种将上帝一分为三，三位一体的做法，所以上帝只有一个，而且上帝本身是不可知的，它是一种精神本体。"宗教同一"，就是宗教同源性。巴哈伊认为，世界上有很多宗教，而且各不相同，但基本来源都是来自上帝，在这一点上我们与其他巴哈伊学者稍有分歧，因为我们认为佛教从天启和非天启来讲，不是上帝天启的，因此根源不是上帝。其来源是一句佛教的口头用语叫："如是我闻"，即我是这样从老师那儿听说的,这个老师是释迦牟尼,所以它是直接来自于释迦牟尼的。当时的弟子叫罗汉,然后由几大罗汉、几百罗汉弟子们慢慢地传下来,所以每一个都是弟子们从老师那里听到的说教,就"如是我闻"了。但根据巴哈伊教思想,即便是"如是我闻"了,也是来自于上苍,来自于上帝,所以我们稍微区别一点。那么不管哪一个宗教,它叫什么名字,都是来自于上帝的,这样一个本质。然后就是"人类一家",我认为,这也是非常符合世界潮流的。巴哈伊教认为,在上帝面前,人是不分种族的,什么白种人、黄种人、黑种人,白种人不应该有什么优越性,黑种人也不应该有自卑感,在上帝面前,本质都是一样的,而且作为一个世界大家庭,一个世界花园,就像真正的植物花园里一样,如果只有一种白色的花,那么这个花园就非常单调,谁也不去欣赏,假如这个花园,有红花,又有白花,各种颜色都有,丰富多彩才好。人类也是一样,正是因为各色人种,才丰富了整个世界。所以人种的区别不是本质的,在上帝面前,人的本质都是一样的,所以没有区别。

那么为什么阿博都—巴哈选择中国,说中国是"未来的国家"。就是因为阿博都—巴哈和巴哈伊的两位显圣巴孛和巴哈欧拉都非常清楚地意识到中国文化是一种和谐的文化,而这种和谐文化,它的主流,国内的学术界到现在的看法也不一致,有的人认为是儒家,有的人认为是道家,我的观点是儒道互补。

中国的主流思想,不管是儒家还是道家,我个人认为都是和谐。简单地展开一点,儒家的和谐思想表现在三方面:第一就是人与自然的和谐,提出了天人合一,人和自然不是矛盾斗争的对立状态而是和谐,所以儒家诗人白居易有一首诗,"劝君莫打三春鸟,子在巢中待母归。"这非常典型,人和自然要和谐,所以儒家用万物一体来体现人要用生命去爱自然。这是儒家第一个关系:天人关系。

儒家第二个关系表现为人与社会的关系,即三纲六纪,这是前清华大学教授,也是季羡林先生的老师陈寅恪先生最早提出来的,说中国文化之要义具于《白虎通》之三纲六纪。三纲:君为臣纲,夫为妇纲,父为子纲。六纪:诸父有善,诸舅有义,族人有序,昆弟有亲,师长有尊,朋友有旧。这样,人生所接触的九大关系都有了,处理好所有这九大关系，社会就稳定了，儒家处理这九大关系的根本原则就是：己所不欲，勿施于人。整个社会贯穿在这三纲六纪当中，和谐是很自然的。

第三层关系就是每个人都要处理自己的物质需要与精神需求的关系，那么儒家提出了一套非常精细的修身之道，用修身之道来约束自己的物质欲望，通过修身养性来达到每个人的人格完美。

那么道家思想呢，现在很多人都把它理解为一门养生哲学，其实《道德经》里很根本的一句话，大家可能都没注意到："吾有三宝，一曰慈，二曰俭，三曰不敢为天下先。"这三宝恰好也与儒家相对应起来，但顺序稍有不同：如果把"俭"放在第一位，就是处理人与自然的关系。物质资源有限，所以每个人都必须节约，才能把有限的物质资源利用起来。那么"慈"，我们简单理解就是父慈子爱，解决了人际关系。第三是"不敢为天下先"，心理调整，通过心理调整而达到心理的和谐。

所以中国的文化，不管儒家还是道家都是这样一个和谐文化，正是因为这样，就与巴哈伊的理念完全合拍了。所以阿博都—巴哈讲这样一句经典的话，中国是未来的国家，也就不感觉奇怪了。

难怪1924年廖崇真在安排了玛莎·鲁特与孙中山的一次会晤以后，报道说："孙中山博士听说了巴哈伊，并读了一些关于巴哈伊的著作，他宣称说，这与中国之所需密切相关。"也许，孙中山出生于1866年11月12日，这个生日正好和巴哈欧拉的诞辰是同一天。这也是孙中山和巴哈伊教的缘分。

自中国有巴哈伊教以来，有一些著译作在名称使用上非常不恰当，给读者造成很多误解。

现在的问题是，有关巴哈伊教的中国著译作中存在的问题，需要将各种不同的译名正名为巴哈伊教。

除了美国李佳白博士，最早传播巴哈伊文明的，还有清华大学前校长曹云祥。1911年以前入教的曹云祥先生，将巴哈伊思想引入到建设清华大学的过程当中，正是通过曹云祥关于巴哈伊的几部作品，才将巴哈伊教义引入了中国。对巴哈伊教义比较欣赏的，据我所知，还有已故国务院副总理陈毅元帅，他在1959年接见了一位来自新加坡的印度籍巴哈伊信徒希琳·福达尔。巴哈伊教在文革时期中断了，改革开放以后，海外归国的留学生又重新将巴哈伊教带回中国。

以下这些著作，属于通俗读物，有的是工具书，所以在一般读者中影响也比较大。以致于到现在还有人在滥用这个译名，如2009年在百度空间的《人生了悟的空间》发表的《温莎古堡的国宴全素菜单》，还把巴哈伊教称之为波斯泛神教：2009年11月4日在英国温莎古堡，由英国飞利浦亲王和联合国秘书长潘基文共同主持的"信仰与环境大会"，世界各大宗教：波斯泛神教、佛教、基督教、道教、印度教、回教、犹太教、日本神道教、锡克教、各国环保人士、国际政要二百多人齐聚一堂。这个会议是由宗教环保联盟ARC（Alliance of Religions and Conservation），召集九大宗教和各国人士，拟定了30个长期计划来保护环境，目的是要改变人们保护环境的态度和行为。而有的波斯泛神教则是专指巴孛信徒，如网站http://www3.060s.com/english/dict/d_Babism.html解释：泛神教教义，十九世纪波斯所信奉的一种宗教，为the Báb, 'Alí Muhammad of Shíráz于1844年所创，此教禁止多妻、纳妾、讨乞、贩奴以及饮酒吸毒，亦称Bábi。

所以，波斯泛神教的译名应该坚决废止，统一到巴哈伊教。

胡适对梅光迪的厚诬新潮流，在1916年7月29日的复信中提到了波斯泛神教（Baháism），彼得伯格1954年的硕士论文就是巴哈伊教的社会学[《巴哈伊教教派运动的社会学》(A Sociology of the Baháí Movement)]，廖崇真翻译为巴海尔教、巴海大同教。还有译为通神学（Islam，-Baháism，Theosophy）的。[5]

《东方杂志》1926年第14号第75页发表的何作霖的《波斯的新国王——李查可汗》一文，表彰李查可汗"以正义对待各种教派的人民，并予以信教的自由。巴比（Bábism）教徒本来是波斯各种教派中最进步分子，从前很受虐待现在却很受人尊重了"。

陈嘉全的《设计·素描基础》说，美国艺术家马克·托比早在1918年即已皈依"巴赫泛神教"（Baháí）[6]。

---

[5] 史维明、王国良主编：《图书馆教育基础教程》，东北大学出版社1995年版，第221页。
[6] 陈嘉全：《设计·素描基础》，上海人民美术出版社2008年版，第116页。

杨克勤的《末世与盼望 帖撒罗尼迦前后书的现代诠释：从保罗的末世神学至近代千禧年运动之修辞诠释》：

> 没有一个宗教有办法将所有的宗教容纳其内，通一教（Bahá'í）是一个明显的例子：它将世界各大宗教减缩为最低分母。[7]

吴德明的《圭亚那》：

> 波斯泛神教之一派的"巴哈伊教"（Baháí Faith）实为早期的穆斯林教派之一，流传至今。[8]

辛克莱·路易斯的《巴比特》（诺贝尔文学奖作品）：

> "现在，让我跟你们各位谈谈由我负责的《通神学与泛神论东方·读书会》的优越性。我们的宗旨就是要集新世纪之大成，把新思想派、基督教科学派、通神学、吠陀哲学、贝哈因主义，以及从这独一无二的新的光源所迸发出来的其他火花、通通融合成为一个密不可分的整体。每年只需捐助十块钱，各位会员交了这么微不足道的一点儿钱之后，不仅可以收到《疗救珍品》月刊一份，而且还有权向我读书会会长，我们尊敬的神甫太太多布斯直接去函请教任何问题，比方说，有关神灵复活问题，婚姻问题，保健与福利问题，以及银根紧缺等问题。"（原注：通神学亦译神智学、通神论，认为通过精神上的自我发展，即可洞察神性之哲学或宗教；近代通神学还纳入许多佛教婆罗门教教义，具有极其浓厚的唯心的神秘的宗教色彩。通神论亦译宇宙即神论，多神崇

---

[7] 杨克勤：《末世与盼望 帖撒罗尼迦前后书的现代诠释：从保罗的末世神学至近代千禧年运动之修辞诠释》，宗教文化出版社2007年版，第366页。
[8] 吴德明编著：《圭亚那》，社会科学文献出版社2007年版，第27页。

拜，吠陀哲学，源自印度的泛神论哲学之一派。波斯泛神教之一派，为米尔扎·侯赛因·阿里的信徒所宗奉。）⁹

T.N.波斯特莱斯维特的《最新世界教育百科全书》：

> 波斯泛神教教徒（Baháí）。¹⁰

米尔顿的《环境决定论与文化理论 对环境话语中的人类学角色的探讨》：

> Baháí，译者注：波斯泛神教的一个教派。¹¹

A.M.普罗霍罗夫总编的《苏联百科词典》：

> 贝哈主义：19世纪中期巴孛教徒起义被镇压后产生于伊拉克的宗教政治思潮，后来又传播到近东、西欧和美国，在俄国也有所流传。其创始人米尔扎·侯赛因·阿里·贝哈乌拉宣扬同王权、封建主和外国资本家妥协。在现代，贝哈主义宣扬否定民族国家的思想，宣扬把科学同宗教结合起来的思想。贝哈主义的主要中心在美国和联邦德国。¹²

叶美利的《英语游学手册》：

---

[9] [美]辛克莱·路易斯：《巴比特》，李斯等译，时代文艺出版社1985年版，第457页。
[10] [德]T.N.波斯特莱斯维特：《最新世界教育百科全书》，郑军、王金波编译，河北教育出版社1991年版，第575页。
[11] [美]米尔顿：《环境决定论与文化理论 对环境话语中的人类学角色的探讨》，袁同凯、周建新译，民族出版社2007年版，第69页。
[12] [苏]A.M.普罗霍罗夫编：《苏联百科词典》，丁祖永等译，中国大百科出版社1986年版，第129页。

大同教，波斯泛神教之一派。[13]

吴光华的《现代英汉综合大辞典》：

Baháism：波斯泛神教Baháism创始人的尊号BÁB=báb。[14]

亨利·米勒的《亨利·米勒全集》之九《大瑟尔》：

波斯泛神教是惟一的宗教，"你信仰什么？"我问。"造物主！"他回答说。"你入什么宗教了吗？""没有。我属于波斯泛神教运动组织。那是唯一的宗教。"[15]

颜惠庆1932年3月6日的日记：

纽约律师米尔斯先生来访，他是波斯泛神教一派的信徒。[16]

《21世纪世界彩色百科全书》：

泛神教的词条介绍的就是巴哈伊教。[17]

萧少云主编，广州外国语学院编的《泰汉词典》：

---

[13] 叶美利编著：《英语游学手册》，学习出版社1988年版，第253页。
[14] 吴光华：《现代英汉综合大辞典》，上海科学技术文献出版社1990年版，第176页。
[15] [美]亨利·米勒：《亨利·米勒全集》之九《大瑟尔》，孙萍译，时代文艺出版社1995年版，第261页。
[16] 上海档案史料丛编：《颜惠庆日记第2卷》，上海市档案馆译，中国档案出版社1996年版，第640页。
[17] 《21世纪世界彩色百科全书》国际中文版，台湾百科文化事业股份有限公司，1981年版，第1085页。

十九世纪伊朗的一种强调人类精神一体的穆斯林教派。[18]

陈祺铭的《外来语辞典》：

从回教分支的一种新宗教，1863年（应为1864年）起源于伊朗，倡导世界和平、男女平等、万国共同教育等理想为教义。[19]

金成奎、宋玉花编的《韩中外来语辞典》：

巴哈教：19世纪伊朗伊斯兰教的一个教派。[20]

范崇淑主编的《图书情报专业英语教材》：

巴哈教派一种国际性的神秘教派，此名在波斯语中意为"真主的光辉"，一种强调人类精神一体的穆斯林教派。[21]

徐安生的《万用英文手册》把Baháism解释为波斯泛神教。[22]

沈炼之的《简明世界近代史》：

1844～1852年在波斯开始了万有神教运动。[23]

---

[18] 萧少云主编，广州外国语学院编：《泰汉词典》，商务印书馆1990年版，第374页。
[19] 陈祺铭编著：《外来语辞典》，台湾复文书局1986年版，巴哈伊教词条。
[20] 金成奎、宋玉花编：《韩中外来语辞典》，辽宁民族出版社1996年版，第323页。
[21] 范崇淑主编：《图书情报专业英语教材》，书目文献出版社1987年版，第111页。
[22] 徐安生编著：《万用英文手册》，广东世界图书出版公司2000年版，第125页。
[23] 沈炼之：《简明世界近代史》，中国青年出版社1957年版，第110页。

国际联盟《世界经济新论》：

> 万有神教（Bahái）。[24]

王杰、张海滨、张志洲主编的《全球治理中的国际非政府组织》：

> 主张和平、友好；主张人类大同的万有神教（BAHÁÍ）国际联盟也长期坚持和平与裁军活动。[25]

李广辉、李红等的《当代国际法热点问题研究》：

> 主张和平、友好、合作，主张人类大同的万有神教（BAHÁÍ）国际联盟。[26]

王家福、刘海年的《中国人权百科全书》：

> 国际万有神教联盟（Bahái International Community）：国际非政府组织，在联合国经济及社会理事会中享有乙级咨商地位。1844年成立，在149个国家中有4万多个盟员。联盟是世界性的组织，代表1600多个民族。它的成员均是一种独立的世界宗教——万有神教的教徒，该教是由米尔扎·胡萨古·阿里在波斯（现称伊朗）创立。联盟参加联合国所有与人权相关的活动，特别是消除偏见和歧视方面的活动。它的活动包括：促进万有神教教育，倡导男女平等、普遍的义务教育、国际通用语言、公平解决世界经济争端和世界大

---

[24] 国际联盟：《世界经济新论》，钟学敏、张丽东等译，中国人民大学出版社2002年版，第111页。
[25] 王杰、张海滨、张志洲主编：《全球治理中的国际非政府组织》，北京大学出版社2004年版，第227页。
[26] 李广辉、李红等：《当代国际法热点问题研究》，中国法制出版社2005年版，第428页。

同。办有《万有神教世界》(期刊)、《万有神教信息》(月刊)等。[27]

《联合国及有关组织机构译名手册》编辑组《联合国及有关组织机构译名手册》:

> 国际万有神教联盟。[28]

亚伯拉罕(Abraham,P.)、麦凯(Mackey,D.)编的《走近美国:英文》:

> Baháí (应为Baháism),19世纪伊朗的一种强调人类精神一体的穆斯林教派。[29]

金成奎编的《韩国语外来语辞典》:

> 巴哈教派(19世纪伊朗伊斯兰教的一个派别)。[30]

陈建华等编译的《简明科林斯百科辞典》:

> Baháism巴哈教派,19世纪由伊朗宗教领袖巴哈安拉(1817~1892)创立的宗教。该派主张各宗教统一,男女平等及世界和

---

[27] 王家福、刘海年:《中国人权百科全书》,中国大百科全书出版社1998年版,第212~213。
[28] 《联合国及有关组织机构译名手册》编辑组:《联合国及有关组织机构译名手册》,中国对外翻译出版公司1980年版,第32页。
[29] [美]亚伯拉罕、麦凯编:《走近美国:英文》,陈一梅注释,中央编译出版社2000年版,第298页。
[30] 金成奎编:《韩国语外来语辞典》,黑龙江朝鲜民族出版社2005年版,第270页。

平。[31]

这些著译作中的不恰当名称应该废止，统一到巴哈伊教上来。

最新出版的《中国大百科全书》在《新兴的世界宗教》一节中这样介绍巴哈伊教：

> 旧称大同教，又译巴哈教、巴海教等。19世纪中叶兴起于伊朗，初创时期系由巴孛派中分化而来。巴孛派创始人阿里·穆罕默德是什叶派伊斯兰教的支派十二伊玛目派的一名学派领袖，是巴哈伊教的先驱。而直接创始人米尔扎·侯赛因·阿里，后称巴哈乌拉（意为上帝的荣耀），是阿里·穆罕默德的门徒。阿里·穆罕默德被推举为谢赫学派首领后，于1844年宣称自己是人类与执行天意的伊玛目之间的"门"（巴孛），并开始公开宣教。巴孛派的传播及引发的起义，遭到卡扎尔王朝的镇压，巴孛本人于1847年被捕，1850年遭杀害。侯赛因·阿里出身贵族，因积极参与并资助巴孛派的活动而遭迫害，家产被全部没收，本人则两次入狱，最后全家被逐出伊朗。流放期间，他放弃巴孛派关于社会改革的激进主张，成为多数派领袖。1863年，他在巴格达宣布他就是巴孛预言的"真主应许的显现者"，即他已受命为使者，从而为新的信仰奠定基础。追随者尊称他为巴哈乌拉，该教自此得名。追随者最初仅限于伊朗及西亚各地。1891年巴哈乌拉指定长子阿博都—巴哈为其思想和著作的阐释者后，该教在欧美及澳大利亚等地得到传播和发展。1921年再经阿博都—巴哈的外孙绍基·埃芬迪的宣教活动，终使该教演化为独立的世界规模的新兴宗教。1963年该教最高教务行政机构世界正义院的建立，标志着该教进入了成熟的发展阶段。20世纪50～80年代，是该教发展最为迅速的时期。
>
> 巴哈伊教的基本教旨为：上帝独一、宗教同源、人类一家。该教认为，各大传统宗教均为上帝在不同时期不同地区降示的启示，是人类整体发展不同阶段的"灵性显现"，但巴哈伊教是最新阶

---

[31] 陈建华等编译：《简明科林斯百科辞典》，陕西人民教育出版社1987年版，第139页。

段的宗教。各大宗教的创始人都是传达上帝意志的显圣者,来自同一个神圣源泉而只是时代不同,巴哈乌拉则是最新的一位显圣者。巴哈乌拉的使命和该教的宗旨是建立世界大同的太平盛世。该教提倡排除一切偏见、确保男女平等、消除贫富悬殊、建立世界联邦、普及义务教育、使用世界语言,主张独立寻求真理、宗教与科学的追求是殊途同归。在目前则要求消灭战争,实现人类团结和和平,建立新世界秩序。

巴哈伊教奉巴孛的《默示录》和巴哈乌拉的《隐言经》、《笃信之道》、《至圣书》、《七谷书简》,以及阿博都·巴哈和绍基·埃芬迪对其的释义为该教经典。巴哈伊教没有公共的宗教礼仪和圣礼,也没有私人的祭祀仪式。基本的宗教义务有:在教历每月初,即每19天聚会一次,称"十九日灵宴会";每年的阿拉月从日出到日落斋戒19日(3月2~20日);禁戒烟酒,但反对出家和禁欲;每日的义务祈祷,个人私下进行。此外,《至圣书》中对遗产继承、19%的财产税等有具体规定。这些数量众多的律法及道德规范,至今只有在东方生活的教徒遵行。强调男女平等,服从当地政府,不参与政治活动等,以及倡导科学和艺术,重视道德规范。巴哈伊教的教务体制由两部分组成:一是经选举产生的地方、国家灵体会和世界正义院,对宗教事务的管理有决定权;另一部分是由圣辅、洲际顾问及其助理组成的训导体制,其职责是勉励和训导,在实际工作中服从教务行政体制。

巴哈伊教从20世纪20年代起开始传入中国。清华大学校长曹云祥称该教为大同教。1931年后,他将《新时代之大同教》、《亚卜图博爱之箴言》、《笃信之道》、《已答之问题》陆续被译成中文。1937年还有廖崇真译的《大同教隐言经》。1973年后,曹开敏译有《大同教隐言经》[32],梅寿鸿译有《亚格达斯经律法纲要》,并公开出版。

21世纪初,该教约有信徒600万,分布在190个国家与45个地区,地方灵体会有2万多个,国家或地区性灵体会有175个,信徒居

---

[32] 此处叙述有误,台湾巴哈伊教总灵理会出版的《大同教隐言经》为李仪(Rubee Li)等多人共译,黄译陞定稿。

住中心则多达10万个。[33]

这个总体的介绍，除了具体数字随时间而变化，其他是非常到位和准确的。应该以此为准。

---

[33]《中国大百科全书》第2版第1卷，中国大百科全书出版社1999年版，第430～431页。

早期介绍巴哈伊教的两篇文章

在梳理巴哈伊教资料的过程中,笔者发现除了1915年李佳白和杜亚泉在《东方杂志》发表的文章之外,中国最早准确介绍巴哈伊教的是这样的两篇文章:《巴哈之建议》[1]和畅支的《统一世界宗教之大运动》。[2]

巴哈之建议(上海1921年)

本会一致建议,对于人道世界以增进经济、社会、宗教之统一为宗旨

巴哈对于战争之趋势

本节所谓趋势,非赞助战争之谓,不过为巴哈公民之义务,作一提纲挈领。盖自爱好和平之合众国,竭图良策,而为弃好寻仇、

---

[1] 上海1921年,作者不详。
[2] 1921年12月《申报》。

恃强怙恶之敌国所迫，不得不出于战，实冀夙怀正道，不至摧残民胞物与之心，有所发展也。

首创巴哈建议之人，巴哈有拉（按：即巴哈欧拉），贡其规律大端之一如下：在各邦或各政府之中，有本会之存在者，本会当以忠诚、信义、敦厚报政府。

以上三端绝无模棱之词，理固甚著，究其义，不过忠于政府，酬其保卫之功而已。

巴哈建议注重和平。和平云者，其基在于巴哈有拉之巨划，即所谓人道之一贯也。

40余年前，本会现首领益打巴哈（即阿博都—巴哈），尝著《回文化之潜力》，其要旨可译示如下：

战争为和平之基，破坏为建设之母。譬如元首宣战于强敌，或为人民家邦之结合起见，则昂昂骐骥，具毅力决心者，不难腾跃咆哮于赛勇之场。质言之，即战争所以调和之佳音也。故震怒不啻慈惠，裁制不啻持衡，而称兵即和好之源也。

历史上不乏明证，以证前言之不谬。益打巴哈复实其言，以答本会对待敌人之问，其义可知矣。

巴哈有拉普通之规律，在赦宥仇敌，洵足为人类正确之标准。然有时公道可持，必赖施为。譬如吾仇贸然至吾室而伤我，我固可宽宥之，苟行不利于汝，我必当有以阻之矣。进而言之，使我不克，竭力以护汝，则我不特于汝伤负责，犹有怂恿仇敌之罪焉。

在上述之书中，主张于将来组织万国裁判法庭，益打巴哈有言曰：

强固联盟之丕基，当如磐石之奠，使有一国逾其约者，他国当起而征灭之。不宁惟是，凡含生负气之伦，皆当并力而蹴之者也。

至于政府兴戎以应国家争战之需，益打巴哈已充其语矣。方歇战之兴未几，有问以欧洲巴哈会员之责任者，彼答曰，服从政府即其不移之天职也。

在彼可纪之演说中，题为《宣命于美国之人民》，1917年11月5日演于辛勒那底（cinciunati），益打巴哈尝曰：

美国为泱泱大邦，世界中和平之导线，而光烛溥天之下者也。他邦悉有桎梏之苦。不见于险陷且安谧为雅，未有如合众国者也。谨谢昊天，美常与世无争，一似万国之安和，惟美为能，高悬其帜，而推其友好之心，故当美之召和平于万国，乃世大声疾呼，回其然其然，吾人日望之矣。

此正益打巴哈所道美之实情也。凡为巴哈会员，应无疑美之将践其预言矣。丁兹风雨飘摇之候，渠辈自知此不测之灾，不啻祝融肆虐于全邑之境也，则全民之责任，安用问乎？倘曰不信有此战争，而不允为政府一援手，是犹曰不信有此火灾，而不允熄其焰也。待夫火焰既熄，则谋建新邑。永除火患为补牢之计，亦正其时矣。

于是，凡为巴哈会员，当此危急之秋，悉向合众国之政府，自陈其忠，悃不挫其坚心，不移其厚望，灭此空前绝后之大灾之日，即力征经营之故局消散之时，而所谓自由、公正、群策互持之新猷，若旭日之方升，以为宗教之精神，人类之巩基，放一异彩也。

巴哈安乐（即巴哈欧拉）者，波斯人之现代大预言者也。自受默示，有过化存神之妙。七十年间，得信徒十数万人。欧美人士亦闻风而应之，以其为教，平实至公，无一毫居见。据一神而合百教，融万国而为一家，即理想之理想，宗教之宗教也。包犹太、天方、拜火、基督、天主、佛、印度、儒等诸宗教理，兼伦理、哲学、社会主义、神秘学等之各种学理，其言曰：东星、西星，光光不二；此园、彼园，花花同春。可见其直指本源之说也。今举其十二纲领如左，系六十年前所手录者云：

一，人类世界之统一

二，真理研究之独立

三，诸宗教之基础一也

四，宗教不可不为一致之原因

五，宗教不可不与科学理性调和

六，男女之平等

七，诸偏见之打破

八，世界的平和

九，世界的教育

十，经济问题之解决

十一，世界的语学

十二，国际的裁判所

统一世界宗教之大运动

（申报1922年12月17日）

畅 支

际此科学昌明、物质是崇之世而谈宗教，时人或将非之。惟宗教之潜化力，现仍弥漫宇宙，广被四海。其影响于个人、家庭、社会、国家者甚大。人对于一宗教所抱观念，苟失之毫厘，定将差之千里。近闻西方有澄清宗教，使定于一之大运动发现，为略述其原委如次。

近百年间，有三大非常人，生于波斯。排勃Báb（巴字）、白海乌拉Bahá'u'lláh（巴哈欧拉）、及亚伯特尔·白海'Abdu'l Bahá（按：阿博都—巴哈）是也。

排勃于一八一九年十月生于喜拉司Shíráso（设拉子），年二十四即出而布道。以阐扬真理统一全球为主旨。排勒非其真名,按波斯语指门户。彼以此为名者,盖愿人不固守成见故步自封也。一八四四年排勒在曼加Meeca(麦加)举行大宣讲,闻者十万余人,莫不为之感动。旧宗教家甚嫉忌之。越二年,下于狱。一八五零年受极刑于市。然信其道者,并不因当道虐待而阻。前仆后继,仍力谋实现排勒之主张。一八六三年白海乌拉崛然而起,继排勒之志,广为宣传。受其感化者以万千计。白海乌拉宣称,当世真理所在,为使人类以精神之友爱相结合。汝为同枝之叶,共海之沥。人不当以爱国为惟一职志,最足使人光荣者为爱群。

波斯当道认白海乌拉所宣传为邪说,力过之。其徒死于极刑者约二万余。殉道诸人,皆视死如归,毫无恐惧怨愤之色。当道不能消灭其势力,乃行放逐政策。初则以白海乌拉与其子亚伯特尔•白海及教徒,送至裴格台特(巴格达),继逐至君士坦丁,终乃至亚得里亚那波尔。白海乌拉在亚得里亚那波尔城中,公开宣道,并致书于欧洲各国之元首。请彼等参加其改革宗教,奠定世界和平之大运动。一八六八年,复被土皇逐至派拉斯态恩(巴勒斯坦)之亚加'Akká(阿卡)而禁锢之。白海乌拉在狱中专心著作。至于一八九二年而物化。其子亚伯特尔•白海继父志宣道毫不息懈。今在回教国其徒最众。在欧洲各国,美国、加拿大、日本、印度诸地,信其道者亦实繁有徒。

白海乌拉谓为人道计,各国元首当互相结合。并集各民族各邦国之代表,组织一仲裁机关,名曰人群之巴力门[3],以解决一切国际争端。教育为最神圣之事业。女子教育尤为最要。盖个人行为之良窳,大半因母教之正当与否而定也。各人须受一种职业教育以资谋生,以服务公众之精神,勤于其业最为高尚。世界言语亟须统一。宗教与科学终将合而为一。天道必藉人以阐扬。各人各随其道心、智慧所及,皆得窥其一二。各人所见,皆天道之一部份。综而合之,大道乃可得。信道笃学之士,为研求神圣常识之先进者。宇宙真理、人群和德,将藉其力以明显。今人所注意者,偏重于物质。一切观念,几全被物质所束缚。然物质只为人生之一部份。人群

---

[3] 今议会之音译。

断不可徒以物质相兢。物质之外，尚有无限知识，吾人亟宜考求之。非物质知识，可以解放物质观念之束缚，而进入群于大同。白海乌拉常戒人勿迷信、勿惑于历史。当以独立精神考求真理。人之所以不能见真道者，因物质观念太重也。

亚伯特尔·白海与其父同于一八六八年入狱，至一九零八年被释。出狱后，周游欧美各邦布其道，所至备受欢迎。不数年而名满西方矣。

其信徒近在美之芝加哥米西根湖畔，购地多亩，拟兴一大礼拜堂。现已集有成款，不久即可动工。捐款之人，各民族、各教徒皆有。左图[4]乃其模型。中央有祈祷祀神厅一，无论何人皆可自由进此堂，各随其宗教习惯以礼拜或祈祷。堂之附近，有医院一，祀神者之旅馆一，孤儿院一，研究高深科学之大学一，公园一。凡此种设备，无论何人，皆可享其利益。论者谓自此以往，宗教可与科学调和，科学可以辅助宗教，循序渐进，统一宗教，缔造大同，非难事云。

到现在看来，这两篇文章对这一新兴宗教的介绍还是非常到位的。这里不详细引介其影响。我们现在更为重视的，是巴哈伊文明对近代早期学者们的影响。

---

[4] 原图删。

巴哈伊教和清华大学

在巴哈伊创教之后，我们大陆接触到的最早到中国的巴哈伊教信仰者是在1862年，巴孛的一个亲戚，在上海以经营茶叶、瓷器和金银首饰为业，一直呆到1868年前后。从时间上来讲，自1844年5月23日巴孛宣布巴哈伊教正式创立起到1862年，不到20年的时间，巴哈伊信仰者就最先到中国传教，和我们分享这样一种信仰。但是在这一分享的过程当中，一开始的进程是非常缓慢的。

我所知最早的中国巴哈伊信仰者，是清华之父曹云祥。他至迟在1911年以前就在美国加入了巴哈伊信仰。

曹云祥创办清华学校大学部和国学研究院，将教育和学术独立放在清华发展的重要地位。他认为，按照巴哈伊教的观念，"教育为永久事业"，下决心把清华办成永久的大学，避免庚子赔款结束之后清华经费没有着落，所以要把清华学校办成现代意义上的大学。学生做学问要循序渐进，要形成"独立而有统系之思想"；对于学术发展，他认为："研究各科学，不必专恃外国书籍，即研究中国书籍，亦可发展。如地质学、生物学、农学之成绩，协和医院治病之宗旨，研究中国之物质病源。足见有自动之能力，其收效亦颇宏大。希望清华学校将来亦使其能有自动之能力。否则，如民国现时状况，但有名目而无精神。"[1]曹云祥将巴哈伊教和耶鲁精神结合，催生了清华学校改制为清华大学。可以说，没有巴哈伊信仰，就没有今天的清华大学。这一点也不是危言耸听。

曹云祥在到清华学校以前，并不是像有些人说的，是个官僚，不懂教育，而是已经有了7年从事教育的经验：既有在母校上海圣约翰大学3年高等教育的经验，也有在苏州和宁波中学教育的经验。他出任清华校长，意识到清华学校的教育目标，是培养和造就中国未来的领袖。在1925年9月11日的秋季开学典礼上，曹云祥对自己的办学思想作了论述。这段开学词，应该就是他在清华学校的执政纲领。

他说："14年前中美所议定办法，设立清华学校，仅预备学生留美。惟因时局变迁，中国教育界眼光，亦随之而转……自今而后，派送留美学生，逐渐减少，新大学学生，陆续增加。"他特别坚持要"巩固新大学之根本"，认为"现在中国所谓新教育，大都抄袭欧美各国之教育，欲谋自动，必须本中国文化之精神，悉心研究。所以本校同时组织研究院，研究中国高深之经史哲学"[2]。这就是清华大学本科和国学研究院创办的指导思想。

在曹云祥的领导之下，清华国学研究院承担起胡适所倡导的"整理国故"的责任，成为胡适新文化运动的一部分。王国维、梁启超、赵元任、陈寅恪和李济参与其中，为之奋斗，做出了令人惊叹的业绩。梁启超从1922年11月到1927年3月先后多次演讲，谈儒家哲学和孔子的思想，胡适给清华学生开国学书目，陈复光讲朱熹和王守仁，朱子学派与阳明学派之大别，都是在曹云祥主校期间。清华学校的孔教会，也是在这段时间最活跃。清华国学研究院也因此名声大振，成为中国教育史上的巅峰。在这一意义上说，清华国学研究院应该是新文化运动的一部分，是对胡适新文学的补充。

毕业于清华学校的教育学家邱椿，1927年在《清华年刊》上发表文章《清华教育政策的进步》，肯定了曹云祥的办学思想，说："中国教育界自'五四'运动以后，民族思想发达，慢慢的注重中国公民教育……

[1] 周襄楠：《周诒春与曹云祥的"新教育"思想》，《新清华》2009年4月17日第1758期第3版。
[2] 《清华周刊》1925年9月11日第350期。

清华教育政策,就慢慢的从模仿时期,而达到创造的时期了。这真是清华的再生!清华的政策,是要建设纯粹中国式的大学。清华教育目标,是要养成中国式的领袖人才……课堂内师生谈话,都用国语了。最令人注意的,是国学研究院的设立。从前清华学校,最不注重中文,现在居然设立国学研究院了。"

清华大学校史研究室田彩凤教授的文章,肯定曹云祥在清华改制过程中的业绩。文章评价说:

清华改办大学,在清华的历史上是一件重大的事情,从周诒春校长开始提出设想,到1925年正式招收大一新生,历经九年时间,在曹云祥任职期间完成。此时,学校的学制是新旧交替时期,困难重重。改组董事会,审定教育方针及长期预算;提高学生程度及选派优秀学生留学,招插班生,举行认真的考试;为敷衍权贵计,添招自费生;聘请名师。他为清华大学的发展做出了不可磨灭的贡献。

清华大学创设之初,其办学思想强调"进德修业",提倡培养完全人格。其办学手段多模仿美国学校的一些做法,从1925年起,曹云祥逐渐向"中西兼重"、"学术独立",向创造中国式的大学道路过渡了。

后来出任教务长的梅贻琦在《清华学校的教育方针》中说:"至1925年秋,始设大学部,其教育方针为之一变。清华大学之教育方针,概括言之,可谓培养专门人才,以供社会建设之用。"他坦承曹云祥是清华学校改大的引航人。

1925年是清华大学历史发展的一个转折点。一直到1928年国立清华大学以前的这段时间,清华的育人宗旨转变为"本校开办大学,分普通训练、专门训练两级,及研究院。纯以在国内造就今日需用之人材为目的,不为出洋游学之预备"。当然,这个办大学的思想虽然已经很清楚,培养目标也算是很明确,但是需要充实,所以针对在曹云祥指导之下1925年制定的《北京清华学校大学部暂行章程》中培养目标不明确的缺点,梅贻琦于1927年12月发表了《清华学校的教育方针》一文,进一步说明:

> 清华学校自民国前一年开办以来,至民国十四年夏间,系专为预备学生留美而设,至是年秋,始设大学部,其教育方针为之一变。在专办预备留美时期,校内之问题简单,学程要以使学生程度适合于美国大学制度为准。……大学部开办于今,二年有半,事属初创,计划多未周备,然将来尽全校之力以谋发展,则数年之后,或将有贡献于社会。兹将清华设立大学部之方针,约略述之,以为关心清华者监察焉。

而1925年已经开办大学是梅贻琦承认的。当时的学生傅任敢(1929年毕业生,1925年入大学)在《清华改大二三事》中也有所提及:

> 清华原名清华留美预备学堂,是1925年始设大学部的。当时招了大学部第一班学生,同时招了国学研究院第一班学生。大学部1929级就是那年入学的。在记忆中,那时有三件事给我留下了深刻的印象。
>
> 我们那级大概有100人左右,入学以后大家才知道,彼此的学历出入很大:有三三制高中毕业的,有四年旧制中学毕业的,也有个别上过大学一二年的和一个只读过初三的,看来实际录取只凭成绩,并无学历限制。报到的时候,体格检查极为严格。学习期限规定4年,分成两个阶段,各占2年。两个阶段里各设一位主任,教务长是留美学教育的张彭春。头两年不分系,大家都要学一门手工劳动,要求每人自己做一个书架;都要学国文、英文、两门自然科学(普通化学和普通生物学),还要学一门概论性质的社会科学。三四年级才分系。当时进政治系和经济系的最多,进哲学系的只有一个人。现在回想起来,以上这些办法较之别的大学是有一点创新精神的。这些办法是否都好,当然还没有定论,但办教育的人能有一点创见,确实是可贵的。

清华学校升格为清华大学,曹云祥得益于耶鲁精神和巴哈伊信仰。基于对当时文化局面的清醒认识,曹云祥确认了自己的办学方针,"中国向来对文化之输入,多不知选择,故有西学自西学,中学自中学之分;故西方文化之影响于中国也甚微。倘能加以研究,使东西文化,熔成一炉,则将来之功效,绝不止此。"[3] 为此,他在1924年几乎利用一个暑假的时间,写出了《西方文化与中国前途之关系》,除了单行本,《清华周刊》又予以重印,以使人手一册,因此,曹云祥的这部书在当时的影响是相当大的。

在该文中,曹云祥重视文化交流,他指出:

> 我国当周秦以前,无所谓由外输入之文化也。孔子与释迦,其所生时代,虽相去不远,然因出川之阻隔,彼此各行其道。学术思想,几如被喜马拉雅山脉隔断,未尝相闻问焉。自汉明帝梦见金人,于是白马驮经。外来之佛教,始流传于中土,是为本国文化。与外国文化互相接触之第一界线。迄至于今,千有余年。儒之与佛,渐相融和。士民安之,亦几忘其为外来品矣。此中国承受第一种之外国文化,已过去之历史也。交通既频,地球缩小,延至唐时,复有景教流行中国之事。于是第二种之外国文化,又微露其端焉。但当时影响甚微,世人亦不注意。至明清之间,复有利玛窦、汤若望、南怀仁等,挟其天文、地理、几何、历算诸术偕宗教以俱来。而我国之徐光启、李之藻辈,相率悦而习之,并翻译其书籍。于是第二种之外国文化,始渐为世人所称道,然是时士大夫之心目中,以为西人之所知者,不过天文历算而已,然从兹以后,步徐李之后尘者,渐不乏人。迄至今日,于算学界中,犹存有中法、西法之两名词,即当日之成绩品也。但此不过学术中之一部,西人自由传之,中人自由受之,未尝列诸学校,定为专科也。洪杨乱后,沪局译书。延请英国傅兰雅等。广译西洋科学及制造书籍,于是化电声光种种名词,始喧传于人口,嗜新者流趋之若鹜,已而游学之议纷起。晚清之时,留日学生已逾万数,而自费留学欧美者,亦几无时无之。群趋欧化,如醉如狂。即本校亦在此潮流之中建设,

---

[3]　参见《西方文化与中国前途之关系》,《清华周刊·书报介绍副刊》1924年12月第14期。

是为本国文化与第二种外国文化相接触最亲密之第二界线。而第二种之外国文化，亦如风驰云骤，卷地而来之时也。而最近数十年来之政界、学界、军界种种最大改革，遂无不以此种文化为根据。时至今日，虽欲谓之为未尝输入文化，殆不可矣。然而还视我国现状，其果承受此等文化，而能一一融洽否耶？且其所输入之文化，果皆西人精华，而非徒具形式否耶？是不能不生疑问。若徒具形式，而无精神，则植诸中华断不能得完全之美果。准斯以谈，则吾人今日所汲汲者，不在输入文化，而在将所输入之文化，如何融和、如何承受，令其有实用于国家。然则吾人今日之责任，比输文化时期更繁杂，而且重大。欲其融和承受，而无不妥善。此事决非少数之人所能武断，亦非苟简手续所能成功。则研究之问题，须继输入之问题而起，乃势所必至。理有固然也。但以本校棉力，安能肩此重任。最适宜之办法，则莫如以美国第二次退还庚子赔款，为研究院之基金是矣。凡事须有正确之研究，然后乃有真正之效果，补助于国民。西方各国，莫不循此先例。此事与中国之前途，有非常重要之关系。凡关心中国文化之士，不可不三致意也。

……

方当输入之初，学者急不暇择，竹头木屑，并蓄兼收。既输入后，与中国数千年历史上之旧风俗、旧习惯，是否龃龉不合，不暇问也。甚有至令守旧之士，一闻新学二字，而疾首蹙额者，是岂西方之文化与东方人士之心理，有不能适合者耶？……今日之所谓新文化者，是否类是也耶？准斯以谈，则研究改良之事，殆已刻不容缓。然而果恃何术，以为改良之工具，则仍非特设机关，如吾前说所称之研究院焉不可矣。凡事须经研究，然后乃有真理发明。学术之事，更属不可忽略，否则盲人瞎马。夜半深池，其不致遗误也几希。孟子所谓"以其昏昏，决不能使人之昭昭"也。

吾所欲设之研究院，即本斯义。无论何种学术，皆须先明其研究之法，然后用之以研究中国问题。凡对于国计民生，有直接关系，或对于世界文化，有间接影响者，皆广集通才详加研究。待其明白解决，不但国家真得学术之用，即东西两文明之真象，亦可因之而表明。如此而犹有视新文化如腹中之块者，恐无是情也。吾料自有此院之后，数十年来中西隔阂之病，新旧相訾之状，可以悉数捐除。即将来中国无穷之发展，亦于此植其基焉。且也，此院一日不设，则国内大学毕业之士，如无力远赴欧美，即无从得有研究最高学问之机。此中所湮没之人才，已不知其凡几。此院一设，则不特欲研究高尚学术者，不必远赴欧美，而学成致用，且更合于中国之国情。即西人之欲研究中国学术者，亦可于此间得相当之机会，化散漫为坚实，变粗浅为精深。一转移间，数善皆备。催促学术进步之法，盖未有妙于此者。想邦人君子，谅必表同情也。

总而言之，在数十年前，吾人为输入文化计，其手续尚不妨粗疏，今日为利用文化计，其抉择决须精细。诗有之曰："如切如磋，如琢如磨。"研究院者，殆即所谓琢与磨乎？玉不琢磨，不成宝物。然则琢磨之工，关系甚大。即将来西方文化之果否能畅行于中国，中国之文化，是否能永久存在，或挹注于西洋，皆视此琢磨之精否为凭。是此院之设，与东西文化皆有极大关系，所望智识之士力求精进，勿但抱璞以长终也。

……

本校之改设大学，为欲延长本校生命。而大学成立之要素，莫亟如筹备基金。本校现已勉为其难，通盘核算。于第一次之赔款内，提出一小部分，存于殷实银行，生复利息。预算至民国二十九年后。赔款终了之日，清华尚可以基金之年利，为维持大学之用。如无他变，则民国二十九年以后之清华大学，尚可独立存在。然此皆由历年撙节积储而成，并非有倘来之物也。其基金保存，有专责者负之。此本校第二种之大计划，关于筹备大学基金之大略情形也。

……拟设研究院。凡事不经研究，决无确见真知，此理前既屡言。学术一端，尤非研究断难幸获。本校有见及此，故蓄意创设此院。国内若无此等研究高深学问机关，断断不能生产专门人才，大都半解一知，所谓袜线才耳。此辈虽多，何补于国？外国无论何事，大都皆有专门家之研究，故其进步，一日千里。中国缺乏此等机关，故虽欲进步，而实有所不能。譬如舟车，外人已由汽而电，而我国仍仗人工。此最易引证之一例。故此院之设，不可一日再缓，推广言之，物质文明，固应研究，他如国家政治机关之组织，财政之整理，统一之方法，裁兵之计划，道路之修筑，工商之改良，凡属与人生有关之问题，何一不在应该研究之中。欧美各国，除政府设立之特殊研究机关而外，以学校或私人名义建立者，不知凡几；而我国对于兹事，漠不关心，无怪乎尹邢相见，自愧弗如也。本校欲将此事小试其端，因于今年暑假，创设一科学教员暑期研究会，以略觇社会之心理果也。未及会期，而报名愿来者，已超过定额之倍。再一核会员之籍贯，几于各省皆有。试一问会员之来路，几有不远数千里之外而来。即此一端，已可见中国人之心理。乐于研究，不惮研究。虽远道跋涉，而仍肯来研究。此种奋发精神，正宜利用之，以为国家之助，岂可令其闭塞湮灭，销归无何有之乡耶？以此观之，中国人之渴慕研究无疑。但研究院之成功，在各高等教育机关，本合作之精神，求文化之事业。不宜抱竞争之念，其目的在解决问题，发明学理，即如此次之科学教员暑期研究会，乃由中华教育改进社、北京协和医学校及清华三大机关，合组而成。只求以相当之地，作相当之研究事业。其所以在清华者，以其地点与设备较他处为宜耳。故他日研究院设立，必借他校之人才，为之提倡。主持教育者，苟不以竞争为怀，而倾心相助，则利国福民之事，可逐渐发生也。以上为本校第三种大计划，关于提倡研究院之大略情形也。

  总之以上三种计划，皆不外欲使赔款之效用，历时较长；与其效用之量，得数更大。三种计划中，除大学及大学基金，可由本校勉力筹措之外，其研究院之基金，似以美国第二次退还赔款充之为宜。盖中国今日之必须输入文化，为决不可免之事。输入文化，而不加以研究，则不能收文化之效果，亦自然之理。而研究机关，必须用款。若不利用美国二次退还赔款，更有何款耶？顾或者曰：国内教育，目下行将破产。盍将此款分与国立大学，暂济燃眉？则应之曰：唯唯否否。二次退款，为数已微。据报纸所载，仅六百余万耳。分给一十余校，每校所得几何？转瞬之间，咄嗟立尽，对于文化有何影响。俄英赔款，现已退还。其数约在二万万左右，不于此中划出一部，作国立大学基金。而必争此数百万之美国退款，毋乃舍本而逐末耶？稍有知识者，吾知其断断乎不出此也。

或者又曰：研究院诚不容缓矣。以美款作研究，诚善策矣。然而何不闻他校创议，而独闻清华之晓晓乎？则应之曰，唯唯否否。清华不愿守默守雌，而愿借箸代筹，作此破天荒之举动者，并非将此款据为己有也。其所以愿参末议者，亦非无道。（一）地点之优胜。清华地处西郊，无城市之嚣，无政潮之扰。地基空阔，设备佳良。其图书馆及试验室，与欧美小规模之大学不相上下。此等宜于研究之所，窃恐他处不易求之。清华之地势，最利于研究也。此其一。（二）人事之阅历。清华历年派送学生出洋，迄今十五载。为数不下千人。在美时，入研究院者甚为不少；回国后，在教育界继续研究者亦不乏人。总之，无论在国外国内，皆曾一从事于研究。所有种种艰难之处，譬如老马识途，稍有阅历。故此院如设在清华，又能随时委派在外之学生，作特别之研究调查，以助本国研究院之进步。此种经验与阅历，非他机关一旦所能组织。则清华之人事阅历，最利于研究也。此其二。（三）清华对于第一次之美国退还赔款，保管与分配，匀极得宜，环海内外，信用昭著。如将第二次赔款为研究院基金，归其保管，必能谨慎节用，万万不至虚縻。则清华以对于经济问题向来信实，必大有利益于研究也。此其三。有此三端，故清华愿贡献其幽静之地点，为中国研究事业之造端。然其事业，仍须合海内之人才，集中外之英硕，乃克成之。如今夏之科学教员暑期研究会，乃联合协和医学校、教育改进社而成。本校仅居其内之一成分，他日之研究院亦同此例。苟明此理，则可了然于本校之所以倡议设此院者，乃为美国赔款得最正确而有效力之用途而设，乃为中国教育前途有真实之智识而设，为国家收专门学术之效果而设，为世界文化相沟通而设，非为本校而设也。

总而言之，中国今日不能不输文化。而文化输入不能不加以研究。欲研究必设机关。其机关必须用款。中国今日，当杼轴皆空之际，安得羡余之款，以为讲学之资？然则以美国二次退还赔款，为研究院之用，乃天造地设，无有谓其不合者。此事而能告成，则中国前途无穷之发展，皆自此院启之，否则智识闭塞，教育不进，此院之不成，亦当分任其咎。故此院之成否，乃智识界之关系，中国前途之关系，世界文化之关系，与本校转无绝大关系。盖天下之学术，须天下之学者共任之。本校不过愿贡献其地点与设备，为天下学者研究之集合聚会之所而已。如以为适则用之，如以为不适则去而之他，亦有何害？设一时无更适当之处，则暂用之亦佳。不过以美款作研究之用，则其关系却非常重大，且其目的必须达到。孟子有言：七年之病，求三年之艾。今日之所谓研究院者，即为中国之蓄艾也。故此院能成，将于中国文化史上，占莫大之功绩。如其不成，则为后世人所怨谤，亦将无以避之。顾亭林曰："天下兴废，匹夫有责。"今日此事之兴废，亦匹夫有责者。所望：

识时俊杰，合力助成其事。勿使天下后世之读中国文化史者，笑我辈今日所主张者之无远识也。[4]

……

从这篇文章中，我们可以看出清华国学研究院全是曹云祥精心之作。确实在中国教育史上的破天荒之作，国学研究院"乃为中国教育前途有真实之智识而设，为国家收专门学术之效果而设，为世界文化相沟通而设"，而且在研究内容方面，"物质文明，固应研究，他如国家政治机关之组织，财政之整理，统一之方法，裁兵之计划，道路之修筑，工商之改良，凡属与人生有关之问题，何一不在应该研究之中。"这对研究清华国学研究院的历史极具重要价值。曹云祥确定"大学乃探讨学术之所，而图书馆则流传学术之府库也。"这句话实际上和梅贻琦"所谓大学者，非谓有大楼之谓也，有大师之谓也"的姊妹篇。

曹云祥从清华学校校长的位置退下之后，主要就是推动传播巴哈

---

[4]《清华周刊》1924年11月14日第326期。

伊教。

曹云祥是有名望的教育家，年轻时曾在耶鲁大学和哈佛大学读过书。据阿博都—巴哈回忆，有一位与华盛顿和平会议有关的中国大学生出席巴哈伊教的聚会，详细认真地请教了许多问题，最后说："这是我听说过的最好的宗教。"[5] 我们不能确定，阿博都—巴哈这里所指会不会是曹云祥，但是也可以确定起码这个人与曹云祥有关。曹云祥其时是出席华盛顿和平会议中国代表团的秘书长。

20世纪20年代的清华大学校长曹云祥，是1911年在美国耶鲁大学留学时加入巴哈伊教的第一个中国人。经过比较，曹云祥得出结论说："巴哈伊的这些教义放之四海而皆准，为这一新世纪提供了教育、经济和社会问题的解决办法，不仅中国，而且全世界都需要这些教义。而因为中国的领导人们现在正在黑暗中求索光明，所以中国尤其需要这些教义。"[6] 曹云祥自己说，他本人"认宗教为广义之教育，而尝一再研究宗教与文化进步之关系也。当读大同教义之初，即觉其含义之广大，而适合现代之思想"。因此他"数年前曾宣读大同教十二条大纲于一广义之耶教堂中，颇受听众之赞许；即爱国爱种如孙中山、陈铭枢诸先生者，亦皆大加称许；盖彼等默察社会之现状及人心之缺点，深知欲促进社会之进化，舍大同教莫由"。[7]

曹云祥成为巴哈伊信徒后，一方面把巴哈伊思想贯彻到建设清华大学的实践之中，一方面不遗余力地在中国推广巴哈伊教的教义。他翻译了许多巴哈伊经典，并且自己著书、撰文介绍巴哈伊信仰，影响了许多中国人。曹云祥的主要著译作有：

《大同教的贡献》，上海大同教社1932年1月初版。此书介绍大同教的成绩，大同教与其他教的关系，大同教的根本原则，大同教的证明及价值。

---

[5]　雷雨田：《大同教传行中国始末》，赵春晨、何大进、冷东主编：《中西文化交流与岭南社会变迁》，中国社会科学出版社2004年版，第93页。
[6]　转引自 [美国] 玛莎·鲁特：《中国文化与巴哈伊教》，1931年1月29日《巴哈伊周刊》。
[7]　守基·阿芬第：《世界之趋势·译者序》，曹云祥译，上海大同教出版社1932年版，第2页。此文即守基·阿芬第：《世界之秩序》，参见澳门新纪元国际出版社1995年出版之《巴哈欧拉之天启——新世界体制之目的》中的《新世界体制之目的》。

《亚卜图博爱之箴言》，上海大同教社出版。此书是阿博都—巴哈对有关教理若干疑问的答案，包括造物显圣的权威和情状等5部。就是在巴黎的答问，有译者序，曹云祥写了《大同教之沿革》对巴哈伊教进行简介，指出：大同教并不是什么新奇的教，不过是冶各教于一炉而加以改良罢了。

《大同教之在中国》，上海大同教社1932年12月初版。此书包括：中国人对于宗教之态度、中国的政治思想、教育在巴哈伊教中的地位、世界和平等部分。

《世界之趋势（大同教宣言）》，沙基芬地著，曹云祥译。上海大同教社1932年出版。此书以巴哈伊教观点谈第一次世界大战后之世界趋势。

《新时代之大同教》，[英]爱斯孟著，曹云祥译，上海大同教社1932年出版，介绍巴哈伊教的创立及内容，并介绍其创始人巴孛、巴哈欧拉、阿博都—巴哈。

《大同教对于预言之实践》，[英]爱斯孟著，曹云祥译，巴海大同教社1933年出版，为《新时代之大同教》第十三、十四章，单独译出。

《至大之和平》，曹云祥辑译，辑录巴哈欧拉、阿博都—巴哈的格言而成，其附录为曹云祥所写，介绍整个巴哈伊信仰，上海大同教社1932年出版。

曹云祥将巴哈伊信仰与中国的文化传统结合起来研究，讲了下面这段话：

> 看看分析一下中国文化便会发现，东方的哲学家们遇有忧虑时便深自反省。巴哈伊运动是一种深自反省的新方式。巴哈伊的教义为人们提供了他们正在寻求的帮助。中国，实际上乃至整个世界此刻在呼求灵光。目前人们对巴哈伊教义以及解释这些教义的书籍显示出极大的兴趣，其原因就在于此。既然有需求，便会有探索，因此也就会有满足。这是一种伟大价值的新预言，它正

在解放人们的思想，促使人们活跃起来，使得宗教在解决世界性难题时更加具有能动性。对于这一切都有一种需求，中国的有识之士都认识到了这一迫切需要。我们已经不可能再回到原来的陈腐不堪、半死不活的教义中。巴哈伊信仰的这一预言提供了一个新的理想，不依照它，世界便行不通。各种旧的宗教会不断挣扎下去，直至消亡。它们大概从未尝试去接受这种教义。整个世界会不断沉沦下去，直到触到了最底层的沉渣，然后才又会再次浮动。中国社会一直就是这样。若干年的多灾多难之后，就会出现某位统治者或圣贤，于是社会就有数百年的进步，之后又会故态重萌，旧病复发。然而，现代中国已经经受不起旧病复发了。孔夫子（应该为孟子）本人就曾教谕过，每五百年必有王者圣人或改革者兴。

曹云祥说：

我有时会扪心自问：中国人民会怎样对待这些教义？在东方各民族中，有些民族对待宗教的严肃程度远远超过西方或中国。近东和中亚的人民把宗教视为命根子。这些民族为了宗教可以不顾一切。我的问题是，中国人会像近东各民族那样严肃地对待巴哈伊运动吗？根据以往的历史，如果没有政府或某位君主的鼓励，中国人民很少曾这么热切地对待过宗教。根据现代中国统治者们的情况看，他们已经学到了很多很现代化的西方思想，所以现政府及其领导人还并没有试图用宗教运动来帮助解决中国的事务。然而在解决这些国内事务中，他们并没有取得预期的迅速进展。因此，严肃的思想家们和正致力于深刻反省人类心灵并正在从上帝寻求精神指导的领导人们，不妨借鉴并了解一下这一来自巴哈欧拉的预言的价值。因为这一新运动不仅满足了当今之需要，而且为人类的未来提供了一种理想。在彷徨徘徊之际，中国人民可以在此看到一线灵光。

曹云祥肯定巴哈伊教的现代价值，称其"为最适合现代需要之宗教，一方面承认各教之真理皆出于一辙，以收集思广益之效，而综其大成，一方面又指示世界之趋势，以统一人类之信仰，铲除争端，促进世界和平，此诚世界之新曙光也。""余深信大同教能改造人心，造福人类。"[8]

清华学校第五任校长曹云祥（1881～1937），是把清华学校改建为清华大学的创始者，是清华大学之父。他作为一名巴哈伊信徒，接受了巴哈伊教的理念，把此理念和耶鲁精神相结合，创办了清华国学研究院。他接触过中西方各种宗教信仰，希望从中找到一条拯救民族的道路。他认为各种宗教"墨守旧训，各执成见，不能彼此谅解"，难以承担人类文明发展与创新之重担。而巴哈伊教"承认各宗教之真理，出自一源，虽有时代环境之不同，而其根本真理，则未有不同者也"[9]，接近中国传统里"世界大同"的理想。巴哈伊教提倡"地球乃一国，人类皆其民"。而在儒家的经典《礼记•礼运》一书里，也描述了天下一家的宏伟蓝图："大道之行也，天下为公。选贤与能，讲信修睦。故人不独亲其亲，不独子其子，使老有所终，幼有所长，鳏寡孤独废疾者皆有所养。男有分，女有归。货恶其弃于地也，不必藏于己；力恶其不出于身也，不必为己。是故谋闭而不兴，盗窃乱贼而不作，故外户不闭，是谓大同。"曹云祥除了教育领域的建树，对巴哈伊信仰在中国的传播也起了开创性的重大贡献。他曾多次在公开场合演讲并撰写大量文章，介绍和赞扬巴哈伊教及其教义，自30年代起还亲自翻译了很多巴哈伊经典，如《已答之问题》、《亚卜图博爱之箴言》、《新时代之大同教》、《世界之趋势（大同教宣言）》以及《至大之和平》等。这些演讲、著述和译作也一并收录于笔者所著的《清华之父曹云祥》第二部《文献篇》。

曹云祥指出：

大同教为最适合现代需要之宗教，一方面承认各教之真理皆

---
[8] 阿博都—巴哈：《已答之问题•译者语》，曹云祥译，上海大同教出版社1933年中文初版。
[9] 蔡德贵：《清华之父曹云祥•文献篇》，陕西师范大学出版社2011年版，第442～443页。

出自一辙,以收集思广益之效,而综其大成,一方面又指示世界之趋势,以统一人类之信仰,铲除争端,促进世界和平,此诚世界之新曙光也。

于是天下各教,自不再宜分门别户,当以大同教为依归,大同教里面没有教士的把持,没有礼节的拘束,也没有通俗的祈祷仪式。唯只要人人信仰造物,信仰诸圣(指各国历代之圣如摩西、查罗斯德、佛陀、耶稣、博爱和拉)的意旨罢了。博氏的著作有《意纲经》、《亚特经》、《亚达经》及奏疏格言书信等。大同教鄙弃浮文末节,因为空言不如力行,凡事都当以身作则。再大同教除了注重个人道德、女子教育、友爱精神、社会经济各问题外,还规定人不当有接受认罪及赦罪的权威,再宜履行一夫一妻制,废弃独身主义而与社会中人常相交际,其余没有明文规定的,当服从各国法律,或由博氏所提议的"公理院"解决之,规定之。按大同教义说起来,凡人能尊敬一国元首,是尊敬造物一部分的义务。人人当提倡世界语,及服从国际裁判所,以求免除战争。博氏说的"你是一树之叶,一海之水"二语,质实说起来,大同教并不是一种新教,乃集合各宗教而统之一,复新之罢了,现在该教为博氏之外孙沙基爱分地主持。(见勒罗百科全书插画新版补录六十六页)[10]

基督教家庭出身的曹云祥,对基督教青年会的贡献很大,而在信仰上他更为热衷于巴哈伊教。他热情翻译、宣传"大同教"教义,而且灵活运用巴哈伊教的思想来分析中国和世界的实际问题。

著名的巴哈伊教信徒,美国女记者玛莎·鲁特1923年到清华学校演讲。

"玛莎·鲁特有一天去拜访了清华大学(当时名叫留美预备学堂)的校长曹云祥和他的夫人,他们十分慷慨地接待了玛莎·鲁特。玛莎专程拜访是为了向夫妇传达巴哈伊信仰,而两人也毫无偏见地

---

[10] 蔡德贵:《清华之父曹云祥·文献篇》,第471、472页。

聆听了她的话。玛莎这一小小的举动引起了巨大的影响。曹云祥夫人原籍瑞典，但是后来成为了美国公民。她是一名诚挚的真理探求者，以及神智学协会的一名成员。曹云祥教授则是在1911年从美国耶鲁大学毕业。当曹云祥在伦敦为祖国服务（任外交官）时，他们两人结了婚并在伦敦定居了5年。当他抵达北平时，曹云祥教授通过玛莎邀请了我（原文作者阿格尼丝）到学校的全体学生面前做一次关于巴哈伊信仰的演讲。曹云祥夫妇之后盛情接待了我们。之后，他又安排了座谈会，邀请有兴趣的学生单独和我们谈话。四位热心的学生参加了这次座谈会，既有回教徒、基督教徒，也有非宗教信徒。这次会谈十分鼓舞人心，因为每位学生的讲话都发自内心。从那以后，曹云祥教授不管是在学术文字上还是在演讲中都将自己与巴哈伊信仰紧密连接在一起。"[11]

曹云祥明显接受了巴哈伊教的世界主义思想，有一种"爱敌如己"的思想。1923年，日本地震，曹云祥委托麻伦、杨梦赍、何林一、王绍甄、樊季清、戴孟松六位教师和胡敦元、施滉、何鸿烈三位学生协助，组织日本赈灾委员会，9月13日下午4时，曹云祥亲自在大礼堂举行募捐演说，指出，"平日中日两国人民虽然处于敌对地位，然近日彼方遭受天灾，情至可恤，吾人为人道计，实应该予以充分之助力。譬如球战，方战争时，彼此努力，及敌方一倒，则应立弃敌意，趋前相扶，方合于真正竞赛者之精神。"[12]

新文化运动的另外一个重要贡献就是世界语，正如傅振伦在《五四以后之北大世界语宣传运动》所说：

"北大为吾国最高学府，久为世人所公认。溯自1898年5月成立以来，在社会上，文化上，政治上，亦无一日而不居领导地位。五四运动之后，新文化潮流，澎湃全国，推其端倪，亦无不自吾

---

[11] [美]Agnes Baldwin Alexander, History of the Baháí Faith in Japan 1914-1938, p.59. 引文由陈丽新女士翻译。
[12] 《清华周刊》1923年9月20日第286期。

北大发之。'文化策源地',北大实足以当之而无愧色!……余维世界语宣传运动,五四以还,以北大为中心,实新文化运动史上重要之一页。"[13]

中国近现代史上卓越的外交家之一,曾任中华民国北洋政府国务总理、民国政府驻法、英大使、联合国首席代表、驻美大使、海牙国际法院副院长,被誉为"民国第一外交家"的顾维钧,1920年代表中国政府在国际联盟第一次大会上签名支持A194号文件。文件说:"国际联盟"以极大的兴趣注视着若干联盟会员国在公立学校中正式教授世界语这一国际语的试验,希望这个教授能普及于世界,以使各国儿童们从现在起,至少知道两种语言,就是:他们的父母语和一种简易的作为国际沟通工具的语言——世界语。1922年2月15日顾维钧博士在北京大学世界语联合大会的讲演说:

"若各国都用了世界语,就可藉此扩张世界观念,不至于自私自利,眼界也可以放大一些。设即利用这世界语打破国界,合全世界为一家,也是未尝不可。古人说:'四海之内皆兄弟也。'这句话我更扩充他为'全世界人皆兄弟也',岂不更好吗?所以若能使世界语普及世界,则全世界人必能发生一种一致的精神,利害相关,休戚与共,谋全人类的幸福,那就可以互相亲睦,互相维持了。"[14]

当时的黎元洪总统委派刘春霖到会宣读其贺词,肯定世界语的作用,"天地之大,何所不包?积无量人为一国,积无量国为一世界,何以能通?亦通之以文字而已,通之以语言而已。"世界大同离不开世界语:"大同之治,此其权舆。"[15]

而世界语在中国的推广,与巴哈伊教息息相关。

---
[13] 肖卫主编:《北大岁月》,内蒙古文化出版社2001年版,第218页。
[14] 1922年12月22日《北京大学日刊》、北京1922年12月22日《晨报副刊》。
[15] 傅振伦:《傅振伦文录类选》,学苑出版社1994年版,第950页。

1923年，玛莎•鲁特开始在北京世界语学校任教，学校设在北京西城孟端胡同路南。通过玛莎•鲁特的讲演，清华学生中也有人已经接受了巴哈伊教思想。比如朱湘在1923年底发表的一篇文章，就表示他当时已经接受了巴哈伊教的思想。他说：

"宗教现在反对的人很多，但我看他们反对的只是宗教的形式，与利用宗教的人。至于宗教的精神，大家是不但不会反对，并且每人都在提倡。何以说每人都在提倡宗教呢？宗教之核乃信仰。我们自己反省一反省，我们对于我们所认为对的，认为有益于社会而我最应做的事，不是觉着一股热烈的亲密吗？这就是我们的信仰，这就是我们的宗教。不过从前的宗教不旷达，自己看见一面真理时，就以为这是真理的全体，而斥他教为异端，殊不知真理是时上地上均无穷的，合起古今中外各教所见的各面真理来，都不过真理的一相。何况那仅仅的渺小的一面呢？更何况这渺小的一面中之一份子，个人呢？这浑圆的整体，我们叫做天也好，叫做上帝也好，叫做阿拉也好，叫做人类的幸福，叫做美，叫做真理，均无不可。他是全人类努力之目标，换句话说，他是全人类努力所得之总汇。我们各人只要看出自己的长处，尽所能将伊发展，那时我们就是真理之一部分，那时真理就生于我们之体内了。"[16]

另外值得注意的是，1925年10月16日，自称是基督徒的刘淦芝在《清华周刊》发表了一篇名为《宗教问题》的文章，里面有这样一段话：

"管子说：'智者用神，愚者敬神'，这句话我绝对相信，我想凡是无存见的人士，亦必如我一样。我也相信巴海所说的，每个宗教，只看见宇宙间的真理一部分。我自己是个耶稣徒，但是你说我是佛教徒，回教徒，我也不同你争辩，我相信的是真理。"

当时有些引文没有注明出处，让我们无从查考，今天还难以查到

---

[16] 朱湘：《精神教育》，《清华周刊》1923年12月14日第298期。

原文。但是"每个宗教，只看见宇宙间的真理一部分"这句话肯定是巴哈伊教的思想。阿博都—巴哈和巴哈欧拉都说过大概的意思。而管子说："智者用神，愚者敬神"，可以查到就是《管子·轻重丁》的这句话："故智者役使鬼神，而愚者信之。"这位刘淦芝所说的"巴海"就是巴哈伊教，完全是采取巴哈伊文明的态度对待其他宗教，包括自己原来所"信仰"的基督教。从这篇文章，可以推测，在当时的清华学校，除了曹云祥，还有别人了解巴哈伊教。玛莎·鲁特说当时参加座谈的四个人，这朱湘和刘淦芝是否就是其中的两个？

孙中山和巴哈伊教

"天下为公"是孙中山的伟大思想遗产。他一生多次题写"天下为公"。据杨天石说,第一次是在1912年7月,为上海《天铎报》题词。以后,多次题写。比较重要的有:1921年5月1日为《新青年》"劳动号",1923年1月为蒋介石题写。其实1913年还有给江少峰写的,注有"遵少峰先生嘱"。[1]1918年,革命党人徐朗西出任七省靖国联军援陕前线总指挥,出发前,孙书赠"天下为公"。1919年10月22日,孙为五四运动组织者之一的朱仲华题词"天下为公"。1920年4月,孙为韩国《东亚日报》题赠"天下为公"。1920年5月1日孙为《新青年》题词"天下为公"。1922年,孙书赠杨庶堪《礼记•礼运》"大同"篇:"大道之行也,天下为公。选贤与能,讲信修睦,故人不独亲其亲,不独子其子,使老有所终,壮有所用,幼有所长。矜寡、孤独、废疾者,皆有所养。男有分,女有归。货,恶其弃于地也,不必藏于己;力,恶其不出于身也,不必为己。是故谋闭而不兴,盗窃乱贼而不作。故外户而不闭。是谓大同。"1923年1月,孙应蒋介石之请,一口气为蒋氏书写了他自拟的三副对联后,又特地书赠了"大道之行、天下为公"条幅。1923年9月,孙为张学良题赠了条幅"天下为公"。最后一幅"天下为公",是孙中山身患肝

---

[1] 黄廷训:《"天下为公"是孙中山赠潮阳籍金融家江少峰的题词》,汕头政协学习和文史委员会:《汕头文史》第19辑,2007年内刊版,第81页。

癌逝世前题写的。[2]

孙中山在其著作和演讲中,也曾多次引用过"天下为公"。他认为人类进化的最高目标就是实现"天下为公",变现在的"痛苦世界"为"极乐的天堂"。他相信,近代文明进步的速度一天比一天加快,"以此递推,太平世当在不远。"[3]

在孙中山的思想中,民族主义和世界大同是紧密联系在一起的。孙中山接受民族自决和弱小民族联合起来实现独立自主的新观念,用民族主义实现内部的自我联合,再联合世界上的所有弱小民族,共同用公理打破强权。1913年,孙中山说:"(现在)国与国之间,不能无争。道德家必愿世界大同,永无战争之一日。我辈亦须存此心理,感受此学说。将来世界上总有和平之望,总有大同之一日。此吾人无穷之希望,最伟大之思想。"(《在东京留学生欢迎会的演说》)在《建国方略》中,他说:"夫今日立国于世界之上,犹乎人处于社会之中,相资为用,互助以成者也。"[4]在孙中山的理想中,最终是实现世界主义。但具体根据中国的情况何时才能讲世界主义,孙中山提出"我们受屈民族,必先要把我们民族自由平等的地位恢复起来之后,才配得来讲世界主义。"1924年1月27日到3月2日在连续六次的《民族主义》讲演中说,他提倡"用固有的和平道德做基础,去统一世界,成一个大同之治"。"强权打破以后,世界上没有野心家,到了那个时候,我们便可以讲世界主义"。[5]5月2日,孙中山应邀出席岭南大学举行的黄花岗七十二烈士纪念大会(是日为旧历三月二十九日),发表演讲,强调"为国家、为人民、为社会、为世界来服务"。"这种替众人来服务的新道德,就是世界上道德的新潮流"。[6]孙中山1924年6月16日在黄埔军校正式成立典礼上的训词,会上还颁发了他亲自确定的"亲爱精诚"的校训和对学生的训词:"三民主义,吾党所宗;以建民国,以进大同;咨尔多士,为民前锋;夙夜匪懈,主义是从;矢勤矢勇,必信必忠;一心一德,贯彻始终。"[7]1928年8月17日,蔡

---

[2] 李生顺:《有虞舜帝》,湖南人民出版社2005年版,第203~204页。
[3]《建国方略》,杨天石:《哲人与文士》,中国人民大学出版社2007年版,第170页。
[4] 杨天石:《哲人与文士》,第170页。
[5] 中国社科院近代史所编:《孙中山全集》第9卷,中华书局2006年版,第220页~226页。
[6]《中国国民党周刊》1924年第20期。
[7] 萧超然主编:《中国新民主革命通史》第2卷《国民革命的兴起:1923~1926》,上海人民出版社2001年版,第100页。

元培根据孙中山的精神拟定的《在大学院拟定中华民国教育宗旨》，把民族主义和世界主义相结合，主张"恢复民族精神，发扬固有文化，提高国民道德，锻练国民体格，普及科学知识，培养艺术兴趣，以实现民族主义"，"提倡国际正义，涵养人类同情，期由民族自决，进于世界大同"。[8]

孙中山的世界大同思想与巴哈伊有一定的渊源。和巴哈伊的接触，一是通过李佳白，一是通过玛莎·鲁特。孙中山和李佳白的交往已经在《西来巨儒李佳白的中国心》（人民出版社2018年）中详论了，兹不赘述。

1924年春天，廖崇真偕同玛莎·鲁特女士拜访孙中山先生，"偕同趋谒孙总理，颇蒙总理嘉许。"孙中山在那次会见的时候，对罗德（即现译之鲁特）女士说："我对于一切提倡世界和平的主义，均异常在意。我若能够促进或实现世界和平，我就是牺牲自己的性命也是非常甘愿的。"[9]

鲁特女士称孙中山为"中国的华盛顿"，是"共和国的不朽之父"，是"伟大的理想主义者"，其"雄才大略不是基于战争，而是以合作为基础，其最终目的便是世界和平"。她和孙中山谈到巴哈伊教的世界大同主义，孙中山非常感兴趣。《广州民国日报》1924年4月4日的《美国女记者之游粤》报道说："美国新闻记者儒特女士（即玛莎·鲁特）来粤游历、演讲巴海的主义。兹闻儒特女士昨午12时曾携带美国必智市长及该国工商部长介绍函，晋谒孙大元帅，陈述其关于世界和平之意见，并希望大元帅以中国和平民族的领袖地位，指挥世界和平之运动。大元帅极为称许，畅谈至一时之久，始握手约再会而别云。"孙中山表示，巴哈伊信仰"与中国之所需密切相关"。曹云祥先生在他的著作《巴哈伊教在中国》中提到"孙中山先生曾经听说并读到过巴哈伊教，他认为巴哈伊教会对中国的发展有所帮助"。雷雨田先生肯定"孙中山的世界主义大同理想使其对一切优秀文明采取了开放态度。以他为首的中国政界人物和知识分子对大同教的豁达与宽容精神，使路特女士（即玛莎·鲁特）对中国及其传统文化的博大精深极为崇敬，也对大同教在华人中的传播充

---

[8] 高平叔编：《蔡元培教育论集》，湖南教育出版社1987年版，第462页。
[9]《罗德女士演讲专号》，1930年9月23日《广州市政日报》。

满了信心。"[10]孙中山先生同玛莎·鲁特的会见,在大同教的传播以及中西文化交流史上,都留下了深刻的影响。[11]

---

[10] 雷雨田、赵春晨:《孙中山与大同教在中国的传播》,张磊、王杰副主编:《孙中山与中国近代化》下册,人民出版社1999年版,第660页。
[11] 张金超:《孙中山与宗教关系管窥》,香港中国评论出版社,http://www.chinareview-news.com/crn-webapp/cbspub/secDetail.jsp?bookid=10523&secid=10668.

中国近代早期名士和巴哈伊教

上世纪20到30年代,巴哈伊教在中国的传播形成过一次高潮。政界名流,社会闻达,对于巴哈伊教几乎有口皆碑。上海的街头巷尾,甚至老叟弱小,对大同教都有所耳闻。

根据澳门巴哈伊朋友提供的视频,我们知道:

最早有记载居住在中国的巴哈伊是巴孛的一位表兄,名为哈吉·米尔扎·穆罕默德·阿里,在1862至1868年期间居住在上海。他于1870年移居香港,他和他的弟弟哈吉·米尔扎·穆罕默德·侯赛因(被人称作哈吉·米尔扎·布祖尔格),在那里成立了一个贸易公司。在海法的收藏馆中,镶嵌巴哈欧拉照片的那三个金银铸造的相框,就是由他们俩提供。这俩兄弟在香港一直呆到了1897年。

在开始伟大的中国之旅前,哈吉·米尔扎·穆罕默德·阿里在阿卡城有过停留。教长描述了在阿卡见到他时的情形说:"一天我和一些朋友在客栈屋顶,我正在散步,那时正值日落时分,我往远处的海岸一瞥,发现一辆马车正驶来,'先生们',我说道,'我感觉有一位圣人坐在马车内,我们一起去那个大门吧。'随着马车停靠,这位先生也到了,他的脸容光焕发!真确是赐福之人。我很喜欢Afnán(阿夫南,指巴孛的男性亲属）。因为他的到来，我的内心充满了喜悦。"

从那以后，越来越多的巴哈伊来到中国并在此定居。1881年到1882年期间，巴孛的妻侄阿加·米尔扎·易卜拉欣曾定居在香港。

1891年，杰出的巴哈伊学者和导师米尔扎·阿布—法德勒被阿博都—巴哈任命为巴哈欧拉使徒，他在去中亚时访问了喀什地区。1902年，来自阿什哈巴德（土库曼斯坦首都）的两位波斯人阿卡·米尔扎·米西迪·拉什提和阿卡·米尔扎·阿博都巴奇·亚兹迪来到上海，并将奥米德贸易公司的一个分公司开设于此。米尔扎·拉什提写道："上海已经觉醒，中国人中已有信仰者，并在这一转变过程中将启示之光照向他们的同胞。"米尔扎·拉什提于1924年在上海去世。

当时一些响应阿博都—巴哈号召，将信仰带去中国和日本的巴哈伊有霍华德·史札文、艾格尼丝·爱丽珊达（Agnes Alexander）和查尔斯·梅森·雷米。

1910年，霍华德·史札文和梅森·雷米开展了一次环球传导之旅，这对于巴哈伊来说尚属首次。他们访问了上海和香港。

上帝之圣辅艾格尼丝·爱丽珊达于1900年在意大利成为巴哈伊信徒。1914年11月在前往日本途中，应阿博都—巴哈的请求，他们在香港停留。

随着阿里·哈森沃夫、侯赛因·乌斯库利、米尔扎·侯赛因·图缇和其他拓荒者的到来，上海的巴哈伊社团得到更加稳固的建立。上海当时散发的一个小册子，上面标注的是"各地八海（巴海）同志，上海八海学社"。这可能是中国最早的巴哈伊社团。

在曹云祥之后，第一个皈依巴哈伊教的，是在美国的华人，他是美国芝加哥大学和哥伦比亚大学的留学生陈海安，在美国时称为Harold A.Chen。他1916年加入巴哈伊教，但其影响微乎其微。其次是廖氏两兄弟，廖崇真、廖崇圣。其父廖德山，就是创办广州培正书院的基督教浸信会信徒，与孙中山的关系非常好，其妹廖奉灵（Liao Feng Ling）与孙中山也很熟，和一家人没什么区别，因此巴哈伊传教士玛莎·鲁特从美国到达中国后，由其妹廖奉灵引荐给孙中山，并从玛莎·鲁特那里得到了巴哈伊教的小册子。孙中山从小册子当中看到了大同思想，表示非常赞赏，他说这种思想与中国的儒家大同思想非常符合，非常适合中国。但可惜的是，孙中山见了玛莎•鲁特之后不到一年就去世了，所以之后也没有了记载。

除了曹云祥，当时贡献最大的中国巴哈伊教徒是广州人廖崇真（Chen S.Liu）。根据《佛山历史文化辞典》：廖崇真（1897～1970），早期担任过广东蚕丝局长。祖籍蕉岭县，生于广州，1927年从美国康奈尔大学农学院深造回国，1933年就任广东省蚕丝改良局长，出于工作需要，他长期驻留顺德，实干苦干，为了培训技术骨干，接管了设在大良的省立第二农业学校（后改名为顺德农业学校，亲自兼任校长），在种桑、制种、育蚕、缫丝、纺织技术的改良及推广等方面，做了大量工作，为恢复和发展广东蚕丝叶作出了较大贡献。

廖崇真是一个多面手，年轻时是运动员，后来又是学者，担任中山大学农学教授。1915年在中国上海参加第二届远东运动会排球比赛，1917年5月8日～12日，在日本东京举行的第三届远东运动会上，廖崇真作为田径运动员代表广东队参加比赛。他在康奈尔大学读书时成为巴哈伊信徒，得到著名巴哈伊人士罗伊•威廉（Roy Wilhelm）和法策尔（Fazel）两人的教授。1923年春天，他回到广州，在政府部门广东省建设厅任农林局副局长兼农业课长。1924年玛莎•鲁特与孙中山会晤，就是由他和妹妹廖奉灵安排的。1930年，顺德丝业商人集资在乐从镇兴办蚕丝学校，并从广东蚕丝业研究所和岭南大学延聘师资，培训技术人员。此后，经广东省政府批准，又开设顺德农业职业学校，由升任广东省蚕丝局局长的廖崇真兼任校长，1939年以后担任岭南农科蚕丝学院校长、中山大学农学院教授。他将巴哈欧拉的《隐言经》、《世界书简》、《美德书简》等著作的英文本译成了中文。

他的妹妹廖奉灵，在岭南大学学习，后来去了美国密歇根大学深造，从玛莎•鲁特那里听说了此信仰。1931年，在回国途中她在日本的横滨停留，见到了艾格尼丝•爱丽珊达、基思•兰塞姆—凯勒（Keith Ransom-Kehler），以及其他一些日本朋友。她将自己的一生全心奉献给了中国教育事业的发展。她在康科德女子学院任职20年,之后又担任岭南大学的历史学教授,以及广州市教育局的副局长,广州儿童福利协会的副会长,以及许多其他高层职位。当上帝之圣辅基思·兰塞姆—凯勒于1931年访问上海和广州时,被廖奉灵邀请居住在她兄长廖崇真的家中。

廖崇真本人与守基·阿芬第有书信来往,1937年曾去信向他汇报说,经过五年的审慎工作,他完成了《巴哈欧拉书简》的翻译,这是巴哈欧拉的著作首次被译成中文。他翻译的另一部著作是《隐言经》。廖崇真认为:"大同教道,高深广大,为救世之南针。有无穷之价值。……其道注重实践,而不重宣传。……余深信大同教为医治今日世界纠纷之良药,建设新世界之基础,个人修养之圭臬。"[1]这本译作,得到朋友郑道薰、周明德二人的润饰,其夫人孙丽淑也帮助校录。当时的社会闻达,一代儒将香翰屏中将以"圣行真一"、教育名家、中山大学校长金曾澄以"经正民兴"题词推介。廖崇真还曾经将他翻译的《十二个基本原则》和圣护所写的《巴哈伊简史》编成小册子,并印刷了两千多份。这些译作被送到了分散在中国各地的许多图书馆。他的工作受到守基·阿芬第的赞扬,他和他一家人的照片被守基·阿芬第挂在海法巴哈欧拉住过房子的墙壁上。

当时他不顾战争中日本人对广东的轰炸进行工作,在给守基·阿芬第写的信中说:"在枪林弹雨中,我完成了两部重要巴哈伊文献,《巴哈欧拉书简》和《已答之问题》的翻译。现在我正要开始第三部文献——《阿博都—巴哈关于神圣哲学的评论》的翻译。我坚信世界新秩序和最终解放依赖于巴哈欧拉的准则的实现。我愿意尽自己微薄的力量将这欢乐带给我们的人民。"1939年,廖先生完成了巴哈欧拉《祈祷和默诵》的翻译。

国内学术界还有一个说法,就是兰州的灵明堂也是巴孛运动影响的结果,但是此说的真确性需要进一步论证。

而周作人先生1919年7月30日在日本东京参观了一个叫作巢鸭(Sugamo)村的村庄,对这个村子的和谐赞美之后,说:

---

[1] 《大同教隐言经·廖崇真序》,洛阳印务馆1937年版。

> Baháu'lláh（巴哈欧拉）说："一切和合的根本，在于相知。"这话真实不虚。新村的理想，本极充满优美，令人自然向往。但如更到这地方，见这住民，即不十分考察，也能自觉的互相了解，这不但本怀好意的人群如此，即使在种种意义的敌对间，倘能互相知识，知道同是住在各地的人类的一部分，各有人间的好处与短处，也未尝不可谅解，省去许多无谓的罪恶与灾祸。 [2]

巴哈欧拉的这句话，我很久没有查到出处，委托很多朋友查找，也未果。2012年10月8日早晨，美国IBM公司全球化架构和科技总监鲍景超先生在香港告诉我，他终于找到了这句话的出处。他给我出示了一本袖珍书《9》，我当即把这本书拍了照。

书名为《9》的小册子（鲍景超先生提供）

---

[2] 此文先收入周谷城主编的《民国丛书》第2编65《生活的艺术、艺术与生活》，上海书店出版社1990年版。此处引自钟叔河编订的《周作人散文全集》第2卷，广西师范大学出版社2009年版，第185～186页。

> of truth must free his mind from the tales of the past, must adorn his head with the crown of severance and his temple with the robe of virtue. Then shall he arrive at the ocean of oneness and enter the presence of singleness.
>
> Oneness, in its true significance, means that God alone should be realized as the one power which animates and dominates all things, which are but manifestations of its energy.
>
> The essence of faith is fewness of words and abundance of deeds; he whose words exceed his deeds, know verily his death is better than his life.
>
> O friends! Consort with all the people of the world with love and fragrance. Fellowship is the cause of unity, and unity is the source of order in the world. Blessed are they who are kind and serve with love.

《9》中周作人引用的内容（鲍景超先生提供）。图中右下角的文字即文中所讨论的周作人的引语

鲍景超先生在当天给我的邮件里说：周作人引用的那一句有另外一个翻译。1923年在美国出版了一本叫Bahái Scriptures的书，里面搜集了当时已翻译的巴哈欧拉和阿博都—巴哈的圣言。这句圣言里面也有，但翻译有点不同。

今天给你看的小册子是翻成：

O friends! Consort with all the people of the world with love and fragrance. Fellowship is the cause of unity, and unity is the source of order in the world.

在Bahái Scriptures里则译为：

The followers of sincerity and faithfulness must consort with all the people of the world with joy and fragrance; for association is always conducive to union and harmony, and union and harmony are the cause of the order of the world and the life of nations.

这一个翻译可能是周作人所读到的，因为"union"就是"合"，"harmony"是"和"，而"association"是"相知"。

《巴哈伊教经文》（Baháí Scriptures）的编辑，参与者有玛莎•鲁特和朱丽叶•汤普森小姐。艾格尼丝•爱丽珊达在1914年11月份的时候，就来到了日本，在那里传播巴哈欧拉信仰，而玛莎•鲁特1915年7月在日本的时候，也带去了一些宣传巴哈伊教的小册子。周作人也许正是从她们带去的小册子里读到了巴哈欧拉的这句话。至于如何得到这些著作，我查阅了《周作人日记》，没有发现任何线索。

我在此线索的基础上，查找了有关资料，发现了新线索：

美国记者玛莎•鲁特1909年成为巴哈伊教徒。纽约华尔街104号的罗伊•C．威廉先生在1909年1月23日（即在农夫餐厅的那次长时间谈话）向她传导了巴哈伊天启。[3]

玛莎•鲁特先后四次到中国（1915, 1923～1924, 1930, 1937），其护照的签发日期为1915年1月18日，证件号码为47702，由当时的国务卿威廉姆•詹宁斯•布莱恩（William Jennings Bryan）签字。护照上这样描写玛莎的身体状况："年龄：四十二岁；身高：五英尺三英寸；前额：高；眼睛：蓝灰色；鼻子：正常；嘴：紧实，大；下巴：方；头发：灰褐色；肤色：浅色；脸型：长。"护照还注明了玛莎此行的目的，即以报纸和杂志记者的身份游历西班牙、意大利、希腊、埃及、叙利亚（海法、阿卡、耶路撒冷）、印度、中国、日本、澳大利亚和锡兰等国。[4]

1917年4月30日，第九届巴哈伊年度会议在波士顿召开。这是一次具有里程碑意义的大会，它将改变巴哈伊信仰的历史，对全世界产生深

---

[3] [美]M.R．加里斯：《玛莎•鲁特——神圣门槛前的雄狮》，成群译，新纪元国际出版社2013年版，第36页。
[4] [美]M.R．加里斯：《玛莎•鲁特——神圣门槛前的雄狮》，第44页。

远的影响。玛莎•L．鲁特担任此次大会的记者。

大会在波士顿的布伦斯维克酒店举行。会上宣读了五篇神圣计划书简以及阿博都—巴哈对美国巴哈伊教传播教义的指示。参加此次大会的代表分别来自美国的四个地区（东北、南部、中部及西部各州）和加拿大。代表们在大会上进行了热烈的讨论，并且表现出了强烈的忠诚和热情。这种忠诚和热情必将促进巴哈伊信仰的传播，正如玛莎报道："用坚实而持久的行动将理想转化为现实。"

第九届年度会议还有一件事值得一提，那就是罗伊•威廉（Roy Wilhelm）发布了一本蓝色的传导小册子。这本册子共有两种版本，一种是小字体（不到两平方英寸），另一种字体稍大。此册一经发行，立即取得了巨大的成功，人们分别给这两种册子起了绰号"大本"和"小本"。最初，这本册子是作为里兹万节的小礼物而印刷的。该册子的初版印刷了一万五千本，很快就销售一空。紧接着增印了七万五千本，同样快速售完。此后，小册子又不断重印。

"小本"，一种不到两平方英寸的宣传册，"大本"稍大，内容为巴哈伊信仰基本教义。罗伊•威廉在1917年第九届巴哈伊年度会议上发行了这两本宣传册。玛莎•鲁特将它们翻译成了多种语言，并且在环球旅行中经常用到它们。

在玛莎的环球传导之旅中，罗伊•威廉的蓝色小册子成为了她的贴身伴侣和最好的伙伴。这些小册子被翻译成各国的文字，进入了全世界的家家户户，不论贫富，不论家庭大小。"大本"和"小本"犹如天空中闪耀的双子星，散发着品质之光芒，帮助他人实现目标。它们是玛莎不可或缺的宝贝。[5]

---

[5] [美]M．R．加里斯：《玛莎•鲁特——神圣门槛前的雄狮》，第59～60页。

玛莎·鲁特和中国世界语

周作人在1919年就得知巴哈伊教了。而后，因为美国新闻记者玛莎·鲁特到访中国，使更多的人接触到巴哈伊教。

具体到山东的新文化运动，也与玛莎·鲁特和巴哈伊教有一定的联系。山东新文化运动健将王祝晨，被誉为"革命的教育家"、"教育界的革命者"，也有人称他是"山东的胡适之"。1919年傅斯年和杨振声到济南，王祝晨就与他们有所接触。五四运动后，新文化运动蓬勃而起，王祝晨积极响应，与鞠思敏、于明信等组织成立了"尚学会"，出版月刊《文化新介绍》，此为山东刊行白话文及应用新式标点之始。1922年10月，胡适到济南开会，和王祝晨交谈三次。王祝晨深受胡适新文化思想的影响。1923年，王祝晨创办省立一师校刊——《山东一师周刊》，并亲任编辑，积极撰稿。《山东一师周刊》传播新文化、新思潮，介绍一师的教学动态，在省内外影响很大。在他的倡导下，省立一师还定期举办讲学会、讨论会，并邀请其他学校的学生参加。大家各抒己见，自由讨论，气氛十分活跃。多年后，很多一师校友还对王祝晨校长的开明之风追念不已。为开阔学生的眼界，王祝晨通过胡适先生，曾邀请美国教育家杜威来一师作临时讲学。杜威被誉为"现代教育之父"，他的教育思想影响了整整一个世纪，现在的创造性教育、新一轮世界性课程改革都与杜威的教育思想有着直接关系。[1]王祝晨先生用高薪请来国内名家、教授来作教员，如翻译家潘家洵，文学史家郭绍虞、孙维岳、祁锡埙、张敦纳、杨惠修等著名学者，范予遂、隋星垣、蒋士健、张默生等均先后来校执教。同时聘请中外名人、教授来一师作一周以上一月以内的专题讲演，如印度伟大诗人泰戈尔、美籍教育学家柏克赫司特女士、美籍植物学家柯脱博士、巴海教徒儒特与艾格尼丝•爱丽珊达两女士来讲世界语，并敦请"中华职业教育社"派员来校讲解就业指导（当时师范毕业生规定可以做教育以外的其他职业）。当时梁漱溟、周作人、沈尹默、杨晦、王森然、刘伯明、张凤举、王星拱、朱谦之、张璜等名家也都曾来校授课。[2] 这里的巴海教徒儒特即巴哈伊教徒玛莎•鲁特，她在济南讲演的时候，后来的历史学家邓广铭曾经前去听讲。

玛莎•鲁特在北京的活动开始于世界语学校。世界语（Esperanto）是1887年由波兰犹太眼科医生柴门霍夫创制的。柴门霍夫发明世界语的目的包含推广人类一家、世界大同的理想，因此他也高度评价主张世界大同的阿博都—巴哈，说："我高度尊重阿博都—巴哈的人格及其工作。在他身上我看到了人类最伟大的辅助者。"[3] 我们不知他自己是不是巴哈伊教徒，但其女儿莉迪亚•柴门霍夫是巴哈伊教徒，后来死于纳粹的集中营。

柴门霍夫推广世界语，包含借此实现大同理想的意味。在中国，其最初译名是"万国新语"，据说当初人们称这个语言为"希望者博士的国际语"，国际语，爱世语，又音译"爱斯不难读"、"饿死别懒惰"，后沿用日本译名"世界语"、"世界新语"。世界语是实现世界大同的重要工具。"欲求万国弭兵，必先使万国新语通行各国，盖万国新语，实求世界和平之先导也，亦即大同主义实行之张本也。"[4] 当时中国的一批无政府主义者如吴稚晖等人坚决主张采用世界语，1908年，留法中国学生在《新世纪》发表文章，主张废汉文而以万国新语代替。而中国古文化的守卫者章炳麟则坚决抵制这种新文字，1908年他发表《驳中国用万国新语说》

---

[1] 张春常、李秋毅主编：《济南师范学校百年史》，齐鲁书社2002年版，第28页。
[2] 政协齐河县文史资料委员会编：《齐河文史资料》第4辑，齐河县文史资料委员会1996年版，第44~45页。
[3] [美]安娜玛丽•杭诺尔德编：《完美的典范——阿博都—巴哈生活写照》，第100页。
[4] 醒：《万国新语》，《新世纪》1907年7月27日第6号。（"醒"是作者的笔名）

，章太炎写了《驳中国用万国新语说》一文，这一文章引起了一场争论。章太炎说："万国新语者，本以欧洲为准，取其最普通易晓者，糅合以成一种，于他洲未有所取也。"[5] 他分析了中国文字的特点，与语言的关系，汉民族几千年来已经运用习惯，而用拼音文字世界语来代替，是不可能的事，也是不必要的。胡适在美国读后，在1916年1月24日夜里的日记中反驳其说，认为"太炎先生此论，可谓无的放矢矣。万国新语之长处，正在其声简易通。"[6] 1918年3月14日，鲁迅的同学钱玄同在《中国今后文字问题》一文中说："中国文字，论其字形，则非拼音而为象形文字之末流，不便于识，不便于写；论其字义，则意义含糊，文法极不精密；论其在今日学问上之应用，则新理新事新物之名词，一无所有；论其过去之历史，则千分之九百九十九为记载孔门学说及道教妖言之记号……欲使中国不亡，欲使中国民族为20世纪文明之民族，必以废孔学，灭道教为根本之解决，而废记载孔门学说及道教妖言之汉文，尤为根本解决之根本解决。至废汉文之后，应代以何种文字，此固非一人所能论定；玄同之意，则以为当采用文法简赅，发音整齐，语根精良之人为的文字Esperanto（世界语）。"钱文刊登之后，胡适和陈独秀立表赞同。胡适说："我以为中国将来应该有拼音的文字。但是文言中单音太多，决不能变成拼音文字。所以必须先用白话文字来代替文言的文字，然后把白话的文字变成拼音的文字。"陈独秀则说："吴先生'中国文字，迟早必废'之说，浅人闻之，虽必骇怪；循之进化公例，恐终无可逃，惟仅废中国文字乎？抑并废中国言语乎？此二者关系密切，而性质不同之问题也，各国反对废国文者，皆破灭累世文学为最大理由，然中国文字，既难传载新事新理，且为腐毒思想之巢窟，废之诚不足惜……当此过渡时期，惟有先废汉文，且存汉语，而改用罗马字母书之。"[7]

有了这两位新文化运动创始者的支持，蔡元培建议成立的世界语学校就没有大的障碍了。

当时玛莎·鲁特和鲁迅这位极力提倡和推广世界语的作家是世界语

---

[5] 许之衡：《读〈国粹学报〉感言》，《国粹学报1905年6月20日第6期》。
[6] 《胡适日记全编》第2卷（1915～1917），曹伯言整理，安徽教育出版社2001年版，第318页。
[7] 《余光中集》第7卷，百花文艺出版社2004年版，第254～255页。

学校的同事。不过，鲁迅开始是反对世界语的。1907年6月，吴稚晖、李石曾（李佳白的得意门生）等人在巴黎创办了《新世纪》周刊，宣扬无政府主义，提出了反法律、反赋税、反对传统、国粹、宗教、迷信等各个方面的主张，声称人类将于20世纪开始走向大同，国家、民族和语言界限都将消除，"万国新语（即世界语）"将成为世界惟一的语言。国籍、民族将不再重要，人们都将成为"世界人"。鲁迅在《破恶声论》中指出这种"同文字"、"弃祖国"、"尚齐一"并以不如此"将不足生存于20世纪"相威胁的主张，其实质和"国民说"一样，都是要灭裂个性，压制少数。[8] 但是鲁迅后来则改变了态度，在《病中答救亡情报访员》提出："汉字不灭，中国必亡！因为汉字的艰深，使全中国大多数的人民，永远和前进的文化隔离，中国的人民，决不会聪明起来，理解自身所遭受的压榨，理解整个民族的危机。我是自身受汉字苦痛很深的一个人，因此我坚决主张以新文字来替代这种障碍大众进步的汉字。"他认为，"人类将来总当有一种共同语言。""世界语则可以作为沟通国际感情的国际语用。"当然世界语并不是"十全十美的语言"，必须在具体的运用实践中加以"改良"，使之"更加圆满"。[9]　1923年8月，由北京大学筹建的北京世界语专门学校创办，其时尚在法国的蔡元培（1908年在德国自学了世界语，1926年才从欧洲回国）被推为校长。据1922年北京出版的《学生杂志》第6期（第102页）：学校设在北京西四牌楼兵马司中间的南褡裢胡同2号。当时的世界语教师有儒特（玛莎·鲁特）女士和爱德华先生。（《世界语暑期讲习班》，《晨报》1923年7月6日、9月17日，北京世界语专门学校开课，招男女学生180名，校董有蔡元培、鲁迅、张季鸾、爱罗先珂（1889～1952，俄国盲诗人，童话作家，能用日语和世界语写作）等，蔡元培任校长。是日，马叙伦、鲁迅、密斯儒特（即玛莎·鲁特）诸先生到校上课。（鲁迅日记中称世界语校，月薪15圆）学校的宿舍在武定侯（在西城区）11号。[10]空六即陈兆枢任教务长。邓梦仙是北京世界语专门学校校医，教员有路葆清（1899～1964）等。教务处有陈空三、冯省三。儒特的学生有张天弢、刘平楷、向培良、张鸣、吕琦（

---

[8] 乐黛云：《绝色霜枫》，百花洲文艺出版社2000年版，第124页。
[9] 　鲁迅纪念委员会编：《鲁迅先生纪念集》之《悼文》第1辑，文化生活出版社1937年版，第105页。
[10] 　1923年9月19日《晨报》第6版。

字蕴儒）和周某某等等。世界语专门学校已开始上课。北京世界语专门学校开学一节，已志本报。兹又闻该校已于昨日（十七日）实行上课。是日各门功课均已上齐，如马叙伦，鲁迅，密斯儒特等诸先生已到校授课。又该校寄宿舍已租定武定候十一号，房屋宽敞，整洁优美，在各校寄宿舍中亦不多得云。[11]

侯志平编著的《世界语运动在中国》第30页，明确说，美国的儒特（Root，就是玛莎·鲁特）女士曾在该校任过教。1924年5月，武昌中华大学和商科大学开设世界语班，并成立武昌世界语学会，负责人是王东篱、郑方生、杨奎廷等人。美国儒特女士在汉口青年会发表《世界语与巴海教》的演说。12月，其学生李乐山、张希涛、李瑞甫等人利用暑假在太原开办世界语暑期讲习班。汉口天主教堂神甫和牧师们被儒特女士的讲演深深感染并产生用世界语作弥撒、祈祷的尝试。他们曾一度用世界语讲经布道，首开中国人把世界语运用于宗教之先河的记录。[12] 另外的世界语学校，还有北京集成国际语言学校，成立于1924年4月4日，借钟鼓寺中学的一个教室上课。代理校长谭熙鸿（字仲逵）。

1923年11月4日，玛莎·鲁特与艾格尼丝·爱丽珊达在北京一起组织了中国历史上第一次巴哈伊的精神会餐——灵宴会。在此前后，玛莎·鲁特通过曹云祥的安排，在冯玉祥开办的军校里发表演讲，介绍巴哈伊信仰。有万余名师生听了她的演讲。这次她在北京的其他活动还有：在东单牌楼清真寺向阿訇介绍巴哈伊信仰，结识了中国当时社会名流、政府官员、知识分子，其中包括黎元洪的顾问，使其中的一部分人成为巴哈伊。此处的黎元洪顾问疑为约翰·福开森（John Calvin Ferguson，1866～1945），当时在北京的旧居是喜鹊胡同3号。他是教育家、文物专家、慈善家、社会活动家，有基督教背景。最初以传教士身份来华，民国初期成为总统府政治顾问。福开森在华57年，对中国社会有很大影响，对中西文化的交流卓有贡献。福开森对中国文化兴趣浓烈，能说一口极流利的南京话，能书写漂亮的汉字毛笔字，特别热衷鉴别与收藏中国古董字画。

在北京，"第一个为巴哈伊信仰提供讲坛的人是一位包先生，在日

---

[11]　1923年9月19日《晨报》第6版。
[12]　侯志平：《世界语运动在中国》，http://two.xthost.info/wea/lishi3.htm.

本的时候，他跟《广东时报》的编辑曾拜访过阿格尼丝。他现在北京工作，担任冯将军的秘书。冯将军开办了一所学校，专供军官的子女上学。鲍先生很高兴在北京遇到了这位从东京过来的美国朋友，他安排玛莎•鲁特和艾格尼丝•爱丽珊达在这所军官子女学校做演讲。能够将这些和平的灵性天启传递给这些军官子女，玛莎和阿格尼丝格外欣慰。许多年后她们写道：'这样，他们就成为了巴哈欧拉天启的火炬手，将天启传递给冯将军的一万名士兵。'一个朋友接着一个朋友，像连锁反应一样地传播着巴哈伊信仰。"[13]

现在经过陈进国、万兆元诸位先生的努力，已经查出这位包先生，实际上是大名鼎鼎的包世杰。

包世杰(1891～1938)，亦写作包士杰，原名永江，字志拯，笔名静明，教名包罗，江苏奉贤奉城北门（今属上海）人。早年求学于上海澄衷中学，与胡适之同学。后来考入南洋公学(交通大学前身)肄业。包世杰文笔流利，而且擅长交际，深受当时的校长、国学大师唐文治的赏识。辛亥革命时，他说服唐文治校长，首先高举白旗拥护革命。1914年留学日本，获明治大学（一说中央大学）法学硕士学位，结识王正廷、孔祥熙等人。回国后筹办《益世报》《民报》，任记者。是新文化运动的先驱人物之一，主张新思潮，写有《新思潮是什么？》，演讲《对于新潮流的感想》，1917年以后任王正廷秘书，后任冯玉祥的中将参议。1920年6月，全国报界联合会受邀组成由唐宝锷和包世杰、黄毓梧、江仲雅、冯自由、袁振英、邝啸广、陈新吾、李竹多、李斡卿、司徒冷观、李家仁、李骈白、吴俊生、刘伯铭、苏守洁、陆见如、高振冈等22人的游日视察团，前赴日本，在那里结识美国巴哈伊艾格尼丝•亚历山大。包世杰和黄炎培、吴稚辉等人相交频繁，和邓洁民也是朋友。1938年因心脏病去世。

除了包世杰，当时的著名巴哈伊活动家还有邓洁民。

邓洁民是周恩来的南开中学同学，也是其至交。

邓洁民（1890——1926），初名邓居文，1890年6月15日(光绪十六年，

---

[13] [美]M.R.加里斯：《玛莎•鲁特——神圣门槛前的雄狮》，第132～135页。

庚寅，农历四月二十八日）生于宾县城里。祖籍河北省乐亭县，1886年，全家逃荒到黑龙江宾县落户，父亲邓辅庭初作货郎，后在宾县东门里开设致诚大车店。邓洁民幼年读私塾，习俄文。1903年，经李广增通事介绍，邓洁民随修喜先生学习俄文，由于学习刻苦，成绩优异，深为老师所赏识。1905——1908年，邓去哈尔滨道台衙门任俄文通事，获五品顶戴。1909——1911年，他到北京汇文学校读书。这是丁韪良主持的美以美教会创办的学校，李佳白曾经在该校执教鞭。1912年，又考入天津南开学校，被编入乙班。同班同学有孔繁儦、杨德埙、史洵美、王孔成、黄春谷、黄钰生、马文潜等70余人。1913年，周恩来（翔宇）与张鸿诰（轮扉）、张瑞峰（蓬仙）、王葆曾（朴山）、霍振铎（占一）、赵松年（柏俱）等同时入学，编入乙三班，邓和他们在课余活动中接触较多，结成较深友谊。

1914年入日本私立早稻田大学，和李大钊同学。结识邵飘萍、谢扶雅和王希天。早稻田大学的创始人大隈重信伯爵很欣赏巴哈伊信仰，玛莎•鲁特1915年在日本采访过他，给他《玖》的小册子。大隈对她说"当今，日本青年最需要的就是纯洁的基督或佛陀教义，而不是基督教徒或佛教徒的那些信条。巴哈伊运动可能会提供这些。我会读你给我的书。"当艾格妮思•亚历山大再次拜访大隈伯爵时，他已经读完了那本书，并且给出了一个肯定的答复："我很高兴你们来到我们的国家传播这 些崇高的原则。"（（M.R.加里斯《玛莎鲁特：神圣殿堂前的雄狮》，澳门新纪元国际出版社2013年，第155-156页。）在这里他认识了艾格尼丝•亚历山大，得到巴哈伊的一些基本知识。"复从事国际运动，与亚洲各弱小民族留东人士往来，共倡反抗强权、互相协助之大结合。每当稠人广众之中，雄辩滔滔，拍案叫绝，莫不感动。"（黄觉：《邓洁民传略》，《五九》 1925 年第8期，第187页。）1917年因经济不支，负担不起学费而回国，决定振兴教育。在周恩来支持下，筹建哈尔滨东华学校，任校长。1918年7月，王希天先生从日本回国来到哈尔滨，投奔邓洁民住在东华学校里。王希天与邓洁民都信奉基督教，同在日本留学时被推举为中华留日美以美会执事。 东华学校当时是哈尔滨市唯一的一所私立中学。由于师资力量强，教学方法新，学校生活丰富多采，学生学习成绩优异而蜚声哈市。校董侯延爽（就是道院的侯素爽先生）

在东华学校成立纪念书上撰"序"称："本年季春开校，今甫八阅月，生徒成绩叹未曾有，各教育会之来观者，咸啧啧称赞，谓形式精神南开外无与伦比。"在纪念书中，邓洁民感谢各界各方面的热心赞助，并撰写专文，表彰为筹建东华学校积极奔走的霍占一、张西曼、于芳洲、赵郁卿、白一震等五君子。

1922年9月，邓洁民出任北京警官高等学校校长，因整治校纪，得罪游惰成性的学生，被驱逐出校。离职时，在北京《晨报》发表启事，表示愤慨："此种举动，实系侮辱学校人格，影响教育，殊非浅鲜，瞻念前途，不寒而栗。"（《晨报》1922年12月7日，第二版。）之后接触玛莎·鲁特多次，先陪同她和艾格尼丝·亚历山大到济南等地，沿路广泛学习巴哈伊，到上海和挚友协商，准备创办《国际日报》和国际大学。1923年初回北京，担任冯玉祥的家庭教师，同时在巴哈伊思想影响下，和友人酝酿创办北京国际大学事。"以人类平等、世界大同，为办报办学主旨，规模粗具。方期渐次展其抱负。"（黄觉：《邓洁民传略》，《五九》1925年第8期，第188页。）拟定的《北京国际大学缘起》，在京报主笔邵飘萍的帮助下，于1923年4月18日起在京报连续刊出。《缘起》提出，国际大学以谋国际间文化沟通，促进国际亲善，并图中华大学教育根本之改进为宗旨。《缘起》指出：

夫世界大同，虽非旦夕可期，吾人为永久和平计，要不能不悬为正鹄，努力以赴。近来，各国盛倡国民外交，意在藉国民与国民间之沟通，泯国家与国家间之猜忌。惟各国国民之亲善，尤以知识界破除偏狭的国家主义之成见，互谋为最有关系。同人不敏，爰联合中外热心教育人士，发起国际大学，以谋沟通国际间文化，兼促进国际亲善，并图中华大学教育根本之改进为宗旨。俾于毂睦邦交，作育人才。同时并进。（中国人民政治协商会议黑龙江省哈尔滨市委员会文史资料研究委员会编《哈尔滨文史资料》第10辑，哈尔滨出版社1986年12月，第26页。）

大学部设立文、法、商三科。专门部设外交、铁道、财政等科。为便于西人来华求学，设立语言班和文学专科。国际大学于5月1日正式成立。后经确定薛笃弼、周梦贤、王育芝、薛之衡、李彦青、王怀庆6人为国际大学创办董事，公推邓洁民任校长，邓西民为校务长，开始进行建校事宜。这就是被玛莎·鲁特称之为北京巴哈伊大学的那所学校。邓洁民立志"独此一腔热血，欲为人类牺牲。"（《邓洁民投海自尽详情》，《五九》1925年第8期，第175页。）1924年上半年，国际大学开始在北新桥板桥胡同三号办公。6月开始以校长邓洁民名义在报上刊出招生广告。后来，选定以交道口前园恩寺胡同十六号为第一院，校部迁此办公，9月19日正式开学。学校的建立，深受冯玉祥赞赏和支持，冯玉祥曾去学校看望师生。秋天，商得冯玉祥将军支持，以北京西郊万寿寺作为校舍。国际大学和万寿寺主持商定，以五百元一年的租金租用万寿寺为校舍。12月初，全校迁入。

邓洁民之子回忆：

大学第一次招收十二班学生，计：法律、政治经济，商业三系本科三个班，予科三个班，专门部法律、政治经济、商业预科三个班；外国语、银行、新闻学专修科三个班。

大学的校务长为邓西园，教务长为张简坡，各系教授及讲师多半为名流。学校声誉蒸蒸日上，在北京的高等院校中，国际大学已成为学运的中坚力量。一九二五年，该校创立二周年时，举行了纪念会，同时举行了外国语、银行、新闻学三个专修科的毕业典礼。（中国人民政治协商会议黑龙江省哈尔滨市委员会文史资料研究委员会编《哈尔滨文史资料》第10辑，哈尔滨出版社1986年12月，第26页。）

另有记载：

1925年3月1日，在北京举行国民会议促成会全国代表大会，反对段祺瑞组织的"善后会议"。邓洁民组织国际大学师生积极参加此项运动，并于4月25日在万寿寺校园招待全国国民会议促成会代表，明确表示反对段祺瑞。遭到段祺瑞政府的记恨，诬他为"赤化"嫌疑，"共产"前奏，竟然要下拘票逮捕他。

邵飘萍、李大钊等获悉后火速通知他暂避。邓洁民携长女育英搭乘邵飘萍的汽车赴东交民巷苏联大使馆商定办法，决定先隐姓埋名去天津外国租界避风，同时筹款去苏联。当晚，即搭火车去天津，避居法国租界，化名马天民。

为逃避敌人的追踪，全家衣白举丧。北京《京报》、《益世报》和哈尔滨《晨光报》先后发表了邓洁民先生"忧国自杀"的消息。在北京的家中，许多良友登门悼念。著名将领张之江还亲笔撰写挽联：

"欲问世上刀兵劫，请听屠门夜半声。"

（王洁主编《李大钊北京十年（交往篇）》,中央编译出版社2010年，第39——40页。）

1925年5月1日，国际大学举行创立二周年纪念及银行、外国语、新闻学三专修科学生毕业典礼。校址万寿寺门临长河，直通玉泉，院中古迹甚多，向有京西名胜之称，为纪念创校二周年，特在京报刊登国际大学开放3天，任人游览启事。该校的毕业生，我们现在找到的只有两个人，一位叫徐荫桐（字凤伍），是师范科的。另外一位是陕西临潼北田人王岳东，担任过高陵县县长。而教职员方面，除了邓西园，还有徐味冰、张谏伯、袁犀然、吴至仁、余调生，三位和万寿寺谋划致使学校受到损失的教师是张瑞峰（蓬仙）、徐介人、陈则道。张瑞峰诬告邓洁民贪污。政局的变化影响到国际大学的生存。在纪念活动结束不久，就发生了万寿寺僧人昌映、普泉控告邓洁民校长事件。

在冯玉祥失势的情况下，国际大学面临困难局面。邓洁民必须首先解决财政问题，经与北京文化大学校长邝摩汉联合申请庚款，两校各得一万元。邓洁民坚持主张此款必须用作发展学校教育之用，但少数教员则以解决教员生活为名，企图私分此款；并和万寿寺住持串通，使其以国际大学侵占庙产为由进行欺诈。住持还提出大学用"国际"命名，鼓吹劳动神圣，旨在宣传赤化；大学维护"国民会议"，反对"善后会议"，目的在于反段（祺瑞）等等，向段政府告发。教员张瑞峰更是唆使学生于5月14日鼓动风潮，印发传单，攻击邓校长。5月15日，新闻界朋友邵飘萍等获悉段祺瑞政府的法院竟然借口寺僧控告所谓邓校长侵占庙产这一民事案件，拟作刑事案件处理，要下拘票逮捕邓校长到案。邵飘萍等当即火速来校通知暂避。邓洁民即携长女育英由后墙出走，绕道阜城门入城，搭邵飘萍等备的汽车径赴东交民巷苏联大使馆，与已等在使馆的友人共商办法。大家认为，很显然这是段祺瑞政府导演的一起政治迫害事件，应该先隐姓埋名，去天津外国租界避风，同时筹款去苏联学习，考察十月革命的理论和经验，以及革命后的政治经济发展情况。当晚，邓洁民即偕育英从水关进入车站，搭火车去天津，避居法国租界长兴楼，化名马天民。

鉴于北京方面对邓洁民的迫害并未平息，而且有可能通过租界工部局拘捕引渡，决定通过新闻界朋友的帮助，在报上发表忧国自杀在大沽口投海的伪造消息。6月18日，"邓洁民在天津投河自尽"消息见报，北京妻孥假作丧事，冯玉祥部鹿钟麟司令及京兆尹、薛笃弼并去万寿寺慰问家属。国际大学举行追悼会。黑暗统治北京，致使活人不得不假死以求生，这真是中国教育界的最大悲剧！在教育史上是难得听到的。

邓洁民在天津仍然积极作赴苏准备。为筹旅费，以抚恤死者家属为名：由国际大学教职员徐伯昕（味冰）、邓西园（邓洁民之四兄）出面向冯玉祥部将领张之江、邓哲熙、门致中、包世杰等捐款。但所得款项远不足以支付赴苏旅费；他亲手创办的国际大学也因无人主持而于8月关门停办。各种恶劣消息不断传来，邓洁民极度抑郁忧愤，加之无端遭到政治迫害所导致的激怒，致使患了肝癌。老母及妻孥赶来天津，服侍汤药，住法租界承旨里4号。

邓洁民患病期间，仍然十分关心国家大事，每天读报、看书，不相信自己身患绝症。但是癌症日重，终日卧床不起，在自己无力阅读书报的情况下，每天还坚持一定要长女给他读报。1925年年底，郭松岭倒戈的消息见报，邓洁民听后非常兴奋，称赞郭有爱国思想，要长女反复读给他听……在辗转病榻十个月之后，1926年4月16日这位年青的教育家，马克思、列宁的追随者，在天津给不治的癌症夺去了生命，终年只有36岁。（徐剑影、张德润主编，黑龙江省宾县地方志办公室编：《宾县志》1991年，第1105-1111页。）

玛莎·鲁特在清华传教的学生中，刘淦芝是从基督教背景认识巴哈伊教的，他引用巴海（巴哈伊教）的观点：宗教只有变更而无消灭，每个宗教只看见宇宙间真理的一部分。他提到的"巴海"是《清华周刊》里惟一的一次。[14] 刘淦芝（1903～？）生于河南商城。20世纪20年代末毕业于清华大学，即赴法国勤工俭学。后到美国，分别获埃俄威（俄亥

---

[14]《宗教问题》，《清华周刊》1925年10月16日第26期第24卷。

俄）州立农工大学硕士学位、哈佛大学昆虫博士学位，主攻同翅目和鞘翅目分类及虫茶研究。1930年代初回国后任安徽省祁门茶叶改良场病虫害研究室主任、农林部中央农业实验所技正（相当于教授级别）。1939年至1944年任农林部中央实验所湄潭实验茶场主任、首任场长，兼国立浙江大学农学院植物病虫害系昆虫教授，是茶界公认的中国近代10位茶叶专家之一，被尊为贵州现代茶科学及茶文化先驱。

另外一位受到巴哈伊教影响的可能是诗人朱湘，他说："宗教现在反对的人很多，但我看他们反对的只是宗教的形式，与利用宗教的人。至于宗教的精神，大家是不但不会反对，并且每人都在提倡的。何以说每人都在提倡宗教呢？宗教之核乃信仰。我们自己反省一反省，我们对于我们所认为对的，认为有益于社会而我最应作的事，不是觉着一股热烈的亲密吗？这就是我们的信仰，这就是我们的宗教。不过从前的宗教不旷达，自己看见一面真理时，就以为这是真理的全体而斥他教为异端。殊不知真理是时上地上均无穷的，合起古今中外各教所见的各面真理来，都不过真理的一相，何况那仅仅的渺小的一面呢？更何况这渺小的一面中之一份子、个人呢？这浑圆的整体，我们叫做天也好，叫做上帝也好，叫做阿拉也好，叫做人类的幸福也好，叫做美，叫做真理，均无不可。他是全人类努力之目标，换句话说，他是全人类努力所得之总汇。我们各人只要看出自己的长处，尽所能将伊发展，那时我们就是真理之一部分，那时真理就生于我们体内了。"[15]朱湘后来自杀而死。

朱湘本人是清华的世界语者，除他而外，根据《清华周刊》的记载，还有郑骏全（会长）、赵连芳、饶孟侃，以及吴鲁强、林毓德等学生，但是至今没有发现他们与巴哈伊教的联系和言论。

在北京的活动结束之后，玛莎•鲁特、艾格尼丝•爱丽珊达和Mary在邓宸铭的陪伴下于1923年11月25日离开北京来到中国的东、北部，访问了许多城市。

玛莎•鲁特离开北京，先到达天津，在南开大学和其他机构演讲，而且和该校校长张伯苓相识。其中一次演讲是在南开中学。

---

[15] 朱湘：《精神教育》，《清华周刊》1923年12月14日总第298期。

演讲的内容是：世界和平

美国儒特女士讲

喻廘涧先生口译（天津南开中学教务主任，张伯苓的重要助手，与顾颉刚、老舍、范文澜为挚友）

K,C,Y笔录

一时期有一时期的重要问题，自世界大战消弭之后，这最需要讨论的，即世界永久"和平问题"。在军阀方面讲，他们的观念和信仰，是用武功残酷的魄力，来使世界真纯和平实现；凭借着枪炮火药，来觅世界光明。然而他们果然能成功吗？准确地能达到目的吗？我信他们一定失败，丝毫不能奏效的。今天我所要说（的），并不与军阀们见解一样。是从精神上，道德上，根本入手去解决这疑难的大问题。以下略举几项，贡献诸位。

一，世界共同教育

现在世界各国的学校，程度各有不同。美国有美国学校的程度，英国有英国学校的标准。因此这个学校的学生，欲迁往异地学校读书，立刻发生许多困难。"世界共同教育"，即是使全世界的学校，所教授的课程，一致取齐。免去高低参差的弊病，学生可随意往各处，受同等教育。一方借此亦可明了他处的政治、风俗、人民、实业、物产等等的情形；国际界限，日渐消磨；感情更有增加；偶有龃龉的事发现，亦能互相谅解，这岂不是世界和平的导源，世界和平的基础？

二、世界语

国家各有自己的语言文字，东方国家有东方国家的语言文字，而西方也有西方自己的语言文字。因为各有不同的缘故，所以其间遂生出很大的隔膜。如东方中国具有高深玄妙的学理经典，而西方不能得而知之。如西方诸国有种种宝贵的科学发明，而东方亦不能洞悉。此例不过其一。像这样的事，不胜枚举。虽近来有英文通行于各国，然而并未收充分的效果。所以有一般教育家，费了三十年之久，创立一种世界的公共语言，这"世界语"不但能在文学学术上有功用，而且能使南、北、东、西世界诸国生有相爱的情感，借此可以弭息祸端。近来世界语，甚为发展。余在南美时，即见其地学校，备此一科。英国著名之剑桥、牛津二大学校，亦有研究者。德国共有120余校设世界语科；法国关于此科的书籍，共刊印6万余种。统计全世界，凡涉及世界语的报章、杂志，约有100余种之多。中国北京亦有专门研究学校，其中组织附属有汉文、英文、科学等等，无异他校、诸君亦可稍微留意，获益匪浅。

三、男女受同等教育

欲在世界成就大事业，必应男女合作，男女互相帮助，而后始有美满的结晶。而欲使男女合作，必应首倡男女受同等教育，智识平等。况且男女生理上，并无何等区别，俱是脑筋灵活，精神充足。加以贤良母亲，影响她的子女甚大。现在美国受同等教育这桩事，很是发达。如"参政运动"、"选举运动"都是全家庭的男女去赴会，去投票，可知其现状的一斑了。至于经费问题，概出自地方出产税，装饰品税，以及无承受人的遗产等，故甚丰裕。他国社会很可相效成风，于女子教育帮助甚大。

以上三事，均是"世界和平问题"中最重要和急应当作的。此外如科学上、宗教上的种种原理，因时间短促，未能说给诸位。现在时期乃一新纪元，中国的前程希望很大。更有三千余年的文化，很多数的人民，俱是耳聪目明，思想周密，不久很能起而为倡世界和平的领袖，令这甜蜜温柔可爱的和平，实现在大陆上，如一明耀之光放照在黑暗里！（《南中半月刊》1923年第1卷第3期，第42-43页。）

担任翻译的喻传鉴(1888年—1966年)，是南开中学张伯苓校长的学生。因在南开工作了一生,人称"老南开"。他原名喻鉴,别号传鉴、廑涧。出生在嵊县城关镇小商人之家。他七岁丧父,家境贫困。亲友见他学习努力,成绩优异,且又聪颖过人,因之资助他先后在嵊县师曾学堂、绍兴府中学堂.嵊县中学、上海南洋中学读书。其文才,颇得姚梅夫先生赏识,并将他介绍给潘文藻先生。潘爱其才.以女许之,后并携之赴天津。当时潘公在天津北洋大学任总务长,就送他到北洋大学预科学习。之后,他考入天津南开中学,一是该校第一班学生,读书时,笃实好学,课外好发动团体组织,是南开最早成立的学生组织"自治励学会"的会长。他热心任事,颇著才能,深为师长同学所器重。1908年毕业,即升入保定高等学校。在那里读了两年,因岳父逝世,经济发生问题,不得已辍学在一个银行短期工作,后发现银行的工作不适合自己,便去奉天海龙中学及天津新学书院教书。

玛莎·鲁特然后到济南,在济南的活动很多,上面已经提到。而季羡林的老师张默生先生撰写的《王大牛传》记载了她们到济南师范学校讲世界语的事情。当时,王大牛正在推行他的"大包围"教育体系,"所谓大包围者,是指学生在校之耳闻目濡,无处不是教育之内容,无时不受文化之浇灌,促使培养一代青年从速成长"。为此,王大牛延聘很多名人或者从济南过路的名人在济南师范学校讲演。中国的胡适之、沈伊默、周作人、王星拱、朱谦之之外,外国的如美国植物学家柯脱博士来济讲演科举,柏克赫司特女士来济讲演道尔顿制,印度诗人泰戈尔来济讲演,巴海教徒儒特及亚艾格尼丝·爱丽珊达两女士来济讲授世界语 。[16]邓广铭《记一位山东的老教育家王祝晨先生》[17] 也提到:那时(1923年冬天)来中国讲学或游历的外国学人,王(祝晨)先生只要知其行踪,便也千方百计邀请其过济南稍留,以便对于山东的文化和教育,得以从事于实际的观察和指导。例如美国的植物学家柯脱博士、创行道尔顿制的柏克赫司特女士,印度诗人泰戈尔、努力于世界语的推行工作的儒特女士和艾格尼丝·爱丽珊达女士,遂因此而先后莅济讲演。一时的济南城垣,成了一个极活泼极有光辉的文化重镇,其时肄业于第一师范的学生,不论是专修科或本科的,既全都能够和国内国外的许多

---

[16] 张默生:《王大牛传》,东方书社1947年版,第41页。
[17]《邓广铭全集》第10卷,河北教育出版社2005年版,第397~398页。

学者名流相接触，他们的眼界遂得以无限地扩大，知识也得以急遽地增高。专修科的毕业生多半去做初中教员，本科的毕业生多半去做小学教员，他们分布在全省各县，于是山东全省的教育和文化，也被第一师范的师生们拖带着向前突飞猛进了。

根据邓广铭的说法，玛莎•鲁特应该是在济南的师范学校和齐鲁大学作过演讲，后到曲阜、烟台等地进行活动，然后南下徐州、南京、苏州、武汉。

玛莎•鲁特继续南下，在曲阜的最大收获，就是把东方文明的儒学和巴哈伊教联系到了一起。在这里，她不仅给曲阜的学生们演讲世界语和巴哈伊教具有非同寻常的意义，而且还和七十七代衍圣公孔德成（1920年2月23日～2008年10月28日）见面。

> 这里至今生活着孔子的后代，大约是第七十六（七）代人。有一个五岁的孔子后代在他母亲和佣人的陪同下来看望玛莎。玛莎从来不忘随身带着纪念品，她送给这个男孩一把小折刀。罗伊•威廉觉得这把小折刀迟早会派上用场，但他万万没有想到，这把小折刀竟然会辗转到地球的另一面，到达孔子后代的手中。[18]

玛莎•鲁特1923年12月中旬到达上海，住在上海昆山花园A12号，12月23日下午，应郭秉文邀请，在商科大学讲演，《申报》发表了《巴海教宣传者儒特女士到沪，今日在商科大学讲演》的报道，文中提到巴海教是"提倡宗教大同，宣传大同胞主义"的。"系发源于波斯，未及70余年，大有遍及全世界之势。在欧美各国，信徒早已遍地。美国芝加哥城，且有大规模之巴海教堂（灵曦堂）建筑，日本亦已设立宣传所。"

玛莎•鲁特在上海逗留了三个月，从1924年1月开始，上海有九家报纸登载了她有关介绍巴哈伊信仰的文章。1月13日，她在一家学校举办了有关推广世界语的讲座，顺便介绍了巴哈伊信仰。第二天的《国民日

---

[18] [美] M. R. 加里斯：《玛莎•鲁特——神圣门槛前的雄狮》，成群译，澳门新纪元国际出版社2013年版，第136页。

报》便报道了她的这次活动。2月中旬,她到中部城市武汉等地进行了为期19天的旅行演讲。而后又回到上海。在上海期间,她先后在世界语协会、儒教学会、神学会等团体中作讲座,与《上海时报》主编成为好友,经常为该报撰稿介绍巴哈伊信仰。从3月17日开始,她在各学校和俱乐部中马不停蹄地作了10天的讲座。3月27日,她离开上海去香港。香港最早的巴哈伊信仰也是得力于她的传教。到达上海以后,艾格尼丝•爱丽珊达和Mary12月27号乘船去往夏威夷的火奴鲁鲁(檀香山)。玛莎•鲁特又在上海多待了两个半月,对若干社团作了讲话,其中包括儒学社,通神学会和世界语协会。她又抓住机会为上海时报等报刊写了一些关于巴哈伊的文章,并深入内陆,到武昌和杭州宣讲巴哈伊教义。

玛莎•鲁特1924年在南京访问的时候,和当时的交通部长叶恭绰、外交部长王正廷博士、教育部长蒋梦麟、中央大学校长朱家骅都有过广泛的交流。而且赠送了一两本巴哈伊教的著作给蒋梦麟,和蒋梦麟畅谈巴哈欧拉的基本教义和新式大学的教育问题。蒋梦麟和胡适一样也是哥伦比亚大学的博士,师从杜威教授,主修教育学。

蒋梦麟1909年就参加了革命党人的《大同日报》的编辑工作,并受命担任此报的主笔。《大同日报》1903年创刊,美洲华侨致公堂主办。社长唐琼昌,主笔欧榘甲。《大同日报》缘起(1903年10月)提到:大同者,《春秋》所谓太平世也。但是"明知不能骤致大同,而实欲立大同之基也。立大同之基何?曰:在迫朝廷改专制政体为立宪政体。中国有立宪政体,社会风潮自然汹涌而至。以中国贤圣所传天下学、大同学之种子,久经灌溉,岂忧其不繁生耶?""大同主义者,使吾……兄弟,放开眼界,放大心胸,知泰东西政党、公会之有大名誉、大荣光,并天地而不朽,与日月而并寿,可钦可慕,可仪可法,而不徒以私会、民党,自甘蜷伏,设世而无闻也。"[19]

欧榘甲为康有为的弟子,文笔犀利,深得欢迎。但是他也不断发表反对孙中山的言论,后来1904年由孙中山介绍刘成禺为主笔,《大同日报》遂成为孙中山在旧金山的革命机关报。1909年秋天,蒋梦麟因其

---

[19] 姜义华:《社会主义学说在中国的初期传播》,复旦大学出版社1984年版,第314页。

加州大学的同学刘成禺之介,第一次在旧金山唐人区史多克顿街一旅馆里拜访孙中山,其时蒋梦麟已经兼《大同日报》撰述,刘成禺任主笔。据刘成禺先生记载,孙中山当时对蒋梦麟评价道:

> 少贤(蒋梦麟字少贤)他日当为中国教育泰斗,非知之艰行之为艰,少贤有焉!然对于革命议论,风发泉涌,笔利如刀,又宣传家大手笔也。文学革命时期,不能少此人!

在孙中山的指导下,蒋梦麟在《大同日报》连续写了三年社论,每两天写一篇。[20] 后来,蒋梦麟果真成为大教育家,在他主政的北京大学和教育部,都贯注了杜威、斯坦伍德和巴哈伊教的教育理念,"完美的思想寓于完美的身体"就是真实的表现。

我们的近代史观很有一些问题,往往带有以偏概全或者干脆突出某个人的作法,比如看北大,就谈蔡元培的学术自由,兼容并包;谈清华,就谈梅贻琦的大学者,非大楼之谓也,大师之谓也。那么蔡元培之外的校长们,功劳就被蔡元培盖过了。其实蔡元培之外,蒋梦麟功劳小吗?不小的。蒋梦麟以"无为"之为延续了北大的香火,维护了西南联大的稳定和发展,其功莫大焉。清华呢?除了梅贻琦,曹云祥的创校之功,绝对不小于梅贻琦,而且没有曹云祥哪里会有梅贻琦呢?不要忘记,曹云祥担任校长期间,梅贻琦是教务长啊!没有曹云祥的18年发展规划,更不会有清华大学的今天。

朱家骅邀请玛莎·鲁特在南京中央大学作《新时代的国际教育》演讲,安排了千余名师生听讲。她还和担任了孙中山18年秘书,写过孙中山传记(《孙逸仙传记》,中文版由徐植仁译,上海民智书局1926年)的林百克博士(Linebarger,Paul Myron Wentworth, 1871~1939,又译作莱因巴格,别名保罗·迈伦·温特沃思,美国人)长谈,后者告诉她,巴哈伊教徒在中国最受欢迎,他很高兴她把巴哈伊教义介绍到中国。

---

[20] 马勇:《蒋梦麟传》,河南文艺出版社1999年版,第32~33页。

玛莎·鲁特1924年3月27日离开上海前往香港。她到达香港后，开始了繁忙的传教活动，造访当地报纸的编辑、大学校长、图书馆藏家，进行演讲，会见知名人士。香港电讯发表了一篇关于玛莎·鲁特和巴哈伊教的社论，因为她在港期间给人留下了很好的印象。她在香港大学作了演讲，并在那里为正在中国访问的印度著名诗人、教育家、人文学家泰戈尔详细讲解了巴哈伊教义。在香港，玛莎·鲁特逗留至3月底，她在准备启程去越南和柬埔寨之前，其间曾经再度返回中国大陆，在广州进行活动，作了多次演讲。她这次在广州最重要的成果，是通过广州的中国巴哈伊教徒廖崇真，在4月3日拜会了孙中山先生。

她1930年8月底第三次来华再次到广州的时候，在广州市政府无线电播音台的演讲中提到和孙中山的那次会见，她说当时和孙中山谈到巴哈伊教的世界大同主义，孙中山对她说："我对于一切提倡世界和平的主义，均异常注意。我若能够促进或实现世界和平，我就是牺牲自己的性命也是非常甘愿的。"[21] 他希望她回到纽约的时候，能够寄两本巴哈伊教的著作给他。她后来不无深情地写下了这样一段话：

> 巴哈伊运动正开始给中国这一拥有5亿人口的伟大国家带来崭新的面貌，中国今后的所作所为将会对世界上每个国家产生影响。可以这样说，如果这个占世界人口四分之一的国家变成一个军事大国，则会主宰整个文明世界的沉浮；如果中国坚定地实行巴哈欧拉的普遍原则，中国就会在一两个世纪之内促使世界出现崭新的梦寐难求的国际合作。1924年当我在广州拜见孙逸仙博士时，这位新共和国的不朽之父，"中国的华盛顿"、带着极大的兴趣聆听了巴哈伊教义，他要求送给他一些巴哈伊的著作。这是位伟大的理想主义者。他的雄才伟略不是基于竞争，而是以合作为基础，其最终目的便是世界和平。[22]

1930年9月，玛莎·鲁特在广州拜会了当时的广东省国民政府主席和将军陈铭枢。她认为他是一位著名将军，多次亲临前线，出生入死，

---

[21] 1930年9月23日《广州市政日报》。
[22] 转引自[美]玛莎·鲁特：《中国文化与巴哈伊文明》，《巴哈伊周刊》1931年1月29日。

是一位具有远大眼光和深思熟虑的人。陈铭枢告诉她:"前两天你送我那本小册子之前,我原对巴哈伊运动所知不多。读了这本小册子之后,我认为巴哈伊是个预言家,这种教义起码可以使中国和其他每个国家获益极大。没有任何一个国家比中国更适合接受这些教义,因为中华文明的基础便是世界和平。当前我们正处于严重的兵荒马乱境地,可是当中国恢复和平,我们与其他国家地位平等之后,中国将会在所有的国际事务中取得她应有的地位。"[23] 她因此而对陈铭枢评价极高,认为他很像孙中山,没有一个人比他更清醒地意识到没有任何力量可以使中国实现和平,唯有理想才能最终战胜。

这次在广州时间虽短,但她在广州电台作过讲演,在《广州市政日报》上发表文章,宣传巴哈伊教义。1930年9月20日,玛莎•鲁特从广州来到上海。在那里,她于国家地理学会大厅的英国皇家亚洲协会举行了三次演讲。继上海后,她和苏莱曼一家(Sulaimánís)去了南京,她在南京中央大学当着两千多名学生进行了演讲。

从日本来的艾格尼丝•爱丽珊达与她在上海共度10天时光。这期间,她们与上海当地哲学与人文学会的学者们进行了座谈,与曹云祥博士再次会面。上海的所有当地报纸,连续8天刊登了有关巴哈伊信仰的文章。

在这期间,卡尔•斯奇瑞与洛丽塔•斯奇瑞(Carl & Loretta Scherer)于1931年搬到上海,之后又去了青岛,在那里一直居住到1936年。在那段时间,其他很多巴哈伊也来过中国。来自加拿大的F.圣乔治•斯本特莱弗(F. St. George Spendlove)在1932年访问了上海、南京以及北京。马克•托比,来自美国的一位画家,与英国一位著名的陶艺家本莱德•里奇(Bernard Leach),他们在1934年一起访问了上海。

1937年5月25日,玛莎•鲁特在夏威夷停留了数个小时,立即拜访了夏威夷大学的一名中国教授。[24] 顺便提一下,加里斯的《玛莎•鲁特——神圣门槛前的雄狮》一书虽然对玛莎•鲁特的一生进行了比较详尽的描述,但是有关她在中国活动的介绍,却不尽让人满意。可能限于资料收

---

[23] 转引自[美]玛莎•鲁特:《中国文化与巴哈伊教》,《巴哈伊周刊》1931年1月29日。
[24] [美] M.R.加里斯:《玛莎•鲁特——神圣门槛前的雄狮》,第357页。

集,很多重要的细节都没有写进去。比方说玛莎•鲁特和孙中山1924年的会见,本书没有提及,这是非常大的遗憾。还有这里提到的一个中国教授,其实非常有名。他是夏威夷大学的名教授李绍昌(1891~1977)。他是广州人,1911年毕业于岭南书院,1913年毕业于清华大学,后赴美留学,先是在耶鲁大学就读,1916年10月在《清华周刊》上连续发表了四篇介绍耶鲁大学的文章,1918年获哥伦比亚大学硕士。从1943年起他历任密执安州立大学中国文化教授、外国研究系主任、外国研究名誉教授,兼任国际研究中心主任,著有《古代和现代中国史大纲》。 在夏威夷大学他是主讲中国历史和哲学的教授,离职后的空缺由陈荣捷出任。李绍昌于1919年在旧金山第一次接触到巴哈伊教义,且应邀在巴哈伊中心讲授中国哲学。他提到了他的朋友和老师曹云祥是中国推行巴哈伊教的主要人物,先后在1928、1933和1935年三次和曹云祥探讨巴哈伊教的问题。抗战时期,他以出售个人著作所得,捐献给中国政府抗日之用。1942年2月21日,时任夏威夷大学东方学院中国语言文学系主任的李绍昌,以其共十万余言之《半生杂记》一书,送到上海印刷,再运到檀香山,每册售价一元,所得金额交由中国全国青年协会作抗战救国之用。他有很多著作,影响最大的除了《半生杂记》之外,还有译作《中国民间佛教》。

另外,加里斯的《玛莎•鲁特——神圣门槛前的雄狮》因为地名和人名的拼写产生了许多误读或者错译,如:

艾格尼丝•爱丽珊达叙述了那段经历:

(1923年11月)去南京的路上,我和玛莎中途在苏州府下了车。钱用和[(1897-1990)曾任宋美龄的私人秘书,译注]小姐住在苏州府,她是我在日本认识的一位朋友……她现在是一所学校的校长。她邀请我们在徐州稍作停留,然后向她的学生们讲述巴哈伊圣道……那天清早特别冷,我们的火车抵达了徐州。正当我和玛莎走下火车的时候,有两名美国男士正好准备登上火车,他们问我们去哪里。从他们那里我们得知,徐州离火车站非常远,他们是坐人力车过来的,建议我们也坐人力车。他们还给我们推荐了一户人家，那户人家房子里的火生得特别热。我们当时一定是受到了上帝之手的保护和照顾。房子的主人是一个美国人，在标准石油公司工作，他非常好客。我们告诉他我们要去一所学校，他立刻答应带我们去。徐州离我们有几英里路，到达之后，他还向美国教会医院询问学校的具体地址。学校离医院不远，不到一个小时的路程……在这所遥远的学校，我们给那里的孩子们讲述了《佳音书简》。接着，钱小姐和其他几位教师为我们举行了一场聚会，我们大家一直待到晚上。然后，我们回到了亲切的房东家中，第二天一大早起程赶往南京……[25]

钱用和，女，又名禄园，字韵荷，一作韵和，号幸吾，江苏常熟（今张家港市鹿苑镇）人。前政协副主席钱昌照的堂姐，其父钱耕玉，清光绪丁酉科举人，廪孝廉。科举废，就职吏部文选司，留京五年，辛亥革命后回归故里，不再入仕途，致力于地方事业。戊戌变法后，钱用和与兄弟读家塾，诵四书五经，勤于学，有文才。后弃家塾而就读国民学校，1909年随兄弟赴上海，入私立务本女校。当时，钱用和是本地第一个不穿耳、不缠足而进洋学堂之女子。1915年，钱用和毕业于上海县立务本女子中学师范科，随即任教于上海万竹小学及嘉定女子高等小学。1916年秋，由上海乘"顺天轮"北上，投考国立女子师范学校国文教育专修科，被录取。后经同学呼吁，教育部核准，将该科改为国立北京女子高等师范学校国文部，成为当时我国女子教育之最高学府。其师辈均为贤达之士，其中黄季刚（黄侃）教文选，顾竹侯（顾震福）教诗词，胡适教中国哲学史，把上下古今，融汇贯通；老庄、孔孟、墨子的思想分析比较，深刻明了，学生上一堂课，胜读十年书。1919年钱用和积极投入五四运动，并在"北京女学界联合会"中担任会长的领导职务。其时成为胡适在该校的学生，与苏梅（后改名为苏雪林）、卢隐、程俊英等为同学。其间，参加到日本的访问，研究女权运动问题。在日本结识《读卖新闻》记者长谷川，并且与日本的社会主义女权运动者山川菊荣女士和其丈夫，著名的社会主义者山川均等人交流，同时也认识了巴

---

[25] [美]M. R. 加里斯：《玛莎•鲁特——神圣门槛前的雄狮》，成群译，新纪元国际出版社2013年版，第166-167页。

哈伊信徒阿格尼丝。1923年,国立北京女子高等师范学校国文部第一届毕业生,分国内外两组考察教育,各地纷纷争取这届毕业生,钱用和被江苏省教育厅聘任为徐州第三女子师范学校(后改名为江苏省徐州师范学校)校长。1925年她赴美留学,先入芝加哥大学,后转哥伦比亚大学主修教育,副修西洋史。1929年回国。所以加里斯书中提到的"苏州府"应该是徐州府,可能因为苏与徐发音相近导致。那时候钱用和在江苏省立第三女子师范学校担任校长,就邀请了玛莎·鲁特和同伴去演讲。1931年她任宋美龄私人秘书及国民革命军遗族学校与女校校董,后升任主任秘书及校董近50年。其著作有:《钱用和回忆录——半世纪的追随》、《韵荷存稿》、《韵荷诗文集》、《浮生八十》、《难童教育丛谈》、《欧风美雨》。蔡元培对钱用和评价极高,为其著作题词说:"清儒小学最明通,骈俪诗词精进同。旧学推君能邃密,不徒美雨与欧风。"[26]

玛莎·鲁特应邀的讲演,应该是在徐州的江苏省立第三女子师范学校。

---

[26] 参见中外名人研究中心主编:《中华文化名人录》,中国青年出版社1993年版,第443页。

世界公民颜雅清

20世纪40年代成为巴哈伊的中国女性,最著名的是曹云祥的外甥女(过去一直误以为是侄女)颜雅清(Hilda Yen,黑尔达·炎·梅尔)。她的家族是中国颜氏近代最著名的家族,其祖父颜永京是东吴大学的创建人,也是中国在王国维以前就把心理学介绍和翻译到中国的学者,而且和中国的彭光誉,美国的丁韪良、李佳白一起参加过1893年芝加哥世界宗教议会,听闻到巴哈欧拉的名言。伯父颜惠庆担任过中华民国总理,驻苏联大使等重要职务,而且很早就知道巴哈伊信仰,只是他当时也使用了波斯泛神教的名称。父亲颜福庆是著名医学家,救治过毛泽东夫人杨开慧,担任过中华民国卫生署长。叔父是担任过詹天佑助手、交通部副部长的颜德庆。颜惠庆、颜福庆和颜德庆即是著名的"颜氏三杰"。颜雅清本人1904年11月29日生于上海颜福庆F.C.Yen和曹秀英Siu Ying Chou家中。她的母亲在上海也是富有和有影响的公众人物。他们信仰基督教。颜雅清13岁时到美国拉伊中学读书,16岁时,获美国史密斯学院奖学金,成为该校获此奖学金的最小学生。未及毕业,她到长沙雅礼大学读书,毕业之后回到上海。

上面已经说到,1923年在曹云祥影响之下颜雅清知道了巴哈伊信仰的来历,但是并没有成为巴哈伊。1932年3月6日,伯父颜惠庆在日内瓦国联工作的时候,就见过纽约的律师米尔斯先生,他是波斯泛神教一派的信徒。[1]波斯泛神教在胡适和很多人的著作里都是指巴哈伊教Baháism。但是她都没有感到巴哈伊教对她有什么吸引力,当时她志不在此。经过21年之后的1944年,她宣布自己的新信仰就是巴哈伊。这一年的5月19～25日,在美国芝加哥威尔梅特召开了第36届美国巴哈伊年会,庆祝巴哈伊教创立100周年,同时在该地也举行了其他一些庆祝活动,包括庆祝美国巴哈伊教50周年的活动。颜雅清参加了第36届美国的巴哈伊年度会议,而且在5月25日晚上6点半在芝加哥史蒂文斯酒店舞厅举行的分组讨论会上发言。

幼年的颜雅清与父母

---

[1] 《颜惠庆日记》,上海市档案馆译,中国档案出版社1996年版,第640页。

少女时代的颜雅清与妹妹

颜雅清与她的"新中国精神"号飞机

颜雅清

颜雅清与巴哈伊教驻联合国代表米尔德里德·莫特海德夫人
（颜雅清之女儿陈国凤提供）

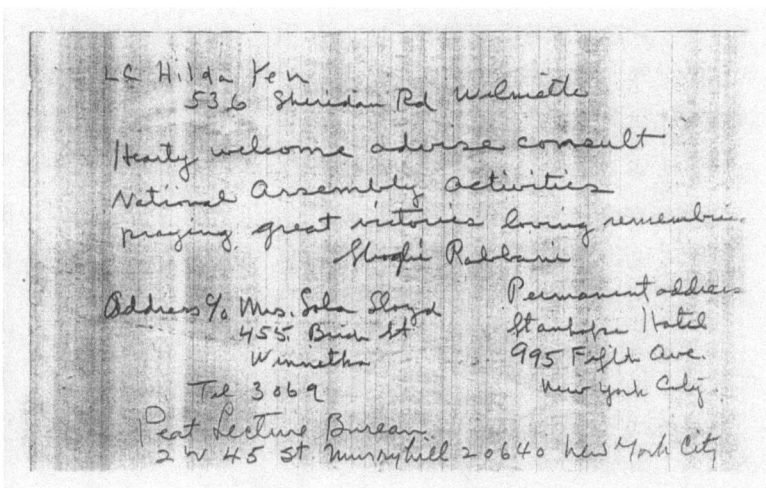

巴哈伊教圣护守基•阿芬第致颜雅清的信[2]

会上，颜雅清认识了美国最早的巴哈伊信徒、《西方之星》的创办人之一，也是巴哈伊著作的出版家，被誉为美国巴哈伊社区支柱的阿尔伯特•温达斯特先生（Mr. Albert R. Windust）。他告诉颜雅清，他的父亲托马斯•温达斯特先生在1913年5月21日去世以后，阿博都—巴哈1913年7月4日在埃及塞德港致信表示哀悼，强调不必为父亲的去世感到不快。我们所有人都会从这个世界到另一个世界。世俗平凡的生活没有任何的重要性。在神圣的世界，我们会找到永恒的工会和寻求永恒的价值。人生的重要性在于这个事实，通过信仰和自我牺牲精神，在神的道路上必须作出努力，以获得真正的永恒幸福。

在几个发言结束之后，颜雅清最后发言。温达斯特先生介绍了颜雅清的简历，说："颜小姐作为我们的客人，来自另一个遥远的国度中国大

---

[2] 这封短信的中译文如下：

　　威尔梅特市，谢里登路536号

　　LC 颜雅清：

　　衷心欢迎，建议与国家灵理会磋商活动。祈祷伟大的胜利，上帝的爱和眷顾。

　　守基•拉巴尼

陆重庆。她曾在1935和1937年代表中国参加日内瓦的国联会议。她是一位女飞行员,且经历了香港沦陷后,逃亡回中国,又飞往美国,做了关于如何赢得世界和平的讲座。她成为一名崭新的巴哈伊,我相信我们愿意听听她对巴哈伊百年庆典的印象。"[3]

颜雅清在外交领域的杰出贡献,很多在场的巴哈伊朋友早就有所耳闻。颜雅清在会上发言,介绍自己接受巴哈伊信仰的情况。她深情地说:"5年前我到美国旅行,并做了关于中国、世界联邦政府和世界和平的讲座。那时我驾驶的'新中国精神'号飞机,正是我坠落的那一架。从这一事故康复以后,我意识到(事故之前)我在中国历经的第一次生命。但是现在我想把我的第二次生命奉献于服务上帝和人类之道上。从那以后,我又回到中国,经历了香港的战役,从那里逃到了中国,去年飞到美国这个国家。"

1944年5月芝加哥庆祝巴哈伊100周年活动

[《巴哈伊世界》(1944～1946)]

她接着说:"自从再次来到你们国家,我找到了一种信仰,这种宗教通过实践行动将能实现人类一体,且天下所有人从事的都是善行。最

---

[3] *The Bahái World* 1944-1946, 美国伊利诺州威尔米特巴哈伊出版社p. 179.

后，我发现一群真诚的人，实际上在践行着他们所宣扬的教义，不只是在空口说教来实现人类一家的愿望。我赞同他们宣扬的所有的教义，并且，正是在最近，我皈依了这个信仰。"[4]

颜雅清这次在威尔梅特灵曦堂看到黑、白色人种的男女亲密无间，有的在手牵手举办婚礼，真正看到了没有种族隔阂、人类一家的场景，非常激动。她终于被从舅舅曹云祥那里知道的巴哈伊教义打动，成为巴哈伊教徒，此时曹云祥先生已经去世7年了。

从此，巴哈欧拉的名言"地球乃一国，人类皆其民"[5]，一直在她耳边回响。这种新的思想认为，现实世界的所有人，不分男女，人人都是平等的，不管种族、肤色、社会地位如何，人类皆兄弟，应该统一和谐，真诚相爱，互相信任。整个人类是一个统一的独特种族，是一个有机体的单位，是上帝创造物的顶点，是创造的生命和意识中最高的形式，能够与安拉的神灵交往。巴哈欧拉说："你们是同一棵树上的果实，同一树枝上的叶子，用最虔诚的爱、和谐及友情与大家相处吧……团结之光如此强大，它能照亮整个地球。"[6] 阿博都巴哈也指出，人类有肤色种族之不同，风俗习惯、口味、气质、性格、思想观点方面存在广泛的差异，这正是人类既一致又多样化的标志，是完美的象征和上帝恩惠的揭示者。这正像花园中的花朵，"不管种类、颜色和形状有所不同，但是，由于它们受到同一泉水的浇灌而清新，受到同一和风的吹拂而复活，受到同一阳光的照耀而成长，这一多样性便增添了它们的美和魅力"。"如果花园里所有的花草、树叶、果实、树枝和树都是同一形状和颜色，这将是多么的不悦目！不同的颜色和形状，丰富及装饰了花园，而且还增进了它的艳丽。"[7] 既然人类是一致的，那么就不应该继续生活在充满冲突、偏见和仇恨的混乱世界里，为此，巴哈伊教反对人与人之间互相作对和互相残杀。这些论述为颜雅清的世界公民观注入了巨大的支持和活力。她更为积极地投入到为人类服务的事业之中，以后的工作重点转向

---

[4] *The Baháí World* 1944-1946, 美国伊利诺州威尔米特巴哈伊出版社 p. 179.
[5] 《巴哈欧拉圣典选集》，马来西亚总灵会1992年版，第288页。
[6] 《巴哈欧拉圣典选集》，第250页。
[7] 阿博都—巴哈的《生活之神圣艺术》第109～110页。转引自[加拿大]威廉·汉切尔、道格拉斯·马丁：《巴哈伊教——一个新崛起的世界宗教》，新加坡总灵会1993年版，第76～77页。

联合国的创立和世界和平的实现。

  颜雅清被巴哈伊教义打动,成为巴哈伊教徒之后和巴哈伊信仰者莫特海德夫人(Mottahedeh)保持着密切的往来。颜雅清在联合国公共情报部工作。任职期间,她曾经在美国和加拿大的许多重要集会上代表巴哈伊发表演说,常常在巴哈伊和非巴哈伊聚会上引证阿博都—巴哈和守基•阿芬第的话。

  但是,刚刚加入这样的一种新信仰,颜雅清难免带有自己原先就有的那种对自我的执迷。在1945年10月5日致卡洛尔和拉瑞的信中,颜雅清表现出一种对自己演讲打分的焦虑。那时候,她不能超越自我的束缚。她对他们说:"作为你我之间的一个小秘密,我想听一下你认为在所有的讲话者当中谁讲得最好,谁排第二,谁排第三,谁又排第四。我真的很想知道,因为如果我没排上名次的话,那我就知道我应该提高自己讲话的内容和技巧,而不是在一边沾沾自喜。与别人比较对我来说是最具鼓励作用的。我听了所有人的讲话,我听了艾尔西在芝加哥和华盛顿的讲话,听了华雷斯在威尔米特的讲话。我非常想要听听你作为听众在过去的一周里对所有讲话者的比较。这会帮到我们这些巴哈伊演讲者。所以请回信告诉我你的想法,并请附上对每一个讲话者的看法。"卡洛尔和拉瑞•卡洛尔在同年10月10日的回信中,告诉她:"关于你说的那些不同讲话者,我觉得很难去做比较,因为他们都来自不同的背景,有着不同的经历,我看待巴哈伊演讲者就像巴哈欧拉在谈及显圣者时一样,他们既不同又相同。对我来说,我对每个人的贡献都很满意,如果我要选择其中任何一个的话,都是不公平的。"颜雅清觉悟到自己已经沉迷于自我了,阿博都—巴哈的教导,打开了她心灵的窗户。阿博都—巴哈说:"最大的监狱是自我之狱。""撒旦"就是"执迷于自我。""我,我的,都是罪恶的字眼!""不要想你们自己","要想着上帝的恩惠。这样总会使你快乐"。阿拉伯谚语说:"孔雀总是很满足,因为它总是只看自己美丽的羽毛,从不看自己丑陋的脚。"[8]在学习中,她的灵魂不断得到净化。不到一年,她在底特律演讲的时候,境界就大不一样了。她逐渐放弃了自我,从世界团结的角度来看待一切问题了。

---

[8] [美]安娜玛丽•杭诺尔编:《完美的典范——阿博都—巴哈生活写照》,第11～13页。

颜雅清说：

　　我现在是一个基督教徒出身的巴哈伊，也有犹太教出身的巴哈伊，伊斯兰教出身的巴哈伊，佛教出身的巴哈伊，各种各样的巴哈伊都有。还有天主教出身的巴哈伊和新教出身的巴哈伊，但事实上我们不把他们分为天主教徒巴哈伊和新教徒巴哈伊，我们只称他们为巴哈伊教徒。

　　但是为什么基督教徒被分为天主教徒和新教徒？为什么天主教徒又被分为希腊天主教徒和罗马天主教徒？为什么新教徒又被分为圣公会教徒、浸信会教徒、卫理公会教徒等分支？在中国，我们对这些美国人，尤其是这些不同的教派感到非常困惑。他们都在宣扬基督的教导，为什么要分成这些个不同的派别？自从接受了这种新信仰，她认为宗教的根本目的是要团结全人类，促进友爱精神，使全人类获得幸福；倘若宗教使人类分裂，或互相敌视，那它的存在便是多余的。宗教应该是促进团结的，而不是造成不团结的。

巴哈伊教驻联合国代表

【巴哈伊国际社团提供。美国纽约成功湖，1949年4月4日～9日，从左至右依次为：阿明Banani、莫特海德夫人Mottahedeh（颜雅清的挚友）、颜雅清和马修布洛克。】

因此，巴哈伊们认为你不需要放弃你过去的信仰。通过成为一名基督教徒出身的巴哈伊，你可以成为一名更好的基督教徒。事实上，对我自己来说，我对教堂没有什么兴趣。当然，我生下来就是一名基督教徒，而现在因为我成为一名巴哈伊信徒，从而让我变成一名更好的基督教徒，因为它让我真正深入学习了基督教的教义。

现在，我只想要向你指出为什么我，作为一名中国人，相信所有宗教能够团结在一起。因为在中国，早在耶稣基督诞生以前，孔子就教导中国人"己所不欲，勿施于人"。难道这听起来和我们的黄金法则不是很相似吗？他还教导我们"四海之内皆兄弟"，基督教里面不是也宣扬人与人之间的手足之情吗？所以说，世界上所有这些神圣教导之间有什么区别呢？所有不同的宗教领袖们一直在提醒着我们这些愚昧、固执并且一错再错的人们。我们脑子里充满了如此顽固的自我，总是认为"我想要比你好，所以我的宗教也要比你的宗教好。"但事实不是这样的，这些宗教导师们一直在教导我们人与人之间的手足之情，并试图帮助人们克服（消减）自我。因此，根据我给你们讲的中国人所接受的教导和基督教徒们所宣扬的教义，你能看出两者之间有任何的不同吗？我看不出来。历史上他们来到我们中间就是要教导我们走在那条狭窄的直途上，不要自以为是，（自我膨胀而）误入歧途。

现在已经是20世纪，也应该是我们认识到这种团结的时候了——国家之间的团结，人民之间的团结，以及所有宗教之间的团结。

很多人说东方和西方永远也不会相遇。我们当中有多少人这样说过："哦，吉卜林不是说过东方和西方永远不会相会吗。因为他在一首诗里写到'东方就是东方，西方就是西方，两者永不相会'。"

因为这些人不想让东方和西方相会，所以他们故意断章取义地引用吉卜林的话，来证明他们的观点。他们想办法说服自己（让这个观点合理化）。我要和这些人对质，因为同样是吉卜林，

在同一首诗里面他是这样写的:

"哦,东方是东方,西方为西方,

两者永不相会,

直到天地都接受上帝的审判;

但是既无东方,也无西方,

没有边界,不分血统,不论出身。"

我可以重复一遍吗?

"但是既无东方,也无西方,

没有边界,不分血统,不论出身,

四海之内皆兄弟。"[9]

颜雅清认为,吉卜林的诗作突出了人类一家、四海之内皆兄弟的主题。

1923年,在长沙读书的颜雅清通过舅舅曹云祥,第一次听到有关巴哈伊信仰的消息,但并未成为巴哈伊。她曾在莫斯科的中国使馆为她的伯父颜惠庆工作。她的伯父曾经是中国驻俄国大使。后来她又到柏林和瑞士工作过。二战初期,当中国满洲里战争爆发的时候,她搬到了美国。1941年至1943年间,颜雅清回到重庆,中国的战时首都,为战争尽力。这段时期,她的父亲在蒋介石政府任卫生署长。1944年她回到美国,并于同年在伊利诺伊州的威尔梅特成为巴哈伊教徒。年底在华盛顿参加联合国筹备会议——敦巴顿橡树园会议。1945年,她为联合国公共信息部工作。在联合国任职期间,她代表巴哈伊在美国和加拿大参加了许多公共会议。她还经常在巴哈伊和非巴哈伊会议的讲话里引用守基•阿芬第的话。1948年为罗斯福总统夫人助手之一,参与起草《联合国人权宣言》。舅舅曹云祥当年的清华同事张彭春也参与此事。1949年4月4日到9日,在成功湖联合国总部所在地,她主持了联合国组织的第三届国

---

[9] 转引自蔡德贵:《世界公民颜雅清传》,花城出版社2013年版,第450页。

际非政府组织的会议,是四个主要组织者之一。1952年,她又作为巴哈伊成员,参加了在纽约联合国总部召开的第五届非政府组织的国际会议,担任第一工作组副主席。她是联合国非政府组织机构中最著名的中国籍巴哈伊教徒。1970年3月18日,她在美国去世。

当今的学者和政要怎么看巴哈伊教

著名作家汪曾祺在致施松卿的家书中,谈了他对巴哈伊教的认识:"前天(1987年10月23日)上午,六个中国留学生开车陪我和祖光去逛了逛。看了一个很奇怪的教堂。这个教叫Baháí,创始人是伊朗的Bahá。这个教不排斥任何教,以为他们所信的上帝高于一切,耶稣、释迦牟尼、穆罕默德都是上帝派出的使者。教义很简单、无经书,只有几句格言,如:'你们都是同一棵树上结的果子。'没有祈祷、礼拜。信教的人坐在椅子上,想你所想的。教徒也就叫Baháí,乐于助人。任何人遇到困难,只要说一声'Baháí',就会有教徒帮你。这个教可以入,——入教也并无仪式,教堂是个很高的白色建筑、顶圆而微光、处处都是镂空的,很好看。"[1]

学者罗竹风说:"新兴的巴哈伊教称从财富的污秽里洗清你自己,平静舒坦地进入贫穷之域,从那超然脱俗的源泉里,你将畅饮永生之源。"[2]

全国政协副主席、中国宗教界和平委员会主席丁光训主教认为,该教是当代积极的宗教。

---

[1] 汪曾祺:《美国家书》,《人民文学》,1998年第5期,第63页。
[2] 罗竹风:《人·社会·宗教》,上海社会科学院出版社1995年版,第263页。

据周加才先生说，

"巴哈伊教教义中提出的人类一家，世界上所有的人不分民族、种族都应该一律平等，维护和平反对战争，建立世界统一语言，逐步取消国家建立全球性的实体，实现宗教与科学的和谐，各宗教本质上同源，主张各宗教之间的和谐，强调任何宗教都应服从政府、遵守法律，过宗教生活时没有专职的神职人员，提倡'工作就是崇拜，服务就是祈祷'的理念等等。我觉得教义新颖，而且具有现代性、开放性、宽容性、创造性的特点。正因为如此，它已成为20世纪80年代以来传播速度最快的宗教之一，据有关资料显示，它已传播到两百多个国家和地区，成为在分布范围上仅次于基督教的宗教。故把此文送给丁光训主教审阅，征求他是否可以把此文收入我撰写的《宗教工作探索》（宗教文化出版社2002年出版）一书中。丁老阅后说，过去我对巴哈伊教仅仅是听说过，没有做过专题研究，不过从你文章中介绍的情况看，我的印象是可以的，我历来主张各宗教间相互尊重，因此讲几点意见：1. 完全可以把《巴哈伊教简介》纳入你的《宗教工作探索》一书中，使更多的人了解巴哈伊教；2. 你在对巴哈伊教介绍时总要有你的观点和看法，我认为评价应当高一些；3. 我们各个宗教如果都能像巴哈伊教那样，可见世界要太平得多。有一次在闲聊中，当丁主教得知我撰写的《巴哈伊教简介》一文没有收入《宗教工作探索》一书中，又建议我在《金陵神学志》上发表，后遵嘱已发表。从丁主教的态度，足见其有多么宽阔的胸襟，他一贯倡导的各宗教应互相尊重、和谐相处的开放的宗教观是何等鲜明。"[3]

国家宗教局原局长叶小文在任十多年间，对巴哈伊教予以高度关注，也始终高度评价这一新兴宗教。他在《邪教问题的现状、成因及对策》[4]中说："新兴宗教之中，有的逐渐自成一体。有的又朝着两个方向

---

[3] 周加才：《爱无止境》，译林出版社2008年版，第27页。
[4] 载陈红星、戴晨京主编《"法轮功"与邪教》，宗教文化出版社1999年版，第165~166页，后来收入叶小文：《宗教问题怎么看怎么办》，宗教文化出版社2007年版，2009年再版。

发展：一个是往上靠，努力朝着传统、主流的宗教靠拢，走向制度化，如巴哈伊、哈盖伊、摩门教。一个是往下沉，反正政府也不承认，大家也不喜欢，就走向神秘，走向极端，走向颓废，走向反政府、反社会，成为异端、邪教。当然，邪教不一定都由新兴宗教演变出来，但确有一部分新兴宗教在走向邪教。"

中国纪录片界的元老朱景和老先生在《我当电视记者30年》[5]中说：

> 巴哈伊教宣扬人类同源，"世界仅有一个国家，人类是它的公民"。它承认上帝和其先知的和谐统一，却又主张扫除各种迷信与偏见，强调必须与科学携手并进；尊重男女平等，提倡义务教育；消除极贫与极富。其教义的目标是融合各种族、国家和宗教成为一个人类的大家庭，建立持久的世界和平。显然，它的教义包容了所有宗教的美好成分，同时又充满着矛盾；它试图联合各大宗教为一体，却又在某些方面，严重开罪于现存宗教。这个"宗教联合国"的创始者，是18世纪初叶的伊朗人巴哈欧拉。他的传奇性自我牺牲精神和叛逆性格，堪与释迦牟尼相比。他出身于一个著名的贵族家庭，牺牲其所有财富致力于宣扬自己的信条，这也注定他难免传统势力的无情迫害。从36岁开始，他便经受着流放和监禁生活的折磨。在巴格达，康士坦丁堡，阿格狱城，他在监禁和流放中坚持传播教义，达40年之久，直到75岁逝世。
>
> 所有宗教都有一些崇高教义和可敬的品格。可是，有哪家宗教能解决人类历史和现实中的难题？巴哈伊教正在世界五洲传播，在7个国家建有灵曦堂。1986年建成的新德里灵曦堂，是最富魅力的一座，也是重要的景观之一，前往观瞻者颇众。陪我们参观的是一位马来西亚的华裔女青年，29岁的黄水珠，祖籍福建。她在此为她的信仰作为期半年的义务服务。我们没有机会一睹新型宗教的礼拜仪式，只能在了解其教义和观赏建筑艺术中得到满足。这里气氛肃穆而又高雅，不见香烟，不闻咏唱，没有偶像，没有职业僧尼，也没有其它宗教寺院所共有的那种神秘感和压抑感。

---

[5] 朱景和：《我当电视记者30年》，北京，大众文艺出版社1997年版，第286～287页。

理想化的巴哈伊教，美不胜言的灵曦堂。世界上最早产生宗教的土地上有此一种新型宗教，似乎让人看到一种希望：相互对立的宗教，有可能走上互容和谐，消弭仇恨和杀戮。如果大家都以科学和友善为信条，那么，人类将减少多少灾殃和疾苦？

吴云贵研究员主张：二战后特别是70年代以来迅速兴起的巴哈伊教（自称巴哈伊信仰），原为19世纪伊朗民众起义中形成的一个伊斯兰教派别，后来经过教义思想重大调整，取消了反政府的内容，增补了人类一体、世界大同、发展科教等教义思想，适应了新形势的需要。如今的巴哈伊教已有500多万信徒，在世界223个国家和地区建有教团组织，成为一个鼓吹万教合一、万流归宗，自成一体的世界性的新兴宗教。巴哈伊教在欧美和世界各地的迅速发展，显然与它在教义思想上的重新定位，同它反对宗派主义、主张宗教宽容、强调和平与发展等新思想新观念有直接的关系。[6]

中国社会科学院卓新平学部委员认为，巴哈伊教作为新兴宗教的一个典范，发展非常迅猛，有几百万信徒。它是从伊朗的伊斯兰教什叶派中间分裂出来的，遍布世界230多个国家和地区。有人把它看作是一种未来的宗教。巴哈伊教教义之一是不反对政府，因此除了伊朗是严禁巴哈伊教的，各个国家对巴哈伊教比较宽容。巴哈伊教这些年对中国的影响非常大，尤其是在商界、文艺界、学术界都有很大的影响。[7]

陈麟书先生在其《宗教学基本理论》中说：事实证明，不同宗教群体整合功能越强烈，其封闭的排他性也越强烈，而这正是宗教纠纷、冲突和战争的"隐性地雷"。[8] 不少开明的宗教家对于这一"不治之症"虽想给予"治疗"，但也深感束手无策。但是，根据为联合国一特别委员会所写的一篇文告《号召寰宇》中指出，目前正在世界各国掀起的一个新的全球性的巴哈伊教（BAHÁ'Í）正力图在这一方面作出贡献。其基本原则是要把世界各宗教精神融为一体，认同各教义仅是同一教理的各方

---

[6] 吴云贵：《马克思主义哲学与宗教问题》，总政治部宣传部：《哲学学习提要和辅导讲座》，解放军出版社1999年版，第126页。
[7] 参见卓新平2010年8月28日在中央国家机关"强素质，作表率"读书活动2010年第8期主题讲坛上的讲座《宗教全球化及其对中国社会的影响》。
[8] 参见陈麟书：《宗教学基本理论》，四川大学出版社1994年版，第79～80页。

面，以便达到完全和谐，使全人类团结一致。巴哈伊教的出现似乎不是偶然的，这对于克服宗教群体整合功能封闭性、狭隘性、宗派性的"不治之症"具有直接的现实意义，就像爱因斯坦早就希望的那样，想建立一个没有宗派性的世界统一的"宇宙宗教"。

北京大学哲学系著名教授楼宇烈先生说：

……新兴宗教也有很多不同的情况。现存的新宗教里，有的已经有了一定的历史，比如说，巴哈伊教就有一百多年的历史，至今它还有相当的影响力。它诞生于1869年（此处有误，应该是1844年）），是从伊斯兰教中分化出来的，这个宗教提倡"诸神一元，世界一家"，认为所有的宗教，大家所信仰的教主也好，神灵也好，只是在不同的宗教里面表现为不同的神，在基督教表现为上帝，在伊斯兰教中是真主，在佛教中就是释迦牟尼佛（此处有误，应该是梵天），认为从神来讲都是一元的，世界是一家的，地球是一个大家庭，"地球村"的概念就是"巴哈伊"提出的。

"巴哈伊"最初传入中国，中国人将它翻译为"大同教"——天下大同，这个名称现今在台湾还有。这个教的特点就是谁都可以加入，谁都不必放弃原来的信仰，因为众生都是一元的，教堂的四面八方都有门，象征着各个教都可以来，所以它倡导宗教的大同。尽管中国还未正式承认这个宗教，但"巴哈伊"的影响着实不小，它倡导的宗教大同也得到很多人的认可。"巴哈伊教"系统还是不错的，而且"巴哈伊"常做一些文化、慈善事业。从现今来看，新宗教的发展的确是很难把握，但"巴哈伊"确实是一个不错的正当宗教。所以，新宗教不可简单地被视为邪教。我们应该注意到，这些新宗教往往更贴近当今社会的生活，常常致力于解决现实生活中出现的问题，所以往往更容易被人所接受。（楼宇烈《宗教研究方法讲记》，北京大学出版社2013年，第29页。）

还有一件事情不能不提到，那就是美国著名的巴哈伊信仰者斯坦伍德•科布1979年致信邓小平，建议中国的改革要避免伊朗激进式改革的模式，采取渐进式改革。据说邓小平回了亲笔信，可惜两位均已去世，不好查到他们的通信了。斯坦伍德•科布是胡适先生的老师杜威的同事，有可能对胡适产生影响的思想家。他早就有教育学著作《新教育的原则及实际》在1933年就在大陆上海中华书局出版，是当时最有影响的教育学著作之一。

结 语

  中国儒家传统阐发和传承的"天下为公"、"世界大同"理想，像一种文化基因，流淌在历代中国知识分子的血脉之中。近代的仁人志士怀着宋代哲学家张载提倡的"为天地立心，为生民立命，为往圣继绝学，为万世开太平"的雄心壮志和良知，在"西学东渐"之风的浸染和良好的西方教育的参照下，对自身文化传统的优长、弊病，对批判地继承和发扬自身的文化传统，进行了多方位的、深刻的、自觉的反省和推动。在他们身上，传统文化的"救世济民"的担当基因，在与各种西方新思潮的交互影响中，以新的时代语言和表达方式，呈现出新的生命样态和精神气质。近代以来的维新变法、新民主主义革命、新文化运动、"放足"运动、"平民教育运动"等等，从政治体制到社会建制、习俗风尚、文学文字等的反省与变革，都是近代中国知识分子（包括国家的参与与推动）在中西文化交流中所呈现出来的新的观念和意识。

  近代中西文化的碰撞、融合，其认识和交流的过程，很漫长，也很宽广，尽可以从多种不同的视角去挖掘和解读。西方文化中的科学与民主作为两个突出的内容，受到了近代国人的热烈赞同与追捧。在"西学东渐"思潮中，科学与民主是两个标志性的符号、主旋律、主色调，但是也不乏慧眼识珠者早就看到了人文精神、特别是宗教情怀，对于一种真正的文明的支撑和主导作用。在19世纪末、20世纪初涌入中国的近代思潮中，就有诞生自19世纪中叶的巴哈伊信仰。值得注意的是，中国早期的知识分子敏锐地注意到了巴哈伊信仰，并从中或多或少地受到了启发和教益。在本书对新文化运动的"稳健派"人物杜亚泉的梳理中，可以看出他坦言巴哈伊信仰追求真理、联合各教的做法值得重视。他说"不必拘拘于波海会（巴哈伊信仰）之名目，而不可不效法其精神。盖为研求真理计，为消除畛域计，均有不宜忽视者。"胡适对于基督教的贵格会等教派有所观察，对巴哈伊信仰在内的各种宗教都有涉猎、耳闻和接触，不否认梅光迪对他新文学思想来源之一是巴哈伊教的指责。20世纪初期，巴哈伊信仰思潮与中国文化界的一些新动向之间的历史交集、私人接触与交流，异常明显。清华大学曹云祥校长将耶鲁精神和巴哈伊信仰相结合，导致清华大学在现代教育中的领先地位。以上这些正是本书所围绕的中心议题和阐发对象。希望此书可以在某种意义上另辟蹊径，使读者能够借此认识中国文化发展的一些足迹，对于广义的文化交流与融合或许有些许的益助。

围绕巴哈伊信仰在20世纪初中国知识阶层的传播和影响这一议题，本书分了14个章节。前两章先阐明中国传统文化里的世界大同思想，简明地阐述了儒家思想中大同思想的发展和延续，特别提到了陆九渊和康有为的大同思想，以及郑观应与巴哈伊信徒或者李佳白这样不是巴哈伊信徒，但是受到巴哈伊教影响的人物的一些接触。以康有为为代表的近代知识分子，已经开始打开视听，从西方的科学和宗教中汲取有益的思想和知识，康有为的思想来源，有李提摩太，也有李佳白。而李佳白是传播巴哈伊信仰的基督教独立传教士，最早研究和介绍巴哈伊信仰到中国的正是李佳白。康有为在《大同书》中更是提出了建立世界政府、选择世界语言和一种世界宗教的主张。这几项主张都是与巴哈伊信仰一致的。这也可以从一个侧面反映出，为何在20世纪初巴哈伊信仰在中国上层知识分子中获得普遍好感和推崇，因为它的世界主义与儒家的救世济民情怀是一致的。这两章是一个思想背景的交待，如同在一张画布上作画一样，在这一背景下，才陆续出现了特定历史时空中的不同的人物，以及他们接触、看待巴哈伊信仰的不同历史阶段。

其余十一个章节围绕新文化运动的轴心人物胡适、"稳健派"人物杜亚泉、著名的中国早期巴哈伊信徒、学者曹云祥、廖崇真、巴哈伊信徒玛莎•鲁特、颜雅清，对20世纪初巴哈伊信仰与中国知识阶层的接触、交流和影响做了一些梳理和阐发，在还原历史事实的同时，希望可以对历史的重构能够有所推动。最后一章"当今的学者和政要怎么看巴哈伊教"，补充了今人对巴哈伊信仰的认识，他们的看法与20世纪初当时知识分子的普遍看法是一致的、相呼应的。

谈到历史的重构、再解释，在本书的历史追溯中有一些小小的惊喜发现，相信随着史料的进一步发掘和研究的继续深入，会有更多有价值的信息被发现，事实上，我们确实已经有了进一步的发现，新发现的资料足以填补近代史研究的部分空白，不过那需要另外一本容量更大的著作才能完成。相应地，我们对巴哈伊信仰在近代中国的传播会也会有更加清晰的认识，对近代一些知识分子的思想发展成熟的过程可能会有新的见解。这本书从这个意义上讲，就是再谦虚，也不能否认它会具有一定的开拓性，即在历史的大背景中，寻找可能影响了近代知识分子的思想运动中的尚未发现的因素。而且这本书在历史的故纸堆中确实开始了惊奇的发现之旅。在初步的梳理中，我们惊奇地发现有一些新文化运动的人物对当时的巴哈伊信仰有所认识甚至很欣赏。在历史的风云际会之中，他们曾与巴哈伊信徒有所接触、交往甚至共事过。比方说，美国独立传教士李佳白不但在《东方杂志》上发表关于巴哈伊信仰的文章，而且其"万教联合"的主张，其所创办的尚贤堂对孔教的赞赏和弘扬，都与巴哈伊信仰的主张是一致的。我们已经发现了郑观应、康有为、梁启超、谭嗣同、孙中山和李佳白交流的细节。这些细节足以说明李佳白对近代中国很多重量级人物的影响。再如，新文化运动的领军人物胡适与清华大学校长、巴哈伊早期信徒曹云祥、巴哈伊信仰的传播者颜雅清，都有所交往和接触，而他的老师杜威的好友斯坦伍德•科布是著名的学者和巴哈伊信徒，胡适结识斯坦福大学的校长乔丹，聆听过李佳白对儒学的演讲，而后两者都对巴哈伊信仰比较了解和赞赏。胡适知晓巴哈伊信仰是无疑的，而且面对好友加诤友的梅光迪对他受到包括巴哈伊信仰等新思潮影响的评论，他未予否认，坦荡承认。周作人在参观日本的一个小乡村后引用了巴哈伊信仰的创始人巴哈欧拉的话；商务印书馆编译、理化部主任杜亚泉撰写过巴哈伊信仰的文章；在蔡元培任校长的北京世界语专门学校，美国著名巴哈伊信徒、记者玛莎•鲁特曾经执教过，同时鲁迅也曾在该校执教并且也是世界语的倡导者；山东的新文化运动健将王祝晨先生，曾邀请玛莎•鲁特和艾格尼丝•爱丽珊达女士，两位著名的巴哈伊信徒到济南宣讲世界语和巴哈伊信仰。本书所揭示的这些私人的接触是如何发生的？周作人、杜亚泉、李佳白缘何听闻了巴哈伊信仰和巴哈欧拉呢？巴哈伊信仰的信息在这些中国知识分子心中留下了何种印象与影响，在他们的思想和作品中是否有所体现？这些都是可以继续发掘探讨下去的。

尽管还有太多的问题需要解答，从本书所发现的历史的涓涓溪流的汇聚中，我们确实可以得到一些启示。论及新文化运动的产生，是一个复杂的历史文化现象，其或明或暗的促成、影响因素有很多，现有的资料还不足以说明巴哈伊信仰在多大程度上对这一运动有引发或推动作用。但就某些原则和目标而言，巴哈伊的影响是毋庸置疑的。突出表现在以下三点。

第一，教育、文字的平民化、普及和推广。新文化运动倡导新文学、推崇白话文，努力促成文字的浅白、平易和文学的普及和易懂，希望使大众获得教育和文字的益处。"批判旧文学，倡导新文学"，其中有一种文化上的反特权意识和为平民争取教育、话语权利的一些意味。而且，新文化运动对文字、文学的批判和革新不只是形式上的，而且是带有思想和道德的批判意味。他们在打破士大夫、官僚对文化的垄断的同时，也在尖锐地批判封建等级制度和渗透在社会观念和习俗中的一些价值和观念。他们在肯定、提升普通人的价值、尊严和权利。

与此相应，巴哈伊同样注重、推广普及教育，而且对教育的含义有所拓展和革新，特别包括了近代西方传入的科学以及在波斯传统文化中不太受重视的各种实用技能和谋生训练，也是打破以传统的宗教教育为独尊的力量之一。约1900年，巴哈伊早期信徒、巴哈伊信仰的创始人巴哈欧拉的四位圣辅之一的米尔扎•哈桑•阿迪卜在德黑兰创办塔尔比亚特（Tarbíyat）男校，1911年塔尔比亚特女子学校在德黑兰开始运行，该校是伊朗最好最早的新式教育机构之一。其他的巴哈伊学校纷纷在哈马丹、加兹温、卡尚、巴尔福鲁什出现。据估计在20世界上半叶在伊朗由巴哈伊创办、运行的巴哈伊学校有50多所。更可贵的是，这些学校向所有儿童开放，半数以上的儿童来自非巴哈伊家庭。据估计，在20世纪20年代，巴哈伊学校里的中小学人数约占当时伊朗全部中小学生的10%。[1]

而且，巴哈伊在扩展教育的内涵，使教育更加符合时代所需与具有实用性的同时，巴哈伊信仰的创始人巴哈欧拉明确地批评了一些神学研究太过富于玄学味道，只是在玩弄字眼，而没有实际的社会价值和意义。他鼓励人们求知，学习实用的技能。而且，常常把传统的知识比作遮蔽人们视线的帷幕，鼓励人们以新的眼光检视传统知识，比如对《古兰经》的经文以及一些"圣训"的一些解释。

第二，在男女平权上的共识。新文化运动在批判礼教对人性的压制的大背景下，对女性表示出了很多的同情和关注。值得注意的是，中国注重综合思维的特点，让我们的语言有一定的模糊性，一个"他"字，可以指代一切"我"以外的事物，不管其性别如何，表示女性的人称代词"她"字，一直到新文化运动中才出现的，刘半农先生对这个字的创造，使中国人开始在文字上有了性别意识，相信与之伴随的有一种对女性权利的觉醒和辩护。尽管中国的女子教育和女校开始自清末，而且得力于基督教传教士，是李佳白的长老会同事狄考文夫妇、郭显德和赫士夫妇在烟台分别于1864年、1866年和1890年创办的。郭显德和赫士开始招收女生，而且是免费的。到1920年2月，蔡元培破天荒招收9名女生入北京大学文科旁听，实施大学里男女同校、高等教育平等，在当时都是一股清新之风。

从巴哈伊信仰这方面看，巴哈伊信仰对伊朗的女性解放和进步是有重要作用的。巴哈伊信仰的早期著名女信徒、诗人塔荷蕾在宗教学识和文学造诣上非常深厚，她在各种场合宣讲自己的新信仰，她是伊朗第一个摘掉面纱的女性，开伊朗妇女解放运动之先河。巴哈伊信仰的教义中特别注重、尊重和保护女性权利和优先女童教育。巴哈伊信仰认为母亲是孩子的第一位老师，所以母亲的教育水平会对孩子产生巨大的影响。因此，对于女童的教育必须非常重视，如果一个家庭有男孩、女孩

---

[1] *Closed Doors:Iran's Campaign to Deny Higher Education to Bahá'is* at http://denial.bahai.org/pdf/cd_ch3.pdf，检索于2014年1月15日。

而又不能同时让他们接受教育,那么应该给予女童以优先接受教育的机会。在家庭和两性关系上,女性的权利和尊严与男性一样受到尊重。人类如鸟,有双翼,一翼是男,一翼是女。除非两翼健壮,并以共同的力量来推动它,否则,人类这只鸟不能飞向天空。这是巴哈伊教的理念。

第三,巴哈伊信仰和新文化运动的一些主要人物,都曾经非常重视柴门霍夫的世界语的学习和传播。在本书的叙述中,可以明显地看出这一共同点。著名的巴哈伊传道人玛莎•鲁特在北京、济南、徐州、上海、武汉、广州宣传巴哈伊信仰的同时,也在教授、宣传世界语。本书所述孙中山、蔡元培、鲁迅等等都很重视学习世界语,甚至鲁迅认为中国的文字中所承载的礼教毒素,只有在一种新的语言中才能得到净化。

从以上所述三点看,巴哈伊信仰和新文化运动是同气相求的。但是,它们显然又有很多区别,因此不一定全部是直接的衍生关系。这是本书必须在此申明的。从方法上讲,巴哈伊信仰是信奉磋商的,以友好的磋商达成共识,在不能达成全部一致的情况下遵循少数服从多数的原则。因此,它在对待传统的时候,不是全盘否定的,而是很尊重地进行继承和改良。巴哈伊信仰在鼓励个人独立追求真理的同时,要求个人与个人、个人与机构之间相互真诚、友善、尊重,对于激烈的言语是很注意努力戒除的。而新文化运动中有一派是以"反传统、反儒教、反文言"为特征的,对儒教进行了激烈的批判,保守派和新派人士之间的口水仗犀利无比,这一派的这种激烈的变革方式与巴哈伊信仰的原则是有出入的。

在对待儒学的态度上,巴哈伊信仰与新文化运动的激进派也是不一样的。巴哈伊信仰尊重各种文化的传统思想,对儒家同样如此,甚至尊孔子为伟大的教育家和先知一样的人物。巴哈伊信仰的教长阿博都—巴哈在《中国书简》中说,到中国传播巴哈伊信仰的巴哈伊教师应该具备中国人的精神,熟读中国人的经书。正如本书第一和第四章中所述,阿博都—巴哈称中国为"未来的国家",非常看重中国的发展潜力,也非常尊重中国深厚的文化积淀。而众所周知,新文化运动的激进派对于儒家采取了激烈的批判态度。也许"矫枉才能过正",也许太"矫枉过正",这还有待学者们的考证和评说。

另外，笔者注意到巴哈伊信仰是一种世界宗教，它的眼光是看向全世界的，它并没有有意识地影响中国的新文化运动，任何符合巴哈伊理想和原则的思想、倡议和活动，它都为之欣喜和唱和。例如，巴哈伊信仰的杂志（Baháí World），1930年代刊载了中国平民教育运动的倡导者和践行者晏阳初的文章，因为他的思想与巴哈伊的"普及教育"、人是一座富矿，隐含无价珍藏，惟教育能掘而显之，使人类从中受益的信念是一致的。所以，只要是观念、理想相近的思想、思潮，巴哈伊信仰都愿意有所响应，因为它的愿望是一起推动和参与和平的物质文明和精神文明的双重建设。同样，波兰犹太籍柴门霍夫的世界语一度受到巴哈伊信仰者的热烈信奉，也是因为巴哈伊信仰的先知巴哈欧拉曾说，应该有一种世界语言在世界各地教授，这样可以促进人们的交流和团结。而柴门霍夫认同了巴哈欧拉的理念，便创造出世界语，他的女儿莉迪亚正是巴哈伊信仰者。这也是当时很多巴哈伊学习世界语的动机和热情之所在。而新文化运动的一些人物对世界语的追捧，是出于变革陋俗和一些迂腐的价值观念的考虑。世界语和世界公民是一体的，包括邓小平在内的很多中国政治家都是支持做世界公民的。1981年2月14日，在为英国培格曼出版公司编辑出版的《邓小平副主席文集》所做的《序》中说："我荣幸地以中华民族一员的资格，而成为世界公民。我是中国人民的儿子。我深情地爱着我的祖国和人民。"[2]世界公民和爱国主义是一致的，并不是对立的。

总之，迄今，笔者所发现、整理、搜集的关于巴哈伊信仰与新文化运动的一些人物接触和交往的史料，还是很初步的，在此基础上能够做出的结论，还非常有限，并且需要进一步的史料来支撑。笔者希望，通过本书抛砖引玉的作用，可以引起学界对此话题的一些关注和深入的发掘和探索。毕竟，一种新思潮的形成，催生和推动发展的因素会很多。学者发掘、复原历史的过程会非常复杂和漫长，必须坚持下去，接续努力，只要是真诚的努力，就是值得尊敬和期待的！

2013年12月23日

---

[2] 中共中央文献研究室编《邓小平思想年谱》（1975—1997），中央文献出版社1998年版，第182页。

附录：

中国使命：巴哈伊入华百年记

（根据巴哈伊网站和各种原始记录、专著编辑整理）

巴哈伊是什么？

巴哈伊是宗教？是的，它是一种新兴宗教。但它是把宗教味降到最低程度的宗教，是把宗教神秘主义降到可以忽略不计的宗教，是和科学紧密结盟的宗教。

巴哈伊是信仰？是的，它是一种新型信仰。但它是一种和迷信格格不入的信仰，不容偶像崇拜有容身之地，和形形色色的偶像崇拜划清了界限。在这种新信仰里，不再有盲从，而只有每个人独立探求真理的认知。

因此，与其说巴哈伊是宗教，是信仰，还不如说它是一种引人向上、健康的生活方式。这种生活方式，使一切导致人类身心不健康的东西和陈规陋习毫无容身之地。在这种生活方式指导之下，人的身、心都会健康成长。健康的生活方式就是巴哈伊提倡的以爱与和谐为核心的生活方式，这种生活方式必须有好的环境来支撑，最好的环境就是世界和平。在人类这个大家庭之中，世界和平只能建立在人类一家这个不可动摇、牢固的基础之上才能实现。用巴哈欧拉的话说，这种生活方式要做到：富足时须慷慨；患难时须感恩。对他人要诚实可靠，和蔼友善。做贫穷者的财库；富裕者的劝诫；对急需者有求必应；谨守誓言；公正评判；言辞慎重。对人要不偏不倚；以最大谦和示人。要成为夜行者的明灯，悲伤者的安慰。做干渴者的甘泉，苦难者的天堂，受压迫者的护卫。一言一行都要彰显诚笃和正直。要做陌生者的家园,受伤者的药膏,逃难者的堡垒。成为盲人的眼睛,迷途者的路标。要成为真理之容的妆饰,忠诚之额的冠冕,公正之殿的柱石,人类生命的气息,正义之主的旗帜,品德之天的明星,人类心田的露珠,知识海洋的方舟,恩泽之天的太阳,智慧之冠冕的宝石,世代苍穹的明灯,谦逊之树的果实。(《巴哈欧拉圣典选集》)因此国家宗教局局长叶小文肯定巴哈伊是"新兴宗教之中','逐渐自成一体"的,"是往上靠,努力朝着传统、主流的宗教靠拢,走向制度化"的。

这种健康的信仰是1844年创立的,主张上帝独一、宗教同源、人类一家,是现今世界上九大宗教中最年轻的宗教,其入华的最早记录是创始人之一巴孛的亲戚哈吉•米尔扎•穆罕默德•阿里,1862至1868年在上海居住。他作为商人,从事中国茶叶、瓷器和金银首饰等贸易。1870年后,他在香港居住过一段时期。1879年,其弟哈吉•米尔扎•布尔祖格到达香港,与他合伙开办了贸易公司,一直呆到1897年。在海法镶嵌巴哈欧拉照片的三个金银铸造的像框,由他们提供。此后,越来越多的巴哈伊来到中国并定居。巴孛妻侄阿加•米尔扎•易卜拉欣于1881年到1882年间在香港居住。1888年有两个巴哈伊到过西藏。1891年米尔扎•阿布-法德勒•古尔佩根访问了喀什地区。

1893年9月11日世界宗教议会开幕式照片,李佳白、丁韪良和李提摩太应邀坐在主席台上,清朝的官方代表彭光誉,坐在大会主席身旁。

215

1893年美国芝加哥举办世界宗教议会，是巴哈伊走向世界的真正开端。在9月23日的会议上，基督教派驻叙利亚的牧师亨利•H•杰赛普（Rev. Henry Jessup）博士委托牧师乔治•A•福特在议会上宣读了他题为《英语国家的宗教使命》的论文，杰赛普牧师是一位神学博士，也是长老会叙利亚分支机构的负责人。论文第一次公开提到巴哈伊信仰：在叙利亚的海岸之上、阿卡城堡以外，有一个名为巴基（意为"喜悦"）大厦的地方。几个月前，一位著名的波斯贤者——巴比圣徒——去世了，祂名叫巴哈欧拉，意为"上帝之荣耀"，是波斯穆斯林改革派的领袖。祂认可《新约》为上帝之言，耶稣为人类之圣使。祂视普天下为一家，视全人类为同胞。三年前一位剑桥的学者（英国剑桥大学教授）布朗去拜访祂时，祂表达的观点是如此高尚，诚如耶稣基督一般。我们以这段话作为我们的结束语，"所有的国家应该有一个共同的信仰，全世界的人民应亲如兄弟；人类之子应加强团结、增进感情；宗教的派别之分应被终结、种族之别应被废止。这有什么不好呢？这一切定会实现；这些无益的冲突，这些毁灭性的战争都会成为过去，'至大和平'，必将到来。欧洲的诸位难道不需要如此？不仅使人以此为荣，即他爱他的国家；更应使他以此为荣，即他爱全人类。"来自中国的清政府驻美国使馆参赞彭光誉和美国传教士李佳白、丁韪良，英国李提摩太等人，听闻了巴哈欧拉的"天下一家"思想和巴哈伊基本教义。此后，李佳白终生致力于在中国传播和实践巴哈伊信仰，部分时间李提摩太和丁韪良是他的合作者。

1902年，两位伊朗巴哈伊阿卡•米尔扎•迈赫迪•拉西提和阿卡•米尔扎•阿博都巴奇•亚兹迪，到上海开办奥米德贸易公司。拉西提说："上海已经觉醒，中国人中已有信仰者，并在这一转变过程中将启示之光照向他们的同胞。"他于1924年在上海去世。

1910年，美国霍华德•史札文和梅森•雷米开展了环球传导之旅，对于巴哈伊来说尚属首次。他们访问了上海和香港，可能是第一批到中国的西方巴哈伊信徒。他们在上海时间不长，但是遇到了同情他们工作的几个人。他们可能在尚贤堂演讲过。

圣辅艾格尼丝•百德温•亚历山大于1914年11月应阿博都巴哈的请求，在香港停留。后来随着阿里•哈森沃夫、侯赛因•乌斯库利、米尔扎·侯赛因·图缇和其他拓荒者的到来，上海巴哈伊社团得以稳固的建立。其他稍小的巴哈伊社团也在北京、广州、哈尔滨逐步得到建立。于此期间，在外留学的部分中国人逐渐了解到此信仰。

1913年李佳白邀请孙中山在尚贤堂演讲
并在尚贤堂植象征和平的棕榈树之后合影

20世纪初，陆续有一些伊朗的巴哈伊信徒到中国旅行或经商。此时中国内地则通过李佳白创办的尚贤堂开始知道巴哈伊。1882年李佳白入华，在山东十年之后，1893年在芝加哥参加世界宗教议会，1894年再度回中国，在北京和上海先后创办尚贤堂，在华前后达40多年，直接、间接传播巴哈伊，实践天下一家思想。期间和众多清末人物接触，主要有光绪帝、李鸿章、翁同龢、郑观应、康有为、梁启超、谭嗣同、刘光第等，他在尚贤堂安排巴哈伊演讲，1914年致信阿博都巴哈，邀请圣约中心到尚贤堂演讲，此举因为一战爆发未能实现。1915年5月李佳白摘选了演讲稿一部分，在商务印书馆主办的《东方杂志》发表，题为《波海会之精神与作用》，主编杜亚泉配合发表《波海会》予以摘要介绍。

波海会就是巴哈伊。1918年杜亚泉又发表《矛盾的调和》，引用波海会的观点，扩大了巴哈伊的影响，这是中国最早也是最全面介绍巴哈伊的文章。该杂志影响非常大，是主流知识分子的必读物，从此巴哈伊开始在中国上层广为人知。与李佳白交际相当深厚的郑观应、康有为、孙中山的世界大同思想与巴哈伊的影响有关联。孙中山的思想一生当中发生的最大变化，莫过于从"驱除鞑虏"发展到"五族共和"、世界大同，实现了思想上质的飞跃。孙中山1912年9月3日《在北京五族共和合进会与西北协进会的演说》说："今者五族一家，立于平等地位，种族不平等之问题解决，政治不平等问题亦同时解决，永无更起纷争之事。所望者以后五大民族，同心协力，共策国事之进行，使中国进于世界第一文明大国，则我五大民族共同负荷之大责任也。现在世界文明未达极点，人类智识，犹不免于幼稚，故以武装求和平，强凌弱，大欺小之事，时有所闻。然使文明日进，智识日高，则必能广其博爱主义，使全世界合为一大国家，亦未可定。"（《孙中山全集》第2卷，第439页。）这完全是响应巴哈欧拉提出的"地球乃一国，万众皆其民"的地球村思想。阿博都巴哈1912年在美国的访问是世界范围的大事情，而后孙中山又和李佳白交往非常多，形成这种世界大同思想，一点不奇怪。

巴哈伊在华有30个不同的译名：波海会、巴哈伊教、巴哈伊信仰、巴哈主义、八海、贝哈主义、贝哈因主义、巴哈教、白哈教、巴海尔教、巴海的主义、比哈教、贝哈教、巴海教、巴赫伊教、巴哈依教、巴孩教、白衣教、白益教、大同教、博爱社、巴赫泛神教、波斯泛神教、通一教、伯哈尔大同教、巴海大同教等，巴海尔教、贝哈教、百合一教、伊朗万神教。由于译名不统一，分散了对巴哈伊的注意力，1992年以后全球统一使用巴哈伊，情况有所好转。

1911年胡适在美国结识李佳白、穆德和曹云祥，1917年胡适日记承认自己的"新文学思想"来源之一是"波斯泛神教"——巴哈伊。胡适的老师杜威和美国巴哈伊斯坦伍德•柯布是至交，都是美国进步主义教育协会负责人，他们是胡适巴哈伊信息来源之一。1912年阿博都巴哈访问美国达十个月之久，几百家美国报纸均有报导，时刻关心国际事务的胡适不会不注意这些信息，这也是胡适的巴哈伊信息来源。之后，周作人在日本看到在美国出版的小册子《九》，了解到巴哈伊。蔡元培、陈独秀、鲁迅可能通过世界语也了解一些巴哈伊。

1926年清华大学国学研究院第一届毕业生
和校长曹云祥及四大导师合影（冯天瑜教授提供）

中国最早信仰巴哈伊的是曹云祥。他于1911年毕业于耶鲁大学，在这前后接受了信仰。他娶了瑞典籍的巴哈伊艾琳•路易斯•霍玲为妻，曹云祥在伦敦使馆工作时与她相识。他于1922年到1928年间，把清华学校改建为清华大学，担任校长。1925年招收清华大学历史上第一届本科生，同时成立举世闻名的清华国学研究院，聘请四大导师王国维、梁启超、赵元任、陈寅恪，邀请艾格尼丝•亚历山大和玛莎•鲁特给全校学生演讲巴哈伊信仰。他翻译了许多巴哈伊书籍，包括《巴哈欧拉与新纪元》、《巴黎谈话》，以及《已答之问》的大部分。曹云祥在《巴哈伊世界》的一篇文章中写道："一个真正的巴哈伊信徒，当目睹到人们的疾苦、无知与贫穷时，他将加倍努力去改善自己，虚荣，骄傲与自私将很自然的从他的思想中涤除。中国毫无疑问需要这样的人，每个人都强烈地了解并体会到这一点。如果巴哈伊信仰能提供这样的人，中国将愿意并迫切的接受此信仰。"曹云祥于1937年2月8日意外去世。

陈海安于1916年4月在芝加哥大学成为巴哈伊信徒，同年回到上海。稍后，车庭墨于1919年在美国接受巴哈伊信仰。他回到中国后，阿博都巴哈致信劝他去传扬上帝之启示，让车庭墨代表祂"向两位新信仰者转达至大的友爱"，"祈求确认使他们能展现上帝的赐福，能被引导成为两支明亮的灯烛。"

从李佳白1915年发表第一篇文章之后，一大批介绍巴哈伊的中文文章相继发表，1921年首版中文刊物由巴哈伊们在上海出版。20、30年代出版了大量巴哈伊著作，其中主要有：

《巴哈之建议》（上海1921年）。

畅支的《统一世界宗教之大运动》，全面介绍巴哈伊，发表在当时最著名的大报上海《申报》1922年12月17日。济南道院《哲报》也发表该文。

《巴海教宣教者儒特女士到沪》，《申报》1923年。

《巴海教宣传者儒特女士到沪，今日在商科大学讲演》，《申报》1923年12月23日。

《世界语同志欢迎儒特女士——13日举行》，《申报》，1924年1月11日。

《儒特女士讲演记——演讲世界语之重要》，《申报》，1924年1月14日。

《美国女记者游粤》，广州《民国日报》，1924年4月4日第7版。

曹云祥《文化之统一与宗教之普及——1925年1月25日在北京协和主日会上的一次讲演》。

《罗德（玛莎鲁特）女士演讲专号》，《广州市政日报》1930年9月23日。

《国际新教育》，玛莎•露特演讲，《广州市政日报》1930年9月23日。

《世界语运动》，玛莎•露特演讲，《广州市政日报》1930年9月23日。

《什么是巴海Bahai运动？》，美国玛莎•露特演讲，《广州市政日报》，1930年9月23日。

玛莎•路特（玛莎•露特）《中国文化与巴哈伊教》，上海《大同教月刊》1931年1月29日。

《至大之和平——辑录博爱和拉与亚卜图博爱之格言》，曹云祥辑录，上海1931年。

曹云祥《大同教之在中国》，上海大同教社1932年。

曹云祥《大同教的贡献》，上海大同教社1932年。

曹云祥《大同教的贡献（二）》，上海大同教社1932年。

沙基芬迪（守基•阿芬第）《世界之趋势（大同教宣言）》，曹云祥译，上海大同教社1932年。

（英）爱斯孟《新时代之大同教》，曹云祥译，上海大同教社，1932年。

《亚卜图博爱之箴言》，曹云祥译，上海大同教社，1932年。

巴哈欧拉《笃信之道（意纲经）》，曹云祥译，上海1932年。

曹云祥《大同教与人心的改造》，上海《自由言论》半月刊，1933年第1期。

（日）藤崎《我为什么信仰大同教》，大同教社译，原载《大同教月刊》1933年8月号。

（英）爱斯孟《大同教对于预言之实践》，曹云祥译，上海大同教社1933年。

曹云祥《巴海（Bahai）的天启》，上海大同教社，1934年。

巴哈欧拉《隐言经》，廖崇真译，洛阳印书馆1937年。

阿博都巴哈《已答之问题》，上海1939年，曹云祥译（因在付印时一部分译稿被烧毁，孙颐庆续补译被烧毁的36页）。

《大同教光华经》,廖崇真译,1939年。

最早到中国主动传教的外籍巴哈伊是圣辅美国玛莎•鲁特(Martha Root)小姐,她1912年见到访问美国的阿博都巴哈,并响应他神圣计划书简的号召,四次到访中国(1915年,1923-1924年,1930年,1937年)。第一次是1915年夏天到大连,准备一生环游世界,将信仰传达给各国王、皇后、总统、神职人员、教授,以及普通老百姓。第二次是1923年,为期一年。她在北京学习中文,教授世界语。6月份,艾达•芬奇(Ida Finch)和她一起工作。1923年9月北京报纸刊登了对她的独家访问,给美国的朋友写信敦促他们来中国。"这儿太棒了,没有什么比在中国居住终老更为伟大的恩惠了。我爱中国!"艾格尼丝•亚历山大和鲁特小姐一起,于11月4日在北京举行了第一次灵宴会。她们还一起和李佳白聚会交流,李佳白的日记有他们见面和电话的记录。她们还访问了蔡元培倡导筹建的北京世界语学校,后来玛莎和鲁迅是该校的同事,参加了开学典礼,她教高级英语,并在这个学校给军官们做了一次演讲。鲁迅则教"中国小说史略"。此后玛莎访问了很多城市,其中包括孔子的诞生地曲阜和天津、济南、烟台、徐州、南京、上海。在徐州,和廖崇真的妹妹廖奉灵在一起。1924年5月,她在廖崇真的陪伴之下,拜会了孙中山,巴哈伊的天下一家思想得到孙中山的肯定。廖崇真后来说:"孙中山博士听说了巴哈伊,并读了一些关于巴哈伊的著作,他宣称说,这与中国之所需密切相关。"1924年年底,她在中国又呆了两个半月,去宁波、武汉、杭州、广州以及香港。在香港到电台和香港大学进行多次演讲,刊登在香港的主要报纸上。香港电讯报于4月17日头版刊登了她在神智学会的演讲,当时另一位巴哈伊洛勒尔•斯考普弗罗彻女士(Mrs Lorel Schopflocher)也在场。

第三次是在1930年,为期两个月。9月,玛莎在广州拜会广东省国民政府主席陈铭枢将军,认为他是一位著名将军,是一位具有远大眼光和深思熟虑的人。陈铭枢告诉她:"前两天你送我那本小册子之前,我原对巴哈伊运动所知不多。读了这本小册子之后,我认为巴哈伊是个预言家,这种教义起码可以使中国和其他每个国家获益极大。没有任何一个国家比中国更适合接受这些教义，因为中华文明的基础便是世界和平。当前我们正处于严重的兵荒马乱境地，可是当中国恢复和平，我们与其他国家地位平等之后，中国将会在所有的国际事务中取得她应有的地位。"她对陈铭枢评价极高，认为他很像孙中山，没有一个人比他更清醒地意识到没有任何力量可以使中国实现和平，唯有理想才能最终战胜。她在广州电台的讲演，在《广州市政日报》上连续发表，宣传巴哈伊教义。1930年9月20日，玛莎从广州来到上海，于国家地理学会大厅的英国皇家亚洲协会举行了三次演讲。从上海，她和苏莱曼一家（Sulaimánís）去了南京，在中央大学为2000名学生演讲。

第四次是1937年，但因为战争很快离开上海去夏威夷，见到夏威夷大学主讲中国历史和哲学的教授李绍昌。李绍昌于1919年在旧金山首次接触巴哈伊，且应邀在巴哈伊中心演讲中国哲学。他提到了他的朋友和老师曹云祥是中国推行巴哈伊教的主要人物，先后在1928、1933和1935年三次和曹云祥探讨巴哈伊教的问题。抗战时期，他以出售个人著作所得，捐献给中国政府抗日之用。其著作影响最大的除了《半生杂记》之外，还有译作《中国民间佛教》。

巴哈伊廖崇真出身于书香门第。其父廖德山是孙中山的亲密好友。廖崇真岭南大学毕业后去美国康奈尔大学留学，于1921年成为巴哈伊。1923年他回广州，担任岭南大学（今中山大学）农学院院长。1932-1934 年《巴哈伊世界》刊登他的文章：《一个中国人对巴哈伊信仰的看法》。1924年5月廖崇真安排玛莎拜会孙中山，他担任翻译。廖崇真的姐妹们也都认可此信仰，其中两位成为巴哈伊。他的姐姐廖奉安在1924年玛莎访问广州时担任翻译。妹妹廖奉灵岭南大学毕业后去美国密歇根大学深造，从玛莎那里听说了此信仰。1931年，在回国途中她在日本的横滨停留，在那她见到了艾格尼丝•亚历山大、凯斯•然瑟姆•凯勒（Keith Ransom-Kehler）。她将一生奉献给了中国的教育事业，担任岭南大学的历史学教授，以及广州市教育局的副局长，广州儿童福利协会的副会长。圣辅凯斯•然瑟姆•凯勒于1931年访问上海和广州时，廖奉灵邀请她住在廖崇真的家中。日本侵华以后，广州局势非常紧张，廖崇真的空余时间非常少，但是每天早上离家前，他都会完成一小部份翻译工作。他1938年写信给圣护："我已在枪林弹雨中完成这些书籍的翻译，因为我相信世界最终获得拯救需要巴哈欧拉的原则得以实现。我想尽我微薄之力将这喜讯传达给我们的人民。"

1923年，乌斯库利家成了上海巴哈伊的主要聚会场所，他们家成了中国巴哈伊的地址。劳拉（Laura）与希伯来特·德雷福斯·巴尼（Hippolyte Dreyfus-Barney），是最早一批来中国的法国籍巴哈伊，自1920年到1922年期间，他们到过中国的很多城市，其中包括青岛。加拿大圣辅西格弗莱德·斯卡特弗洛彻（Sigfried Schopflocher）和妻子——来自美国的罗露（Lorol），于1927年访问了中国。

1920年到1940年期间，很多留学生成为巴哈伊信徒。一个中国学生感叹：巴哈伊"这恰恰是中国所需要的！"

1928年，中国第一个地方灵体会在上海成立。1934年到1936年期间，上海巴哈伊在中国基督教青年会保留了一个房间作图书馆。很多巴哈伊书籍于20世纪30年代初在上海出版，包括《时代之光》，《至大和平》，《新世界秩序之目标》、《隐言经》、《福音经》、《笃信经》。其中曹云祥和廖崇真翻译最多。

卡尔·斯奇瑞与洛丽塔·斯奇瑞（Carl & Loretta Scherer）于1931年搬到上海，之后又去青岛居住到1936年。其他很多巴哈伊也来过中国。来自加拿大的F·圣乔治·斯本特莱弗（F. St. George Spendlove）在1932年参观了上海、南京以及北京。马克·托比，来自美国的一位画家巴哈伊，与英国一位著名的陶艺家本莱德·里奇（Bernard Leach），他们在1934年一起访问了上海，拜访画家滕奎。

值得尊敬的颜雅清女士，是优秀的巴哈伊。她原来在上海，从舅舅曹云祥听说了此信仰。她和她的伯父颜惠卿在一起工作，她的伯父曾五次担任总理一职。他也是中国第一个驻苏联的大使，后来是驻德国和美国的大使。当颜惠卿大使担任国际联盟中国总代表时，颜雅清曾陪同他一起去了瑞士。当日俄战争爆发时，颜雅清意识到这是一场世界冲突的开始。她在意大利和美国学习飞行技术，并从窦尼尔上校那里获赠飞机"新中国精神号"，从美国的一个城市飞到另一个城市演讲，为中国抗日战争募捐。在一次飞机事故中生还后，她树立了更高的人生目的。1944年她参加了在芝加哥举行的庆祝巴哈伊创立100周年的巴哈伊大会，注册成为一名巴哈伊。1944年她参加敦巴顿橡树园的联合国奠基会议，1945年参加旧金山的联合国成立大会，后来担任联合国信息官，为罗斯福总统夫人三位秘书之一，是联合国人权宣言的起草人之一。1949年她作为巴哈伊代表的一员参加了第三次国际非政府组织国际大会。

楚耀良是一位来自南京的记者，1946年在华盛顿成为巴哈伊。圣护给他的亲笔信，说："愿至爱者（上帝）能保佑你所做的努力，指引你的步伐，并清除你路途中的障碍，以使得你在各种情况下都能有效发扬祂伟大信仰的至大福祉。你至亲的兄弟—守基。"他于1946年7月回到南京，1949年2月到了台湾，遇到了陈天利。1945年到1949年间，有一批中国空军队员在美国科罗拉多州的丹佛培训时成为巴哈伊，陈天利就是其中一员。陈天利在丹佛举行了一次巴哈伊婚礼。

1941年3月9日在上海，《字林西报》刊登了乌斯库利先生的书信《宗教乃解决国际危机的药方》。留在上海的少数巴哈伊仍在周日下午定期会面，他们是苏莱曼一家、乌斯库利先生、突提先生，以及伯尼斯•伍德。伯尼斯•伍德1941年10月在华盛顿成为巴哈伊，后在重庆的联合国善后救济总署工作。二战后，除了乌斯库利先生外，其他外国巴哈伊相继离开中国。

L. to R: Mrs George Lee, Vice Premier and Foreign Minister Marshal Chen Yi of the People's Republic of China and Shirin in 1959 when they were invited by the state to inspect various women's activities in China.

陈毅副总理会见席琳•福达尔女士

1949年后，慢慢地，信仰分布到一些中国新的区域，1953年进入澳门，1959年进入海南。50年代，耿济之译高尔基的《马特维·克日米亚金的一生》，人民文学出版社1958年出版，引起注意。1959年中国召开全国妇女代表大会，邀请新加坡印度籍圣辅席琳·福达尔女士到会，陈毅副总理接见。接下来，一批巴哈伊著作出版，其中主要有蔡时济等译（俄）托尔斯泰娅《托尔斯泰日记下卷1901——1910》，中国社会科学出版社1984年出版。沈青（金宜久）《巴哈教今昔》，《世界宗教资料》1985年第2期。阿布杜巴哈《巴黎讲话》，陈晓丽译，国际文化出版公司1990年。闵家胤《马克思主义，巴哈伊教和一般进化论》，《国外社会科学》1991年第4期。闵家胤《巴哈伊教》，《民主与科学》1994年第1期。陈霞《巴哈伊教概述》，《宗教学研究》，1994年第1期。伊宏主编《纪伯伦全集（下册）》，甘肃人民出版社1994年。《七谷经》，简宁译，简宁主编《透视》，国际文化出版公司1995年。李桂玲《巴哈伊教在台港澳地区的发展及现状》，《世界宗教文化》1995年秋季号。《国际巴哈伊出版社1994年北京国际书展书籍介绍》，《中国图书评论》1995年第2期。周燮藩《美国巴哈伊社团访谈》，《世界宗教文化》1995年第3期。傅聚文：《巴哈伊教近年发展的概况与特点》，《当代宗教研究》1995年第3期。（瑞士）H·B·丹尼什《精神心理学》，社会科学文献出版社1998年。业露华《近代巴哈伊信仰发展概况》，《当代宗教研究》，1999年第4期。蔡德贵主编《当代伊斯兰阿拉伯哲学研究》，人民出版社2001年。蔡德贵《当代新兴巴哈伊教研究》，人民出版社2001年，修订本2006年。蔡德贵《儒学与巴哈伊信仰比较研究》，山东大学出版社2010年。许宏《巴布宗教思想研究》，人民出版社2010年。

1990年代之后，山东大学、复旦大学、东北师范大学、四川大学、广州大学牟宗艳、庞秀成、陈思宇、张玉营、吴正选、王宝霞、万丽丽、王玮、许宏、许嘉茵、柏静等人的硕士、博士毕业论文通过答辩，获得学位。

1974年巴哈伊教香港总会成立，1989年巴哈伊教澳门总会成立。1970年代巴哈伊世界中心代表和精神领袖拉巴尼夫人开始访问中国，1989年4月29日赴澳，参加于4月30日在澳门举行的"澳门巴哈伊教年会"，之后在华赞陪同下到大陆参观访问。而后她至少访问中国六次，其中有几次是华赞陪同的。

1988年黄灿文安排广州的华南理工大学团委邀请洲际顾问法扎姆•阿巴卜博士（Dr Farzam Arbab）演讲，并与学生座谈。

1989年，世界正义院为中国外籍巴哈伊设立了巴哈伊协会，在有关文件中写道："我们已在敦促中总结出，现在是将巴哈伊信仰在中国大陆地区传播的时候了，要在各种境况下将它尽可能广泛且迅速的传播，这将是符合中国人自身利益的。""世界正义院认为这项任务应作为整个巴哈伊群体最为重要的任务之一。"

随着中国改革开放的深化，自20世纪90年代以来，越来越多的巴哈伊来到中国。香港歌星方大同1998年到香港定居。中国名流吴天明、程琳、朱明瑛、潘石屹、张欣先后成为巴哈伊。

1990年以后，中国政府相关机构与巴哈伊的交流与合作也更为密切。巴哈伊教澳门总会和香港总会是这些活动的主要参与者。

1993年，国家宗教局邀请巴哈伊教澳门总会代表参观了北京的若干政府机构。这是巴哈伊机构第一次与中国政府部门进行正式的官方交流。

1995年第四次世界妇女大会在北京举办，巴哈伊参与了大会的筹备和分组讨论，夏利阿里博士和一部分来自美国的巴哈伊和山东大学探讨了巴哈伊信仰。

1998年以来，山东大学、北京大学和中国社会科学院举办了多次有关巴哈伊的学术研讨会。

2004年山东大学在济南齐鲁会馆举办"巴哈伊学术研讨会"。

2005年2月，国家宗教局局长叶小文访问巴哈伊教澳门总会。同年4月，访问以色列，参观了巴哈伊世界中心。10月，巴哈伊教澳门总会与香港总会代表应国家宗教事务局邀请访问了北京和上海。

2006年5月，巴哈伊教澳门总会、香港全球文明研究中心、山东大学巴哈伊教研究所、中国社会科学院世界宗教研究所巴哈伊研究中心、青岛大学合办了一次主题为"追求内心和谐学术"的研讨会。8月，巴哈伊教澳门总会与国家宗教局携手合办跨宗教论坛"构建和谐社会——探讨宗教的作用"。10月，巴哈伊教澳门总会与中国社会科学院世界宗教研究所巴哈伊研究中心举办"以灵性教育为主导的新型教育观"研讨会。12月15日，全国政协副主席、中共中央统战部部长刘延东在澳门与当地宗教界人士见面，表扬澳门巴哈伊在澳门建设之中发挥的巨大作用。巴哈伊教澳门总会主席江绍发代表巴哈伊发言。

2007年8月，巴哈伊教澳门总会在山西、甘肃访问。两省宗教伦理事务委员会是邀请者。他们与妇联、扶贫会，以及各宗教组织进行了交流。9月，中国社会科学院世界宗教研究所巴哈伊研究中心、上海市社会科学院宗教研究所、全球文明研究中心及巴哈伊教澳门总会在上海共同主办了"科学、宗教与社会及经济发展——巴哈伊教为和谐社会作贡献的思考与实践"国际学术研讨会。

巴哈伊教澳门总会主席江绍发先生被邀请参加2008北京奥运会的开闭幕仪式。

2009年10月，江绍发参加中华人民共和国成立60周年的庆典。10月20-21日巴哈伊教澳门总会与国家宗教事务局共同举办了"共建和谐：科学、宗教与发展"研讨会，就科学与宗教如何共同促进社会发展交换观点。此次论坛得到澳门政府的赞助。11月国家宗教事务局政策法规部部长与广东省民族宗教委员会副会长一起访问了巴哈伊教澳门总会。

2010年4月，澳门巴哈伊社团与其他四大宗教共同邀请国家宗教事务局新任局长王作安赴澳门访问。他访问了巴哈伊教澳门总会办公室。11月，国家宗教事务局副局长张乐斌也参观了巴哈伊教澳门总会办公室。

1996年3月山东大学成立中国的第一个巴哈伊研究中心，此后中国社会科学院、北京大学、广州大学也成立了巴哈伊的研究或者翻译机构。研究成果以论文、专著等形式分享。随着越来越多的学者对此信仰的研究，越来越多的人对巴哈伊产生了越来越大的兴趣，并逐渐认识到巴哈伊的一系列思想能促进个人与社会的改进，是健康的生活方式。近年来，澳门新纪元国际出版社也面向中国读者出版了越来越多关于信仰的中文书籍。

最权威
最全面的
中国巴哈伊
研究史卷

1915~2015
巴哈伊中国发展百年史
巴哈伊中国文献研究史

詹姆斯·尼尔森（James F. Nelson）法官和夫人——美国总统卡特任命的上诉法院第九巡回厅大法官多萝西·赖特·纳尔逊（Dorothy Nelson）在华赞建议下，自1989年开始先后八次造访中国，为中国的法律健全咨询提供服务。

2011年4月，世界正义院的成员法扎姆·阿巴卜博士拜访了国家宗教事务局，受到了副局长蒋坚永的热情接待。陪同的官员包括四司司长吕晋光和副司长汪燕鸣以及其他官员。他们共同回顾了巴哈伊社团与国家宗教事务局过往的交流与合作，同时就今后交往前景进行了磋商。

2015年4月15日，中国驻以色列大使詹永新在特拉维夫会见巴哈伊教国际社区秘书长林肯。詹大使对巴哈伊教长期致力于推动与中国宗教界友好、促进世界不同文明和宗教对话表示赞赏，他表示，巴哈伊教有关"宗教同源"和"人类一体"等理念与中国传统哲学和宗教思想中的"天人合一"、"道法自然"具有相通相同之处。中国使馆愿为增进宗教友好、推动不同信仰间对话、维护世界文明多样性、促进世界和平做出更大的贡献。8月20日，国家宗教局蒋坚永副局长会见了澳门巴哈伊总会江绍发主席一行。江绍发介绍了巴哈伊信仰在中国的历史、中国巴哈伊信徒现状、巴哈伊与社区建设等情况。蒋坚永简要介绍了中国大陆宗教情况和宗教政策。他说：今年6月，我率团对以色列进行了访问，专程拜访了巴哈伊总部——世界正义院，与巴哈伊世界中心国际社团总秘书长岳素华·林肯进行了友好会谈，增进了了解。我们尊重在中国的外籍巴哈伊信徒的宗教信仰，也希望他们能够严格遵守中国的法律法规，不得发展教徒，建立组织。江绍发表示，巴哈伊信徒尊重并遵守中国的法律法规，也将努力探索与中国社会、历史、文化、哲学结合的路径，推进"中国化"尝试。国家宗教局四司戴晨京司长，四司、外事司等相关部门同志会见时在座。

2016年山东大学出版社出版中国社会科学院巴哈伊研究中心、北京大学巴哈伊原典文献翻译与研究项目、山东大学巴哈伊研究所、广州大学巴哈伊研究中心联合推出由蔡德贵、卓新平、宗树人、于维雅、雷雨田主编的《巴哈伊文献集成》5卷本，收集了百年的历史文献，会让更多人了解巴哈伊在华的百年史，了解巴哈伊的中国使命。

www.ingramcontent.com/pod-product-compliance
Lightning Source LLC
Chambersburg PA
CBHW020419010526
44118CB00010B/332